국가평생교육진흥원에서 제시한 과목별 평가영역에 맞춘 최고의 수험서!

독학사 최고의 권위서!

Bachelor's Degree

학위취득의 지름길!

| 한 권으로 끝내기 |

독학사

국내 최고의 권위서!

교육부인정교과서지정업체
은하출판사
Eunha Publishing Co.

Bachelor's Degree

독·학·사 머리말
Preface

"뜻이 있는 곳에 길이 있다."고 했다. 그러나 아무리 훌륭한 여행계획을 세웠다 하더라도 방안의 천정만 바라보고 앉아 있다면 그 계획이 무슨 소용이 있겠는가?

반면 여행의 길을 떠났다 하더라도 계획없이 이리저리 방황만 하고 돌아왔다면 몸만 고되고 허탈감만 남게 될 것이다. 여기서 우리는 계획과 실천이 동시에 중요함을 알게 된다. 여러분은 이미 마음의 각오와 계획을 세웠으리라 생각한다. 다만 이 계획을 실천할 지침서가 필요한 것이다. 현재 다른 방면의 참고서는 다양하면서도 여러분들이 필요로 하는 참고서는 자신있게 추천할 만한 것이 없는 실정이다.

본사는 한국방송통신대학이 개원되면서부터 각 학과의 부교재인 참고서를 30년 넘게 오랫동안 발행해 온 노하우를 바탕으로 학습시간이 절대적으로 부족한 독학사를 준비하시는 여러분들을 위하여 시간과 노력을 절약하고 시험준비에 완벽을 기할 수 있도록 국가평생교육진흥원에서 제시하고 있는 과목별 평가영역에 맞추어 자신있게 본 책을 출간하였다.

현재 독학학위 취득시험은 2008년 2월 '평생교육법'의 전부개정으로 한국방송통신대학이 관장하던 독학학위 취득업무가 "국가평생교육진흥원"으로 이관되었으며, 국가평생교육진흥원 홈페이지에서는 과목별 평가영역을 구체적으로 제시해 주고 있다. 따라서 독학사 시험을 대비하는 여러분들은 본 교재를 기준으로 열심히 학습에 매진하면 될 것이다.

본서의 특징은

첫째 독학학위 취득시험을 주관하는 국가평생교육진흥원의 평가영역에 맞추어 내용을 심도있게 다루고 있으며,

둘째 본문의 '내용' 및 'Key Point'에서는 기출문제를 분석하여 출제내용을 핵심적으로 기술하고 있고,

셋째 '실전예상문제' 부분에서는 그 동안 출제되었던 최근의 기출문제를 파악하여 그에 기준한 다양한 문제와 그에 해당하는 자세한 해설을 수록하고 있으며,

넷째 최소의 시간으로 최대의 효과를 거둘 수 있다는 점을 들 수 있다.

다양한 자료와 예시를 통해 더욱 구체적인 학습을 할 수 있도록 구성·편집된 본서가 여러분의 학습에 절대적인 도움이 되리라 확신하면서 앞날에 큰 영광이 함께 하길 기원한다.

교육부은하원격평생교육원 학위취득연구소

독학사 안내

독학학위제도

독학학위제는 「독학에 의한 학위취득에 관한 법률」에 의해 독학자(獨學者)에게 대학졸업자격에 해당하는 학사학위(學士學位) 취득의 기회를 줌으로써 평생교육의 이념을 구현하고 개인의 자아실현과 국가·사회의 발전에 이바지하는 것을 목적으로 하는 제도입니다.

- 고등학교 졸업이나 이와 같은 수준 이상의 학력을 가진 사람이면 누구나 응시할 수 있습니다.
- 대학교를 다니지 않아도 스스로 공부해서 학위를 취득할 수 있습니다.
- 일과 학습의 병행이 가능하여 시간과 비용을 최소화할 수 있습니다.
- 언제 어디서나 학습이 가능하며, 평생학습을 통해 자아실현을 할 수 있습니다.

독학학위제는 4개의 과정(교양, 전공기초, 전공심화, 학위취득 종합) 시험으로 이루어져 있습니다. 그러나 개인적으로 취득한 다양한 자격과 학습이력에 따라 1~3과정의 일부 과목 시험은 면제받을 수 있습니다. 4과정인 학위취득 종합시험은 반드시 응시하여야 하며, 종합시험에 합격하면 교육부장관 명의의 학사학위를 취득하게 됩니다.

응시자격

2016년부터 고등학교 졸업이나 이와 같은 수준 이상의 학력을 가진 사람이면 누구나 과정별 합격 여부와 관계없이 1~3과정(교양, 전공기초, 전공심화 과정) 인정시험에 자유롭게 응시할 수 있으며, 4과정(학위취득 종합시험)은 1~3과정 시험에 모두 합격(면제)하는 등 일정 응시자격을 충족해야만 응시할 수 있습니다.

가. 교양과정 인정시험(1과정), 전공기초과정 인정시험(2과정), 전공심화과정 인정시험(3과정)

- 고등학교 졸업자
- 「초·중등교육법 시행령」 제98조 제1항에 따라 상급학교의 입학에 있어 고등학교를 졸업한 사람과 같은 수준의 학력이 있다고 인정되는 사람
- 「평생교육법」 제31조 제2항에 따라 지정된 학력이 인정되는 학교 형태의 평생교육시설에서 고등학교 교과과정에 상응하는 교육과정을 마친 사람
- 「보호소년 등의 처우에 관한 법률」 제29조에 따른 소년원학교에서 고등학교 교육과정을 마친 사람

Bachelor's Degree

나. 학위취득 종합시험(4과정) : 전공분야별 동일전공 인정(학)과에 한함

- 교양과정 인정시험, 전공기초과정 인정시험 및 전공심화과정 인정시험에 합격한(면제받은) 사람
- 대학(「고등교육법」 제2조 제2호, 제3호 및 제5호에 따른 학교와 다른 법령에 따라 설립된 대학을 포함) 및 이에 준하는 각종 학교(학력인정학교로 지정된 학교만 해당)에서 3년 이상의 교육과정을 수료하였거나 105학점 이상을 취득한 사람
- 수업연한이 3년인 전문대학을 졸업한 사람 또는 이와 같은 수준의 자격이 있다고 인정되는 사람(졸업 예정자는 응시자격 없음)
- 「학점인정 등에 관한 법률」 제7조에 따라 105학점(전공 16학점 이상 포함) 이상을 인정받은 사람
- 외국에서 15년 이상의 학교교육 과정을 수료한 사람

응시자격 유의사항

- 학사학위 취득자는 동일한 전공의 시험에 지원할 수 없음
- 유아교육학 및 간호학 전공자가 학위취득 종합시험 합격 시, 학사학위만 수여되며 자격증(면허증)은 발급되지 않음
- 고졸 이상 학력 소지자의 경우 1~3과정 시험은 순서 상관없이 응시 가능하며, 4과정(학위취득 종합시험) 응시를 위해서는 1~3과정 전 과목(17과목)을 합격하거나 일정 응시자격을 충족해야 함
- 간호학 전공(학위취득 종합시험만 운영)
  - 4년제 대학 간호학 전공(과)에서 3년 이상 교육과정 수료 또는 105학점 이상 취득자 응시 가능
  - 3년제 전문대학 간호학과 졸업자(졸업 예정 제외) 응시 가능
    - 간호사 면허증만으로는 응시자격이 될 수 없음(면허증 제출 불필요)
- 유아교육학 및 정보통신학 전공(전공심화과정 인정시험과 학위취득 종합시험만 운영)
  - 유아교육학 및 정보통신학 전공은 1~2과정 시험을 운영하지 않으므로, 자격·학력 등으로 1~2과정 면제 요건을 충족하고 3과정 합격한 경우 또는 기타 4과정 응시자격을 충족하는 경우에만 응시 가능

독·학·사

과정별 시험과목

가. 교양과정 인정시험 : 5과목 합격(필수 3과목, 선택 2과목)

구 분	과 목 명
필 수	국어, 국사, 외국어(영어, 일본어, 중국어, 독일어, 프랑스어 중 1과목 선택)
선 택	사회학개론, 심리학개론, 경영학개론, 법학개론, 문화사, 컴퓨터의 이해, 문학개론, 자연과학의 이해, 교육학개론, 경제학개론, 현대사회와 윤리, 철학의 이해, 기초통계학, 일반수학, 한문 중 2과목 선택

나. 전공기초과정 인정시험 : 6과목 합격(8과목 중 택 6)

구 분	과 목 명
국어국문학	국어학개론, 국어문법론, 국문학개론, 국어사, 고전소설론, 한국현대시론, 한국현대소설론, 한국현대희곡론
영어영문학	영어학개론, 영국문학개관, 중급영어, 19세기 영미소설, 영미희곡Ⅰ, 영어음성학, 영문법, 19세기 영미시
심리학	이상심리학, 사회심리학, 생물심리학, 발달심리학, 성격심리학, 동기와 정서, 심리통계, 감각 및 지각심리학
경영학	회계원리, 인적자원관리, 마케팅원론, 조직행동론, 경영정보론, 마케팅조사, 생산운영관리, 원가관리회계
법학	민법Ⅰ, 헌법Ⅰ, 형법Ⅰ, 상법Ⅰ, 법철학, 행정법Ⅰ, 노동법, 국제법
행정학	지방자치론, 정치학개론, 기획론, 정책학원론, 헌법, 조사방법론, 조직행태론, 전자정부론
가정학	인간발달, 복식디자인, 영양학, 가정관리론, 의복재료, 주거학, 가정학원론, 식품 및 조리원리
컴퓨터공학	논리회로설계, C프로그래밍, 자료구조, 객체지향프로그래밍, 웹프로그래밍, 컴퓨터구조, 운영체제, 이산수학

다. 전공심화과정 인정시험 : 6과목 합격(8과목 중 택 6)

구 분	과 목 명
국어국문학	국어음운론, 학국문학사, 문학비평론, 국어정서법, 구비문학론, 국어의미론, 한국한문학, 고전시가론
영어영문학	고급영문법, 미국문학개관, 영어발달사, 고급영어, 20세기 영미소설, 영어통사론, 20세기 영미시, 영미희곡Ⅱ

Bachelor's Degree

구 분	과 목 명
심리학	상담심리학, 심리검사, 산업 및 조직심리학, 학습심리학, 인지심리학, 학교심리학, 건강심리학, 중독심리학
경영학	재무관리론, 경영전략, 투자론, 경영과학, 재무회계, 경영분석, 노사관계론, 소비자행동론
법학	헌법Ⅱ, 민법Ⅱ, 형법Ⅱ, 민사소송법, 행정법Ⅱ, 지적재산권법, 형사소송법, 상법Ⅱ
행정학	행정법Ⅰ, 행정계량분석, 도시행정론, 공기업론, 정부규제론, 한국정부론, 복지정책론, 거버넌스와 NGO
유아교육학	유아교육연구 및 평가, 부모교육론, 유아교육기관운영관리, 아동복지, 유아언어교육, 유아사회교육, 유아수학·과학교육, 놀이이론과 실제
가정학	가족관계, 가정자원관리, 식생활과 건강, 의복구성, 육아, 복식문화, 주거공간디자인, 식품저장 및 가공
컴퓨터공학	운영체제, 인공지능, 소프트웨어공학, 컴퓨터네트워크, 컴파일러, 프로그래밍언어론, 컴퓨터그래픽스, 임베디드시스템, 정보보호
정보통신학	회로이론, 데이터통신, 정보통신이론, 임베디드시스템, 이동통신시스템, 정보통신기기, 정보보안, 네트워크프로그래밍

라. 학위취득 종합시험 : 6과목 합격(교양 2과목, 전공 4과목)

구 분	과 목 명
국어국문학	국어·국사·외국어 중 2과목 선택, 국어학개론, 국문학개론, 한국문학사, 문학비평론
영어영문학	국어·국사·외국어 중 2과목 선택, 영미문학개관, 영미소설, 영어학개론, 고급영어
심리학	국어·국사·외국어 중 2과목 선택, 임상 및 상담심리학, 산업조직 및 소비자심리, 발달 및 사회심리학, 인지신경과학
경영학	국어·국사·외국어 중 2과목 선택, 재무관리, 마케팅관리, 회계학, 인사조직론
법학	국어·국사·외국어 중 2과목 선택, 민법, 헌법, 형법, 상법
행정학	국어·국사·외국어 중 2과목 선택, 인사행정론, 조직행태론, 재무행정론, 정책분석평가론
유아교육학	국어·국사·외국어 중 2과목 선택, 유아교육론, 유아발달, 유아교육과정, 유아교육교수법
가정학	국어·국사·외국어 중 2과목 선택, 패션과 의생활, 소비자론, 식이요법, 주거관리
컴퓨터공학	국어·국사·외국어 중 2과목 선택, 알고리즘, 통합프로그래밍, 통합컴퓨터시스템, 데이터 베이스
정보통신학	국어·국사·외국어 중 2과목 선택, 전자회로, 정보통신시스템, 네트워크 및 보안, 멀티미디어통신
간호학	국어·국사·외국어 중 2과목 선택, 간호연구방법론, 간호과정론, 간호지도자론, 간호윤리와 법

독·학·사

문항 수 및 배점

과 정	일반 과목			예외 과목		
	객관식	주관식	합계	객관식	주관식	합계
1~2과정	40문항×2.5점 =100점	—	40문항 100점	25문항×4점 =100점	—	25문항 100점
3~4과정	24문항×2.5점 =60점	4문항×10점 =40점	28문항 100점	15문항×4점 =60점	5문항×8점 =40점	20문항 100점

합격 사정

가. 교양과정 인정시험, 전공기초과정 인정시험, 전공심화과정 인정시험
각 과목 100점 만점에 60점 이상 득점한 경우에 합격으로 하고, 과목합격을 인정(합격 여부만 결정)

나. 학위취득 종합시험

구 분	총점합격제	과목별합격제
합격기준	6과목 총점(600점) 중 360점(60%) 이상 득점하면 합격(과목 낙제 없음)	각 과목(교양 2, 전공 4) 100점 만점의 60점(60%) 이상 득점하면 합격
유의사항	• 6과목 모두 필수 응시 • 기존 합격과목 불인정	• 기존 합격과목 재응시 불가 • 기존 합격과목 포함하여 총 6과목을 초과하여 선택할 수 없음

CONTENTS

제1부 가정관리학의 기초

제1장 가정관리의 개념

01 가정관리의 정의 · 14
02 가정관리가 기본적으로 하고 있는 신념(빅커스) · 14
03 가정관리자 · 15
04 여성과 가사노동 · 15
- 실전예상문제 · 16

제2장 가정관리학의 발달사

01 미국 · 22
02 일본 · 23
03 한국 · 25
- 실전예상문제 · 27

제3장 체계적인 접근법에 의한 가정관리

01 체계적 접근법에 의한 가정관리 · 40
02 가족체계 · 41
03 가족과 환경의 상호작용 · 42
- 실전예상문제 · 45

제4장 가정관리에 영향을 미치는 요소

01 가족구성 · 56
02 개인 및 가족특성 · 59
03 환경 · 60
- 실전예상문제 · 61

CONTENTS

제2부 가정관리의 개념

제5장 동기요소

01 가정관리의 동기 · 70
02 가치 · 71
03 목표 · 72
04 표준 · 73
■ 실전예상문제 · 75

제6장 가족자원

01 가족자원의 의의 · 84
02 자원의 분류 및 자원에 대한 철학 · 85
03 자원 사용 지침 및 인적 자원 계발 원리 · 87
■ 실전예상문제 · 88

제7장 의사결정

01 의사결정의 의의 및 종류 · 96
02 의사결정의 과정 · 99
■ 실전예상문제 · 100

제8장 커뮤니케이션

01 커뮤니케이션의 의의 · 108
02 커뮤니케이션의 구성 요소와 장애 · 109
03 가정관리에 있어서의 커뮤니케이션 및 커뮤니케이션 능력의 향상 · 111
■ 실전예상문제 · 113

제9장 관리과정

01 관리과정의 의의 ·· 122
02 계획 ··· 122
03 수행 ··· 125
■ 실전예상문제 ·· 126

제10장 산출과 피드백

01 산출 ··· 134
02 피드백(Feedback) ·· 135
■ 실전예상문제 ·· 136

제3부 가족 상황에 따른 가정관리

제11장 형성기 가족의 가정관리

01 가족생활주기의 개념 ··· 140
02 형성기 가족의 가정관리 ·· 141
■ 실전예상문제 ·· 145

제12장 중년기 가족의 가정관리

01 중년기 가족의 의미 ··· 152
02 투입요소 ·· 152
03 관리과정 ·· 154
04 산출 ··· 156
■ 실전예상문제 ·· 157

CONTENTS

제13장 노년기 가족의 가정관리

01 노년기 가족의 의미 …………………………………………………………… 164
02 투입요소 ……………………………………………………………………… 164
03 관리과정 ……………………………………………………………………… 167
04 산출 …………………………………………………………………………… 168
05 환경 …………………………………………………………………………… 169
  ■ 실전예상문제 ……………………………………………………………… 170

제14장 저소득 가족의 가정관리

01 저소득 가족의 의미와 특성 ………………………………………………… 176
02 저소득 가족의 가정관리 …………………………………………………… 177
  ■ 실전예상문제 ……………………………………………………………… 181

제15장 취업주부 가족의 가정관리

01 취업주부 가족의 의미 ……………………………………………………… 188
02 취업주부 가족의 가정관리 ………………………………………………… 188
  ■ 실전예상문제 ……………………………………………………………… 193

부록

■ 최종모의고사 ………………………………………………………………… 201

제1부 가정관리학의 기초
01 가정관리의 개념

 단원 개요

시대 및 학자에 따라 가정관리에 대한 정의는 다양하게 표현되고 있으나, 가정관리의 중심개념은 '바라는 목표 달성을 위한 자원 사용'이라고 할 수 있다.

가정관리가 단순히 신체적 가사노동만을 수행하는 데 있지 않고 가족의 목표를 달성하기 위하여 가족자원을 사용하는 합목적적 활동임을 고려하면 가정관리자는 당연히 여성이라고 보는 견해는 타당하지 못하다고 할 수 있다.

 출제 경향 및 수험 대책

이 단원에서는 가정관리학의 정의를 기본적으로 묻는 문제, 가정관리가 기본으로 하고 있는 신념에 대한 문제, 가정관리자를 결정하는 상황기준 등에 대해 묻는 문제들이 출제될 수 있는 바 자세하고 철저한 학습이 요구된다.

1

01 가정관리의 정의

1 가정관리의 개념

① 관리(管理)의 정의 : 자기가 원하는 목적을 달성하기 위하여 행하는 합목적적 활동을 관리라고 한다.
② 가정관리의 정의
  ㉠ 가족의 구성원이 인생 목적을 이루기 위하여 가정생활을 물질적·정신적으로 잘 이끌어 나가는 일
  ㉡ 가족자원의 사용을 통한 가족의 목표 달성을 추구하는 합목적적 활동
③ 가정관리에 대한 학자들의 정의
  ㉠ 브래튼(Easter Bratten) : 가족이 원하는 가정을 만들기 위하여 가족 자원을 사용하는 것
  ㉡ 디컨과 파이어바하 : 요구를 충족시키기 위하여 자원 사용을 계획하고 수행하는 것
  ㉢ 니켈, 라이스, 터커 : 가치 실현과 욕구 충족을 위한 계획적 활동이며 원하는 목적을 성취하기 위한 활동
  ㉣ 그로스, 크랜달, 놀 : 가족 목표의 달성을 위한 자원의 창조와 사용에 관계되는 합목적적 활동
  ㉤ 빅커스(Carole Vickers) : 자원 사용을 통하여 바라는 목표와 목적을 충족시키는 관리활동과 관리과정
④ 가정관리학의 종합적인 정의 : 가정관리 현상을 연구 대상으로 하고 이러한 현상을 기술·설명·예측·통제하고자 하는 학문이다.

2 가정관리학의 목적

① 가족의 목표 명료화
② 가족자원에 대한 통제력 강화
③ 가족원의 만족감 향상
④ 궁극적으로 생활의 질 향상

> **추가 설명**
> **가정관리의 개념**
> 가족자원의 사용을 통한 가족의 목표 달성을 추구하는 합목적적 활동이다.

> **추가 설명**
> **가정관리학의 목적**
> 가족의 목표를 명료화하고 가족자원에 대한 통제력을 강화하여 만족감을 높이고, 궁극적으로 생활의 질을 향상시키는 데 있다.

02 가정관리가 기본적으로 하고 있는 신념(빅커스)

① 가정관리는 실천적 학문이다.
② 가정관리는 도구적이다. 가족이 원하는 목표, 생활 양식 등의 성취를 가능하게 하기 때문이다.
③ 가정관리는 통합적이다. 이는 가정생활의 모든 것을 포함하고 있기 때문이다.

03 가정관리자

1 가정관리자를 결정하는 상황 기준
① 선택된 방법에 따른 결과 예측 능력이 있는가의 여부
② 목표와 목표 실현 방법에 관하여 의사결정을 하는 책임을 가지고 있는가의 여부
③ 계획이 실천되고 있는 것을 보아서 분별할 수 있는 능력이 있는지의 여부

2 가족의 성격에 따른 분류
① 가부장적 가족인 경우 : 가장이 관리자
② 민주적인 가족인 경우 : 다수의 가족이 관리자

추가 설명
실천적 학문의 특징
- 개별 가족 상황에 조화되도록 융통성 있는 척도 사용
- 가족과 사회의 우연적이고, 변화하는 상황에 근거를 둠
- 수단과 목적과의 관계 고려
- 우수함이나 결핍의 극복, 향상 등을 추구하고자 하는 관점에서 지식 탐구
- 규범적 개념 포함

04 여성과 가사노동

① 여성의 노동 : 여성은 주부, 어머니의 역할로만 국한되었으나 오늘날의 여성은 여성이 주부, 어머니라는 역할 이외에 직업인으로의 역할까지로 확대되었다.
② 가사노동
　㉠ 가전제품의 보급과 가사노동의 부분적 상품화가 이루어져 이전 세대에 비해 편리해졌으나 노동시간을 크게 단축시키지는 못했다.
　㉡ 가사노동은 하루 평균 임노동 시간에 맞먹을 정도의 비중있는 노동으로 존재하여 전업주부에게는 주부 소외를, 취업주부에게는 이중노동을 안겨준다.
　㉢ 가사노동의 경제적 가치를 새롭게 인식하는 변화가 있지만 아직까지 가사노동이 보이지 않는 노동의 성격을 완전히 극복했다고 보기는 힘들다.
③ 여성의 역할에 대한 방향 : 주부, 어머니, 직업인 등의 역할은 현대 여성에 있어서 스스로의 의사결정의 결과이므로 자기 스스로 행한 의사결정의 결과에 대해서는 책임을 지며, 항상 최대한의 만족을 얻을 수 있도록 노력해야 할 것이다.

추가 설명
가사노동
산업사회의 다른 사회적 노동과 달리 타인을 위해 일하면서도 노동 당사자에게 직접적인 화폐 보상이 주어지지 않는 거의 유일한 노동이다.

> **참고** 프리단(Betty Friedan)의 『여성의 신비』
> 여성의 문제와 여성의 삶의 보람에 대한 문제를 추구하여 화제를 일으켰다.

실전예상문제

1 다음 중 가정관리에 대한 정의로서 가장 옳은 것은?

① 가사노동을 합리적으로 처리하는 활동
② 가족의 만족감을 증가시킴으로써 인류의 복지에 공헌하는 활동
③ 가족의 행동을 계획하는 활동
④ 가족자원의 사용을 통한 가족의 목표 달성을 추구하는 합목적적 활동

해설 가정관리의 개념 : 가정관리는 가족자원의 사용을 통하여 가족의 목표달성을 추구하는 합목적적 활동이라고 정의할 수 있다.

2 '가족의 목표 달성을 위하여 가족자원을 사용하는 합목적적 활동'은 무엇에 대한 정의인가?

① 관리 ② 가정생활 ③ 가정관리 ④ 가사노동

해설 문제 1번 해설 참조

3 다음 중 가정관리를 정의할 때 중요한 개념에 해당하는 것은?

① 가정지향성 ② 가족주의 ③ 합목적적 활동 ④ 가사노동

해설 문제 1번 해설 참조

4 다음 〈보기〉의 ( ) 속에 적당한 용어는?

> **보기** 가정관리는 가족자원의 사용을 통하여 가족의 목표달성을 추구하는 (   )이다.

① 합목적적 활동 ② 소비자 활동 ③ 동기요소 ④ 주부의 행동

해설 문제 1번 해설 참조

5 가정관리의 정의에서 가장 핵심적인 용어를 모두 묶은 것은?

① 가사노동, 여성, 합목적적 활동
② 가사노동, 가족목표, 정신적 활동
③ 가족목표, 가족자원, 합목적적 활동
④ 가족자원, 가족정서, 정신적 활동

해설 문제 1번 해설 참조

6 가정관리를 설명하는 내용으로 적절한 것은?

① 가정관리란 육체적 과정이고, 가족자원을 사용하여 가정의 목표에 도달하는 것이다.
② 가정관리는 개인가치를 인식하여 개인의 목표를 달성하는 과정이다.
③ 가정관리는 정신적 과정으로만 이루어진다.
④ 가정관리는 가족의 목표달성이나 욕구충족을 위한 가족자원의 창조 및 사용에 관한 의도적 행동이다.

해설 가정관리의 중심개념은 바라는 목표달성을 위한 자원 사용이라고 할 수 있다.

7 가정관리학의 목적으로 옳지 않은 것은?

① 생활의 질을 향상시키고자 한다.
② 가족자원에 대한 통제력을 강화한다.
③ 가사처리가 가장 중요한 내용이다.
④ 가족의 목표를 명료화한다.

해설 가정관리학의 목적 : 가족의 목표를 명료화하고 가족자원에 대한 통제력을 강화함으로써 만족감을 높이고, 궁극적으로 생활의 질을 향상시키는 데 있다.

8 다음 중 가정관리가 기본적으로 하고 있는 신념에 해당하는 것은?

① 가정관리는 관념적이다.
② 가정관리는 분석적이다.
③ 가정관리는 이론적 학문이다.
④ 가정관리는 도구적이다.

해설 가정관리가 기본적으로 하고 있는 신념
• 가정관리는 도구적이다.
• 가정관리는 실천적 학문이다.
• 가정관리는 통합적이다.

9 가정관리가 기본적으로 하고 있는 신념이라 볼 수 없는 것은?

① 통합적이다.　② 분석적이다.　③ 실천적이다.　④ 도구적이다.

해설 문제 8번 해설 참조

10 빅커스의 견해를 따를 때, 가정관리가 기본으로 하고 있는 신념이라고 볼 수 있는 것은?

① 가정관리는 여성적이다.
② 가정관리는 통합적이다.
③ 가정관리는 실천적이기보다 이론적이다.
④ 가정관리는 그 자체가 목적이다.

해설 문제 8번 해설 참조

정답 1.④ 2.③ 3.③ 4.① 5.③ 6.④ 7.③ 8.④ 9.② 10.②

11 다음 중 가정관리가 기본으로 하고 있는 신념끼리 묶인 것은?

① 종합적 — 분석적   ② 관념적 — 분석적   ③ 도구적 — 실천적   ④ 이론적 — 실천적

해설 문제 8번 해설 참조

12 다음 중 가정관리가 실천적 학문이라고 할 때, 그 의미로서 옳지 않은 것은?

① 모든 가족에게 적용되는 일반적인 측도를 사용한다.
② 수단과 목적의 관계를 고려한다.
③ 결핍을 극복하고자 하는 관점에서 지식을 탐구한다.
④ 규범적 개념을 포함한다.

해설 실천적 학문의 조건
- 규범적인 개념 포함이 있다.
- 우수함과 결핍의 극복, 향상 등을 추구하고자 하는 관점에서 지식을 탐구한다.
- 수단과 목적의 관계를 고려한다.
- 가족과 사회의 우연적이고 변화하는 상황에 근거를 둔다.
- 개별 가족 상황에 조화되도록 융통성 있는 측도를 사용한다.

13 오케스트라에 비유할 때, 가정관리의 통합적 성격을 나타내는 예에 적합한 것은?

① 주류를 이루는 현악기와 같다.   ② 리듬을 이끌 수 있는 피아노와 같다.
③ 연주의 기본이 되는 악보와 같다.   ④ 지휘자와 같다.

해설 가정관리는 가정학의 모든 영역의 지식이 요구되는 통합적 성격을 갖는데, 이는 오케스트라에 있어서 지휘자와 같다고 볼 수 있다.

14 다음 중 가정관리자를 결정하는 상황 기준으로서 가장 중요한 것은?

① 가정생활에 필요한 가사노동을 타인의 도움 없이 수행할 수 있는지 여부
② 가족의 목표와 목표 달성의 방법에 관해 의사결정의 책임을 가지고 있는지 여부
③ 기혼자일 것
④ 여성일 것

해설 가정의 가정관리자를 결정하는 상황 기준
- 목표와 그 목표를 실현하는 방법에 관하여 의사결정을 하는 책임을 가지고 있는가
- 선택된 방법에 따른 결과를 예측하는 능력이 있는가
- 계획이 실천되고 있는 것을 보아서 분별할 수 있는 능력이 있는가

15 가정관리자를 결정하는 상황 기준에 해당되지 않는 것은?

① 목표와 목표의 실천 방법을 결정할 수 있는 책임이 있어야 한다.
② 계획의 실천 여부와 내용을 분별할 수 있는 능력이 있어야 한다.
③ 선택된 방법에 따라 결과를 예측하는 능력이 있어야 한다.
④ 신체적 가사노동을 처리할 수 있는 여성이어야 한다.

해설 문제 14번 해설 참조

16 다음 중 가정관리자가 가지고 있어야 할 자질로서 적합한 것은?

① 숙달된 가사노동이 가장 필요하다.
② 선택 방법에 따른 결과를 예측할 수 있어야 한다.
③ 가장의 의견을 잘 따라야 한다.
④ 기혼여성이어야 한다.

해설 문제 14번 해설 참조

17 다음 중 가정관리자를 결정할 때 가장 중요한 요소는?

① 의사결정책임   ② 남자   ③ 여자   ④ 가사 담당자

해설 문제 14번 해설 참조

18 다음 중 한 가정의 가정관리자를 결정하는 기준으로서 적합한 것은?

① 의사결정 책임 소재   ② 소득취득 여부   ③ 교육 정도   ④ 성별

해설 문제 14번 해설 참조

19 누가 가정관리자가 될 것인가를 결정하는 기준으로 옳지 않은 것은?

① 계획의 실천 정도를 분별할 수 있는 능력이 있어야 한다.
② 주부이어야 한다.
③ 선택된 방법에 따른 결과를 예측하는 능력이 있어야 한다.
④ 목표와 목표달성에 관한 의사결정에 대하여 책임을 가지고 있어야 한다.

해설 흔히 가정관리자가 주부라고 생각하는 경우가 많지만, 각 가정에 따라 가정관리자는 충분히 달라질 수 있다.

정답 11.❸ 12.❶ 13.❹ 14.❷ 15.❹ 16.❷ 17.❶ 18.❶ 19.❷

20 현대사회에서 여성의 역할에 대한 설명으로 적절하지 못한 것은?
① 산업사회의 요청으로 여성의 역할은 주부, 어머니, 그리고 직업인으로까지 확대되고 있다.
② 오늘날의 여성의 역할은 주어지는 것이지 선택되는 것이 아니다.
③ 여성의 취업은 '삶의 보람', 즉 개성적인 자아의 욕구 측면에서 이해될 수 있다.
④ 현대산업사회에서 여성의 역할 변화는 가족원의 역할까지 변화시키고 있다.

> **해설** 오늘날 역할은 '선택의 문제', 즉 의사결정의 결과이지 주어지는 것이 아니다. 따라서 자신의 역할은 자신의 선택의 결과임을 인식하고 스스로 최대의 만족을 얻도록 노력하는 자세가 필요하다.

21 다음 중 프리단의 대표적인 저서는 무엇인가?
① 「여성의 신비」　　　　　② 「봄의 침묵」
③ 「성의 정치학」　　　　　④ 「당신의 돈의 가치」

> **해설** 프리단은 여성의 문제와 여성의 삶의 보람에 대한 문제를 저서 「여성의 신비」에서 다루고 있다.

22 다음 중 가사노동에 대한 태도로서 적합한 것은?
① 가정상황에 따라 가족원이 협동하며 분담해야 한다.
② 집단생활을 통하여 가사노동 자체를 없애야 한다.
③ 누구도 하기 싫어하는 것이므로 완전히 사회화해야 한다.
④ 여성이 전담해야 한다.

> **해설** 가정관리자를 당연히 여성이라고 보는 견해는 타당하지 못하며, 가사노동은 가정상황에 따라 가족원이 협동하며 분담해야 한다.

정답　20. ②　21. ①　22. ①

제1부 가정관리학의 기초

02 가정관리학의 발달사

단원 개요

기술로서의 가정관리는 인류 역사와 함께 시작되었다고 볼 수 있다. 그러나 가정관리가 하나의 학문 분야로 갖추어지기 이전의 내용을 알 수 있는 자료는 많지 않다.

가정관리학이 하나의 학문 분야로서 가장 먼저 발전된 국가는 미국으로서 미국의 가정관리학은 현재 우리나라뿐만 아니라 세계 여러 국가에 많은 영향을 미치고 있다. 일본은 미국 가정관리학의 영향을 받으면서 동시에 그 국가 나름대로의 특성을 살리고자 노력하고 있는 국가로서, 일본의 가정관리학 발달과정은 우리나라의 가정관리학 발전에 시사하는 바가 많다고 본다. 이러한 의미에서 우리나라와 함께 미국·일본의 가정관리학의 발달사를 고찰하기로 한다.

출제 경향 및 수험 대책

이 단원에서는 미국 가정관리학의 발달과정에 대해 묻는 문제, 의사결정이라는 개념이 가정관리학에 도입된 배경, 일본 가정관리학의 발달과정, 특히 우리나라 가정관리학의 발전과 함께 조선시대의 여성규범서에 대해 묻는 문제가 출제될 수 있는 바 자세하고 철저한 학습이 요구된다.

2

01 미국

1 가정관리학의 시작(가정관리학이 본격적인 학문 분야로 발달하기 이전)

① 1820년대에 가계 및 가족문제에 대한 관심이 학교교육에 나타나기 시작했다.
② 1921년 가정생활과 관련된 교과목 : 주로 식품이나 의복과 같은 가정의 물질에 관한 내용이다.
③ 엠마 윌라드(Emma Hart Willard), 캐더린 비처(Catherine Beecher) : 교과목 및 가정관리의 기초를 학교교육에 도입한 선구자들이다.
④ 마리아 팔로아(Maria Parloa) : 가정관리라는 단어를 처음으로 그의 교과서 제목에 사용(1879년)했다.
⑤ 레이크 플래시드 회의(Lake Placid Conference) : 가정관리를 가정학의 극히 중요한 분야로서 인정했다.

> **추가 설명**
> 레이크 플래시드 회의(Lake Placid Conference)
> 가정학의 시초이자 미국가정학회의 선구모임으로, 가정관리를 가정학의 중요한 분야로서 인정하였다.

2 학문 분야로서의 이론적인 체계 발전

① 가정관리는 다른 많은 학문분야로부터 사상을 공급받으면서 이론적 체계를 발전시켜 오고 있다.
② 가정관리의 이론적인 틀 형성 : 1940년경 단계(steps)와 함께 과정(process)의 개념이 도입됨으로 시작되었다.
③ 그로스, 크랜달(1963)의 가정관리의 정의 : 가정관리는 정신적 과정으로 계획, 조정, 평가를 통해 가족자원을 사용해서 가족의 목표에 도달하는 것이라고 했다.
④ 니켈, 도르시(1965)의 가정관리의 정의 : 가정관리는 가족의 가치를 인식하고 가족의 목표를 달성하기 위해 가족의 인적, 비인적 자원의 사용을 계획·조직·평가하는 것이라고 했다.
⑤ 디컨과 파이어바하(1966) : 가정관리학 분야에서 최초로 체계적 접근법을 제안했다. 이들은 가족체계는 인적 체계와 관리적 하위체계로 나누어지고, 환경과 상호작용하며 가정관리도 하나의 체계가 된다고 보았다.
⑥ 그로스, 크랜달, 놀(1973) : 체계적 접근법에 의한 가정관리 설명, 즉 가족체계는 심리사회적 하위체계와 관리적 하위체계로 구성되어 있으며, 가정환경, 근접환경, 광역환경과 서로 상호작용한다.

> **추가 설명**
> 미국에서 가정관리의 발달과정 1940년경 과정의 개념이 도입되었고 1950년대에는 가치와 의사결정의 개념을 중심으로 발전되었다. 1970년대 이후 그로스, 크랜달, 놀 및 디컨 등의 체계적 접근법에 의해 가정관리가 전개되었는데 이는 가정관리와 그 환경적 요인들의 상호관계를 밀접하게 규정한 것이다.

3 가정관리학 교과목의 발달 단계

① 제1단계 : 초창기
② 제2단계 : 가정 기구 등 일상적인 일에 속하는 것이 관심의 대상이 되고, 금전이나 시간, 물자 등의 자원 중심의 시기(1920년대) → '가사공학' 명칭 대두
③ 제3단계 : 작업 능률에 대한 관심 증가, 인적 자원을 중심으로 한 시기(1930년대)

④ 제4단계 : 과정 개념(목표나 자원을 관리하는데 어느 시대에도 변하지 않는 원리를 과정이라고 함)을 중심으로 한 시기(1940년대)
⑤ 제5단계
  ㉠ 가치와 의사결정의 개념을 중심으로 한 시기(1950년대)
  ㉡ 경제사회에 있어서 선택의 기회가 증대, 이전 관습이 효과적이던 영역에서 의식적 결정을 하도록 하는 지식이 증대
⑥ 제6단계 : 전체론적 방법을 중심으로 한 시기(1960년대)
⑦ 제7단계 : 가정관리와 그 환경적 요인들의 상호관계를 밀접하게 규정한 체계적 접근법을 중심으로 하는 시기(1970년대 이후)

4 가정관리학의 연구회 및 조직단체
대학의 교과과정과 함께 연구회, 연구과제, 특별기구 및 정부기관의 활동도 가정관리의 개념 개발에 공헌해 왔다. 예 미국가정관리연구회, 미국가정학회, 국유지무상교부 대학들의 가정학부

> **추가 설명**
> 1950년대 이후 의사결정이 가정관리학에 도입된 이유(배경)
> • 경제사회에 있어서 선택의 기회 증대
> • 의사결정에 대한 강조와 함께 기업에 있어서 의사결정에 중점을 둔 관리 기능 발전
> • 영양학 분야와 같이 전에는 관습이 효과적이던 영역에서 의식적 결정을 하도록 하는 지식 증대

02 일본

1 가정관리학의 계보
① 일본적 본류로서의 전통적 가정학의 조류
② 노동력 재생산·보전설적 가정관리론
③ 근대주의적 가정관리론
④ 새로운 조류(과학적 가정관리론을 지향)

2 일본적 본류로서의 전통적 가정학의 조류
① 이노우에로부터 우지이에
  ㉠ 이노우에(井上秀) : 일본 가정관리학의 개척자, 가정관리학분야에서 최초의 저서인 「가정관리」(1925) 저술
  ㉡ 우지이에(氏家壽子) : 이노우에의 가정관리학을 계승·발전, 생활설계라는 용어 사용
② 쓰네미(常見育男)의 가정관리학
  ㉠ 가정학의 발생 근거 : 구미에서 가정학 발생의 기반이 기계제 대공업으로 인하여 야기된 가족의 파괴와 가정생활문제에 있었다고 보았다.
  ㉡ 가정생활이 가정 내 노력에만 의존하는 것이 아니라 사회적 관계에 의하여 안정되는 것이라고 지적하였다.
③ 마쓰다이라의 가정경제론과 협의의 가정관리론 : 마쓰다이라의 가정경제관리론은 오늘날

> **추가 설명**
> 1960년대의 전체론적 방법의 체계화
> 현실의 어떤 체계 또는 양식은 그것을 이루고 있는 각 구성성분이 단순히 종합된 것보다 더욱 가치를 가진다.
> • 관리단위로서 가족을 설정
> • 가족과 그 환경의 상호작용에 주목
> • 관리의 부분적 변화가 가정관리 전체의 변화를 초래한다는 것을 인식

> **추가 설명**
> 이노우에의 가정관리학의 정의
> "가정생활 및 단체생활의 안녕과 행복을 보증하고 더욱 향상시키기 위해 필요한 원리 및 그 실제적 방법을 연구하는 학문"이다.

에도 일본적 본류로서 가정학에 큰 영향을 주고 있다.

3 노동력 재생산·보전설에 의한 가정관리론

① 국민의 생활문제는 사적·개인적 문제가 아니라 노동생활과 관련된 문제이며, 노동력의 확보, 재생산이 생산력 발전에 불가결한 요소라고 보았다.
② 제2차 세계대전 후 가정학이 학문적 체계를 정립해 가는 시기에 사회정책학 분야의 생활문제 연구방법을 기초로 가정관리학의 이론화를 시도하였다.

4 근대주의적 가정관리론

① 1960년대 후반 미국 가정학이론이 소개, 도입되어 한 조류를 이루었다.
② 이마이는 가정관리의 본질이 '의사결정'에 있음을 규명했으며, '가정관리' 대신 '가정경영'이라는 용어를 사용했다.
③ 근대주의적 가정관리론의 장점
  ㉠ 전통적 가정관리론을 극복하려 했다.
  ㉡ 가정 경영의 본질적 기능, 일반적 원리를 확립하려고 노력하고 학설사 연구를 정립했다.
  ㉢ 종래의 사적, 개별적인 관점에 대신해서 총체적인 생태학적 체계를 받아들였다.
④ 근대주의적 가정관리론의 단점
  ㉠ 본질론을 너무 강조하여 일본 가정생활 실태의 정확한 인식으로 본질론을 도출하지 않고 외국 문건이나 자료에서 채용하였다. 따라서 본질론이 일본 가정생활의 현실로부터 유리되었다.
  ㉡ 주관적·관념적인 것에 빠져 있으며 노동력을 보유한 인간성이 나타나지 않는다.

5 가정관리학의 새로운 조류(과학적 가정관리론을 지향)

① 생활관리적 관점에 서는 집단
  ㉠ '생활권'에 근거한 '생활관리론'의 구축을 주장
  ㉡ '가계의 논리'와 '생활자로서의 지향'을 주장
② 니시야마 우조의 주거학이론에 영향을 받은 집단
  ㉠ 고도 경제성장이 가져온 왜곡된 생활구조를 변혁하여 소비생활의 장에서 가능한 주체적 선택을 행하는 새로운 생활양식을 구축해야 한다고 주장하였다.
  ㉡ 기술이 관리 주체의 주체 형성에 유용한 생활 기술로 명확하게 정립되고 있다. '관리력의 형성 = 생활 주체성의 형성'을 동일하게 보고 있다.
  ㉢ 생활 관리를 의사결정으로만 해결하려 함으로써 구체적인 생활로부터 유리시키는 결과를 초래하는 경향이 있고, 생활기술을 현상 고정적으로 보아 생활 파괴에 대한 대응 능력을 상실한 폐쇄적인 기술로 본 조류에 대하여 통렬한 비판을 전개하고 구체적인 제안을 수반하고 있다.

추가 설명

전통적 가정학 조류의 세 계통
- 이노우에로부터 우지이에
- 쓰네미
- 협의의 가정관리학과 마쓰다 이라의 가정경제학
→ 첫 번째와 두 번째는 가정관리학이 가정경제를 포함하는 광의의 영역을 대상으로 하는 학문으로 보는 데 반해서 세 번째는 가정관리학이 가정경제를 포함하지 않고, 노력, 에너지, 시간만을 연구대상으로 하고, 가정경제는 별도의 독립된 대상인 것으로 보고 있다.

추가 설명

노동력 재생산·보전설에 의한 가정관리론
전후 사회정책학 분야의 생활문제 연구방법을 기초로 종래의 전통적 가정학의 조류와는 다른 새로운 이론화를 시도하였다.

추가 설명

일본의 근대주의적 가정관리론
가정관리의 본질이 '의사결정'에 있음을 규명하고 '가정경영'이라는 용어를 채용하였으며 총체적인 생태학적 체계를 제시하였다.

③ 교토부립대학의 새로운 가정학 연구 동향
  ㉠ 마치다(町田玲子) : 가정관리연구는 사회의 움직임에 선행하여 문제를 파악하고 그 결과는 문제 지적에 그치지 말고 구체적인 계획, 제안에 이르지 않으면 안되며 그때 이론상의 계획·제안에만 그치지 말고 현실 생활에 토대를 두고 그 실현에 관여하는 것이야말로 가정관리 분야에 대한 사회적 요청이라고 했다.
  ㉡ 오노(小野秀夫) : 가정 및 가족에 있어서 그 본연의 자세를 지역사회에 있는 사회집단 속에서 파악하고 고치는 목적의식이 가정에 규범적인 것으로 대신되어야 할 것이라고 주장했다.
④ 가정경영학회 : 이제까지의 가정학의 축적 위에 인접 제과학의 성과를 도입하여 가정관리론을 과학적으로 구축하는 조류도 서서히 형성되었다.

03 한국

1 조선시대의 가정관리교육(여성 규범서를 중심한 내용)

① 유교적 가치관을 고수하였던 조선시대는 여성들에게 온순과 정숙과 희생적인 봉사를 강요하였고 가정 내에서 부모와 남편에 대하여 일방적인 책임과 의무를 부여하였다.
② 인간관계
  ㉠ 남편과 아내의 가름(유별)이 있은 후에 부부의 도(道)가 있고 부부가 의(義)한 후에 부자가 친함이 있고 신하가 정(正)함이 있나니 혼인의 예는 모든 예의 근본으로 여겼다.
  ㉡ 여성규범서에 나타난 조선시대의 이상적 여성상
    • 효친하는 며느리요 딸, 경순인종(敬順忍從)하는 아내, 현엄(賢嚴)·의자(義慈)를 겸비한 어머니, 형제·친척간에 화목을 이루고 손님을 잘 접대할 수 있는 현부이어야 한다.
    • 인간관계에서 사리를 따지는 것은 일반적으로 배척되었다.
③ 생활계획에 대한 태도
  ㉠ 가정관리에 있어서 계획의 중요성을 인식하고 이를 실천하기 위해 구체적이면서도 과학적으로 가르치고 있으며, 계획의 실천에 많은 노력을 기울이도록 했다.
  ㉡ 홍만선의 저서 「산림경제」 : 집에 있는 십도(十盜) 중에서 계획이 없는 것이 일도(一盜)라 하여 계획의 중요성을 강조했다.
④ 가사 작업면
  ㉠ 여성은 노동제공자로서 그 역할은 가정경제와 연결되어 중요시되었다.
  ㉡ 실학 사상가 : 가사 작업에 있어서 여자도 과학적 사고에 의해 새로운 방법을 추구하도록 주장했다. 예 정약용

추가 설명

여성교육에 관한 우리나라 문헌 소혜왕후의 「내훈」, 「계녀서」, 「우암선생계녀서」, 「규합총서」, 「규범」, 「산림경제」(홍만선의 향촌생활 지침서), 「태교신기」, 「규방필독」, 「부인필지」 등이 있다.

추가 설명

조선시대 여성에게 요구된 자질 손님을 잘 접대하는 주부, 근면한 노동제공자, 자녀의 통솔자, 효친하는 며느리, 경순인종(敬順忍從)하는 아내, 현엄(賢嚴)·의자(義慈)를 겸비한 어머니

📝 **추가 설명**
학교교육으로서 가정학이 다루어진 시초
1896년 이화학당에서 가사라는 교과목이 생긴 데서 찾을 수 있고 1946년 이화여자대학에서 가정관리학과를 설치하여 가정관리학이 하나의 학문으로서, 전공분야로서 최초로 독립하였다.

📝 **추가 설명**
여사서(女四書)
여계, 여논어, 내훈, 여범

📝 **추가 설명**
조선시대 여성의 실상
인간관계, 생활 계획, 가사 작업, 소비생활 태도, 자녀 교육 등 훈계들이 실제로 적용되었는지는 의심할 수 있다. 왜냐하면 여성들에 대한 교육이 미흡했고, 외출이 제한되었으며 자유 의사를 행사하지 못하고 정서 표출이 억제당했기 때문이다.

⑤ 소비생활에 대한 태도 : 여성들의 외출이 엄격히 제한되어 시장에 나가서 구입하는 것이 어려웠다. 따라서 상품의 선택, 가정기기의 선택 방법 등이 필요치 않았으며 절약(검약)이 강조되었다.
⑥ 한 가정의 통솔자로서의 여성 역할
  ㉠ 「여사서(女四書)」: 자녀교육에 있어 어머니의 중요성을 강조하였다.
  ㉡ 남에게 실언 말게 하고, 자식을 옳은 일로 가르치고, 악언(惡言)으로 책(責)치 말도록 했다. 자녀를 올바르고 근엄하게 가르치도록 했다.
  ㉢ 태교를 위하여 일상생활 전반에 걸친 행동 및 마음가짐을 특별히 조심하라고 일렀다. 그리고 노비를 부리는 데 있어서도 많은 배려를 하도록 했다.

2 학문 분야로서의 발달 과정

① 근대 가정학의 기점 : 1896년 이화학당에 가사라는 교과목이 생겼다.
② 일제강점기하의 가정과 교육은 여성의 교육과 더불어 민족교육으로 나타났으며, 의·식·주생활의 개혁에 중요한 역할을 하였다.
③ 1908년 고등여학교령이 제정, 공포되었는데 관립 한성고등 여학교도 설립되어 현대적 의미로서의 가정관리가 처음 교육과정에 제도화되었다.
④ 1929년 이화 여전에 최초로 가사과를 창설, 한국에서 대학 수준의 가정학 교육의 계기 마련, 1939년 숙명여전에도 가사과가 창설되어 초창기 가정학 교육에 공헌했다.
⑤ 1946년 이화여대의 가정학부에서는 3개의 전공분야를 두었는데 가정관리학이 하나의 학문으로서, 전공분야로서 독립한 최초의 것이다. 그 후 1964년 연세대학교에 가정대학이 신설되었다.
⑥ 가정관리학의 발달에는 대한가정학회(1947)와 가정관리학 연구회에서 발전한 한국가정관리학회(1978), 한국가족자원경영학회(1996)가 공헌하고 있다.

> **참고** 한국가정관리학회
>
> 1978년 창립되었으며 1977년 발족된 가정관리학연구회에서 발전한 것으로 장명욱이 초대 회장을 역임하여 활약하였다. 한국가정관리학회는 가정관리, 가정경제, 아동, 가족, 주거 등 광의의 가정관리 영역을 포괄하고 있다.

실전예상문제

1 미국에서 가정관리학이 본격적인 학문 분야로 발달하기 이전의 시기에 나타났던 것은?
① 1879년 마리아 팔로아가 가정관리라는 단어를 최초로 사용
② 가정관리에 과정의 개념 도입
③ 자원중심의 가정관리학 교육
④ 체계적 접근법의 도입

> **해설** 1879년 마리아 팔로아는 가정관리라는 단어를 처음으로 그의 교과서 제목에 사용했다.

2 레이크 플래시드 회의(Lake Placid Conference)에 대한 설명으로 가장 옳은 것은?
① 남녀 중고등학생에 대한 가정교과 선택을 규정하였다.
② 여성의 사회참여를 주장하여 여성학 발전에 크게 공헌하였다.
③ 미국 국유지무상교부대학 학장회의이다.
④ 미국 가정학회의 창립에 직접적인 역할을 담당하였다.

> **해설** 레이크 플래시드 회의는 미국 가정학회의 선구 모임으로 이 회의에서 가정관리가 가정학의 극히 중요한 분야로서 인정되었다.

3 다음 중 미국의 가정관리학 발달과정에서 최초의 이론적인 체계 형성에 기여한 개념은?
① 의사결정   ② 가치   ③ 과정   ④ 자원

> **해설** 미국에서는 1940년경 단계와 과정의 개념이 가정관리에 도입됨으로써 가정관리의 이론적인 체계가 형성되기 시작하였다.

4 다음 중 1940년대 '과정'의 개념이 미국의 가정관리학에 도입되면서 미친 영향은?
① 교양교육의 강화   ② 진로의 개발   ③ 이론적 틀의 형성   ④ 교육수준의 향상

> **해설** 문제 3번 해설 참조

5 다음 중 1960년대 이후 미국의 가정관리학 분야에 디컨과 파이어바하에 의해 최초로 제안되어 도입되면서 이론적 발달에 공헌한 개념은?

정답 1.① 2.④ 3.③ 4.③ 5.②

① 인적 자원　　　② 체계적 접근법　　　③ 의사결정　　　④ 과정

> **해설** 1966년에 디컨과 파이어바하가 가정관리학 분야에서 최초로 체계적 접근법을 제안했다.

6 미국의 가정관리학 교과과정을 볼 때 자원중심의 시기는?

① 1920년대　　　② 1940년대　　　③ 1960년대　　　④ 1970년대

> **해설** 미국의 가정관리학 교과목의 발달단계
> - 1920년대 : 자원 중심
> - 1940년대 : 과정 개념 중심
> - 1960년대 : 전체론적 방법 중심
> - 1930년대 : 인적 자원 중심
> - 1950년대 : 가치와 의사결정 개념 중심
> - 1970년대 : 체계적 접근법 중심

7 다음의 〈보기〉와 같은 원리는?

> **보기** 미국의 가정관리학 교과과정의 발달 단계에서 1940년대에는 목표나 자원이 개개의 가정에 따라 다르고 시대에 따라 변하므로 관리를 하는 데 있어서 어떤 시대에도 변하지 않는 원리를 역설하게 되었다.

① 의사결정　　　② 과정　　　③ 가족구성　　　④ 가치

> **해설** 목표나 자원을 관리하는데 어느 시대에도 변하지 않는 원리를 과정이라고 한다.

8 다음 중 미국에서 의사결정이 가정관리학에 도입된 이유로 옳은 것은?

① 인간관계의 중시
② 의식적 결정을 하도록 하는 지식의 증대
③ 경제사회의 궁핍화
④ 관습을 중시하는 사회분위기

> **해설** 1950년대 이후 의사결정이 가정관리학에 도입된 이유(배경)
> - 경제사회에 있어서 선택의 기회 증대
> - 의사결정에 대한 강조와 함께 기업에 있어서 의사결정에 중점을 둔 관리 기능 발전
> - 영양학 분야와 같이 전에는 관습이 효과적이던 영역에서 의식적 결정을 하도록 하는 지식 증대

9 미국 가정관리학의 교과목 발전 과정 중 가치와 의사결정의 개념을 중심으로 한 시기는?

① 1920년대　　　② 1930년대　　　③ 1940년대　　　④ 1950년대

> **해설** 문제 6번 해설 참조

10 미국 가정관리학의 발달 과정에서 가정관리와 그 환경적 요인들의 상호관계를 밀접하게 규정한 것으로 1970년대 이후 강조된 것은?

① 체계적 접근법   ② 인적 자원   ③ 의사결정   ④ 과정개념

해설 체계적 접근법에 의하면 가정관리는 하나의 생태적·사회적 체계로 간주된다.

11 다음 중 미국 가정관리학의 발달 과정을 옳게 설명한 것은?

① 1920년대 과정의 개념이 강조되었다.
② 1950년대 최초로 가정관리학이 대학에서 다루어졌다.
③ 1960년대 들어 의사결정의 개념이 중심이 되었다.
④ 1970년대 이후 체계적 접근법이 중심이 되었다.

해설 문제 6번 해설 참조

12 미국 가정관리학의 발달 과정에서 1950년대에 의사결정이 중시된 배경에 해당하는 것은?

① 경제사회에서 선택의 기회가 감소하였다.
② 기업에서 의사결정에 중점을 둔 관리 기능이 발전하였다.
③ 관습이 효과적인 영역으로 확대되었다.
④ 비효율적인 지식이 증가하였다.

해설 1950년대에 의사결정이 가정관리에 도입된 이유
- 경제사회에 있어서 선택의 기회가 증대되었다.
- 의사결정에 대한 강조와 함께 기업에서 의사결정에 중점을 둔 관리 기능이 발전되었다.
- 전에는 관습이 효과적이던 영역에서 의사결정을 하도록 하는 지식이 증대하였다.

13 미국 가정관리학에서 의사결정이 가정관리에 도입된 이유를 바르게 나타낸 것은?

① 지식의 축소
② 과정 개념을 중시한 가정관리학의 발달
③ 기업에 있어서의 커뮤니케이션에 중점을 둔 관리 기능의 발전
④ 경제사회에서의 선택 기회의 증대

해설 문제 12번 해설 참조

정답 6.❶ 7.❷ 8.❷ 9.❹ 10.❶ 11.❹ 12.❷ 13.❹

14 미국 가정관리학에 도입된 체계적 접근법에 대한 설명이라고 볼 수 없는 것은?

① 1970년대 이후 본격적으로 가정관리분야에 도입하게 되었다.
② 체계적 접근법은 과정관리를 환경과 독립된 개별적인 활동이라고 보지 않는다.
③ 체계적 접근법에서 가정관리는 하나의 생태적·사회적 체계로 간주된다.
④ 체계적 접근법에서는 환경이라는 요소가 고려되지 않는다.

해설 체계적 접근법은 가정관리와 그 환경적 요인들의 상호관계를 밀접하게 규정짓는다.

15 다음 중 미국 가정관리학 발달에 특별히 중요한 역할을 수행한 것은?

① 국제가정학회 ② 미국가정과교수연합회
③ 미국가정학회 ④ 미국소비자보호단체협의회

해설 미국가정학회(AAFCS)는 가정관리학 발달에 큰 공헌을 해 온 학회이다.

16 다음의 〈보기〉와 같은 학설은 무엇인가?

> **보기** 일본에서 전후 가정학부가 신설되고 가정학이 학문적 체계를 정립해 가는 시기에 사회정책학 분야의 생활문제 연구방법을 기초로 가정관리학의 이론화를 시도하였다.

① 과학적 가정관리학 ② 근대주의적 가정관리학
③ 노동력 재생산·보전설에 의한 가정관리론 ④ 전통적 가정학

해설 노동력 재생산·보전설에 의한 가정관리론 : 전후 사회정책학 분야의 생활문제 연구방법을 기초로 종래의 전통적 가정학의 조류와는 다른 새로운 이론화를 시도하였다.

17 제2차 세계대전 이후 전쟁경제 중 위기에 처한 국민 생활의 문제를 취급하면서 전개된 일본의 가정관리학이론은?

① 과학적 가정관리론 ② 근대주의적 가정관리론
③ 노동력 재생산·보전설에 의한 가정관리론 ④ 전통적 가정학론

해설 노동력 재생산·보전설을 전개한 학자들이 반드시 동일한 기반 위에 서 있는 것은 아니지만 전쟁 중 위기에 처한 국민 생활의 문제를 취급하면서 생활 문제는 사적·개인적 문제가 아니라 노동 생활과 관련된 문제이며, 노동력의 확보·재생산이 일국의 생산력 발전에 불가결한 요소라는 인식을 같이하고 있다.

18 일본 가정관리학의 조류 중 '노동력 재생산·보전설에 의한 가정관리론'에 대한 설명으로 옳은 것은?

① 가족문제에 대한 실천적 해결 방향 제시를 중시하였다.
② 미국 가정관리학의 영향을 크게 받았다.
③ 의사결정을 중시하였다.
④ 국민 생활의 문제는 노동생활과 관련된 문제이다.

> **해설** 노동력 재생산·보전설에 의한 가정관리론 : 노동력 재생산·보전설을 전개한 학자들이 반드시 동일한 기반 위에 서 있는 것은 아니지만 전쟁경제 중 위기에 처한 국민 생활의 문제를 취급하면서 생활문제는 사적·개인적 문제가 아니라 노동생활과 관련된 문제이며, 노동력의 확보·재생산이 일국의 생산력 발전에 불가결한 요소라는 인식을 같이하고 있다.

19 일본의 가정관리학 조류 중 가정관리의 본질이 의사결정에 있다는 것을 강조한 것은?

① 과학적 가정관리론
② 근대주의적 가정관리론
③ 노동력 재생산·보전설적 가정관리론
④ 일본의 본류로서의 전통적 조류

> **해설** 근대주의적 가정관리론 : 이마이는 근대주의적 가정관리론의 초기 저작이라고 할 수 있는 「신가정경영론」에서 가정관리의 본질이 의사결정에 있다는 것을 규명하고 "가정은 최고 관리기능인 '가정경영'과 중간 관리로서의 집행적 기능을 가진 '가정관리'와 현실적 집행 기능으로서의 '가사 작업'이 계층적으로 결합하여 존재한다."고 파악하며, '가정경영(학)'이라는 용어를 채용하였다.

20 다음 중 일본의 근대주의적 가정관리론에 대한 설명으로 옳은 것은?

① 노동력 재생산을 국민경제와 관련시켜 연구하였다.
② 새로운 생활양식 창조를 지향하였다.
③ 가정관리의 본질을 의사결정으로 파악하였다.
④ 생활시간배분에 관한 구체적 실증을 중시하였다.

> **해설** 문제 19번 해설 참조

21 일본의 가정관리학 발달 과정에 있어서 근대주의적 가정관리론의 장점으로 옳은 것은?

① 과학적 가정관리
② 학설사 연구 정립
③ 노동력의 확보·재생산
④ 생활관리론의 구축

> **해설** 근대주의적 가정관리론
> • 전통적 가정관리론을 극복하려 한다.

정답 14.④ 15.③ 16.③ 17.③ 18.④ 19.② 20.③ 21.②

- 가정경영에 필요한 소재 – 주로 물질적 자원 – 를 내부지향적·개별영역적인 문제의식을 가지고, 본질론이 없는 조사나 실험적 방법을 사용하여 연구하거나 지식으로서 습득하려는 종래의 가정관리학 경향에 반대하여, 가정경영의 본질적 기능, 일반적 원리를 확립하려고 노력하고, 학설사 연구를 정립했다.
- 종래의 사적·개별적 가정 내에서의 임시 변통적 관점에 대신하여, 총체적인 생태학적 체계 속에 가정경영을 실천하려고 하는 대국적인 관점을 받아들였다.

22 일본의 근대주의적 가정관리론에 대한 설명으로 옳지 않은 것은?

① 가정경영의 본질적 기능, 일반적 원리를 확립하기 위해서 노력한다.
② 총체적인 생태학적 체계 속에서 가정경영을 실천하려 대국적 관점을 받아들인다.
③ 일본 가정생활 실태의 인식으로 본질론을 도출하지 않고 외국 문헌 등을 채용한다.
④ 노동력을 보유한 인간성이 제대로 나타나 있다.

해설 인간관·가정관·사회관에 역사적·계급적 관점이 결여되어 있으며, 주관적·관념적인 것에 빠져 있다. 즉, 자기실현을 하고 있는 인간을 중심으로 보고 있는 사상이 내부에 나타나고 있지만 노동력을 보유한 인간성은 나타나지 않는다.

23 다음 중 생활권에 근거한 생활관리론의 구축을 주장하는 일본의 가정관리학 조류는?

① 노동력 보전설적 가정관리론
② 전통적 가정관리론
③ 과학적 가정관리론
④ 근대주의적 가정관리론

해설 생활관리적 관점에 서는 집단은 과학적 가정관리론을 지향하는 조류 중의 하나로서 「생활관리와 생활정책」을 집필한 저자들 중심으로 생활권에 근거한 생활관리론의 구축을 주장한다.

24 일본의 가정관리학 조류 중 생활관리적 관점에 서는 집단의 특징으로 옳은 것은?

① 시간과 노력 관리를 주된 내용으로 가정관리론 전개
② 노동력 보전을 중심으로 한 가정관리 이론의 전개
③ 의사결정론을 중심으로 한 가정관리론의 전개
④ 생활권에 기초한 생활관리론의 구축을 주장

해설 문제 23번 해설 참조

25 일본 가정관리학의 발달 과정과 관련된 설명으로 옳은 것은?

① 일본에서 최초로 나타난 가정관리이론은 노동력 재생산 보전설에 의한 가정관리론이다.
② 근대주의적 가정관리론은 1920년대에 발생하였다.
③ 과학적 가정관리론을 지향하는 집단은 미국 가정학의 의사결정론을 가정관리의 본질로서 중시하는 특

징을 갖는다.
④ 니시야마 우조의 주거학 이론의 영향을 받은 집단은 기술이 관리주체의 주체 형성에 유용한 생활기술로 명확하게 정립되고 있다고 했다.

해설 니시야마 우조의 주거학 이론의 영향을 받은 집단은 소비생활의 장에서 가능한 주체적 선택을 행하는 새로운 생활양식을 구축해야 한다고 했다. 그리고 기술이 관리주체의 주체 형성에 유용한 생활기술로 명확하게 정립되고 있다고 했다.

26 일본의 가정관리학 조류 중 소비생활의 장에서 가능한 한 주체적 선택을 행하는 새로운 생활양식을 창조적으로 구축해야 한다고 강조한 조류는?

① 전통적 가정학
② 노동력 재생산적 가정관리론
③ 근대주의적 가정관리론
④ 과학적 가정관리론

해설 새로운 조류(과학적 가정관리론을 지향)
- 생활관리적 관점에 서는 집단 : '생활권'에 근거한 '생활관리론'의 구축을 주장하였다.
- 니시야마 우조의 주거학이론의 영향을 받은 집단 : 소비생활의 장에서 가능한 한 주체적 선택을 행하는 '새로운 생활양식'을 창조적으로 구축해야 한다고 주장하였다.
- 교토부립대학의 새로운 가정학 연구 동향 : 1970년대 이후 교토부립대학을 중심으로 가정학의 사회과학영역에 새로운 움직임이 있었다.

27 다음 중 일본의 과학적 가정관리론에 대한 설명으로 옳은 것은?

① 가정관리는 노동력의 확보와 재생산이 가장 중요한 요소이다.
② 관리력의 형성 = 생활 주체성의 형성으로 보고 있다.
③ 가정관리의 주된 내용은 시간과 노력의 관리이다.
④ 가정관리의 본질은 의사결정이다.

해설 일본의 과학적 가정관리론의 특징
- 기술이 관리 주체의 '주체 형성에 유용한 생활 기술'로 명확하게 정립되고 있다.
- '관리력의 형성 = 생활 주체성의 형성'으로 보고 있다.
- 가정과 교육에서 자녀를 생활 주체로서 올바르게 가르칠 과제를 '인간의 자립'에 기초를 두어야만 한다는 것을 명확히 하고 있다.

28 조선시대의 여성규범서를 설명한 내용으로서 옳은 것은?

① 궁중의 부녀자를 위한 중국문헌만 존재하였다.
② 한글로 편찬된 책이 나왔으나 궁중부녀자들에게만 읽혀졌다.

정답 22.④ 23.③ 24.④ 25.④ 26.④ 27.② 28.④

③ 한자로 된 규범서를 교재로 부녀자를 위한 교육이 형식교육으로 이루어졌다.
④ 유교적 정신을 바탕으로 한 중국문헌 및 우리나라의 문헌이 여성규범서로 사용되었다.

해설 조선시대 여성에게 행해진 교육은 유교사상의 영향 아래 부덕과 성품을 길러야 했으며 이에 따라 상류층 사회와 궁중에서는 출가하는 딸을 위해 가르침을 시도하였다. 이를 배경으로 부녀자들의 교육을 위해 등장한 문헌으로는 중국의 「주자가례」, 「소학」, 「여범」, 「여논어」, 「내훈」 등과 우리나라의 소혜왕후의 「내훈」, 「명심보감」 등이 있다.

29 다음 중 조선시대 여성규범서에 나타난 가정관리에 관한 내용으로서 적절한 것은?

① 현명한 구매자가 되어라.
② 검소하고 절약하는 생활을 하라.
③ 인간관계에서 사리를 따져라.
④ 계획없이 일을 하라.

해설 조선시대의 여성규범서를 중심으로 가정관리교육
- 인간관계에서는 혼인의 예는 모든 예의 근본이라고 했다. 그러나 실생활에서는 부모자녀 관계를 우선했다.
- 생활계획에 대한 태도에서는 계획의 중요성을 강조하였다.
- 가사작업에 있어서 조선조 시대의 여성은 한 인간으로서보다는 근면한 노동제공자로서 인식되었고, 그 역할은 가정경제와 연결되어 더욱 중시되었다.
- 소비생활에 대한 태도에서는 절약을 강조하였다.
- 한 가정의 통솔자로서 노비를 다스림에 있어서는 많은 배려를 하도록 했다.

30 다음 중 조선시대 여성규범서에서 제안한 가정관리의 내용으로 옳은 것은?

① 아랫사람에게는 권위적인 태도로만 대하도록 했다.
② 계획이 중요하므로 일상생활에서 계획을 잘해야 한다.
③ 통솔자로서의 역할은 가장에게만 고유한 것이다.
④ 가사노동은 남성의 일이므로 여성은 관여하지 말아야 한다.

해설 문제 29번 해설 참조

31 다음 중 조선시대의 여성규범서를 통해서 알 수 있는 내용은?

① 현명한 소비자의 기능을 중시했다.
② 인간관계에 관한 교육을 중시했다.
③ 사회적 성취를 위해 여아를 전문교육기관에서 교육시켰다.
④ 여성의 자아실현이 중요하다.

해설 문제 29번 해설 참조

32 다음 중 조선시대의 여성규범서에서 중시한 가정관리교육의 내용으로서 적절한 것은?

① 여성의 자립의식 고양
② 주부의 소비자 능력 개발
③ 부부의 남녀평등의식 고양
④ 여성의 부덕 함양

해설 조선시대 여성규범서에 나타난 이상적인 여성상 : 효친하는 며느리, 딸, 경순인내하는 아내, 현엄·의자를 겸비한 어머니, 형제·친척간에 화목을 이루고, 손님을 잘 접대할 수 있는 현부여야 한다.

33 다음 조선시대의 가정관리교육에 대한 설명 중 옳지 않은 항목은?

① 실생활의 관계에 있어서 부부관계보다 부모자녀관계가 우선하였다.
② 여성은 중요한 노동제공자로서 인식되었다.
③ 실학자 정약용은 실생활에서 계획의 중요성을 강조하였다.
④ 소비생활의 근검, 절약이 강조되었다.

해설 실학자 홍만선의 저서 「산림경제」에서 계획의 중요성이 강조되었다.

34 다음 중 조선시대 여성규범서에 나타난 가정관리에 관한 내용으로 옳지 않은 것은?

① 소비생활에서 검약이 중요하다.
② 노비에 대해서도 배려를 해야 한다.
③ 가사작업을 할 때는 전통적인 방법을 고수하여야 한다.
④ 남편을 잘 섬기는 아내가 되어야 한다.

해설 가사작업에 있어서는 과학적 사고에 의해 새로운 방법을 추구하도록 주장하였다.

35 다음 중 조선시대의 가정관리교육에 대한 설명으로 옳은 것은?

① 현명한 소비자의 역할을 강조하였다.
② 노동제공자로서의 여성의 역할을 강조하였다.
③ 여성규범서에는 생활 계획에 관한 내용이 없다.
④ 여성의 자아실현을 강조하였다.

해설 가사작업에 있어서 조선조 시대의 여성은 한 인간으로서보다는 근면한 노동제공자로서 인식되었고, 그 역할은 가정경제와 연결되어 더욱 중시되었다. 그런데 실학 사상가들은 과학적 사고에 의해 새로운 방법을 추구하도록 주장하였고, 합리적인 가사작업의 조건을 갖추는 것이 필요하다고 하였다.

36 여성규범서에 나타난 조선시대의 가정관리교육에 대한 설명으로 옳은 것은?

정답 29.❷ 30.❷ 31.❷ 32.❹ 33.❸ 34.❸ 35.❷ 36.❶

① 자식이 남과 다투어도 역성하지 말라.
② 합리적인 작업조건을 갖추기보다 부지런히 일만 하라.
③ 미리 계획하지 말고 일이 주어졌을 때 최선을 다하라.
④ 인간관계에서 사리를 명확하게 따져라.

해설 한 가정의 통솔자로서 여성의 역할 : 『여사서』에 이르기를 "어렸을 때부터 속이지 말고, 과히 친하지 말며, 글 배울 때에는 차례 없이 권하지 말고, 하루 세 번씩 권하여 읽히고, 벗과 언약하였노라 하거든 시행하여 남에게 실언말게 하고, 자식을 옳은 일로 가르치고, 악언으로 책하지 말며, 흉을 덮지 말며, 남더러 자랑하지 말라. 남과 다투어도 역성하지 말라"는 등으로 자녀들을 올바르고 근엄하게 가르치라고 일렀다.
- 인간관계에서 사리를 따지는 것은 일반적으로 배척되었다.
- 미리 계획을 세워서 일을 시행하도록 하였다.
- 보다 합리적인 가사작업의 조건을 갖추는 일이 반드시 필요하다고 하였다.

37 조선시대 여성에게 행해졌던 가정관리교육의 내용으로서 옳은 것은?

① 실생활에서 인간관계는 부부관계를 우선했다.
② 계획에 신경쓰기보다는 주어진 여건에서 만족하라.
③ 구매활동이 중요하므로 현명한 소비자가 되어야 한다.
④ 노비를 다스릴 때 잔꾸중하지 말라.

해설 조선시대에는 노비를 부리는 데 있어서 '잔꾸중 말고, 늘 나무라지 말고, 헛되이 칭찬하지 말라'고 하였다.

38 조선시대의 여성규범서에서 다루었던 중요한 내용이라고 볼 수 없는 것은?

① 인간관계 ② 생활계획
③ 상품 선택 ④ 가사작업

해설 조선시대의 여성규범서를 중심으로 한 가정관리교육 : 주로 인간관계, 생활계획, 가사 작업, 소비생활, 통솔에 관한 내용이 다루어졌다.

39 다음 중 우리나라에서 가정학이 근대적 교육기관에서 다루어지게 된 계기에 해당하는 것은?

① 이화학당 설립 ② 이화여자전문학교 설립
③ 연세대학교 가정대학 설립 ④ 이화여자대학교 가정관리학과 설립

해설 학교 교육으로서 가정학이 다루어진 시초 : 1896년 이화학당에 가사라는 교과목이 생긴 데서 찾을 수 있다.

40 우리나라에서 가정학 교육이 시작된 최초의 교육기관은?

① 이화학당　　② 성균관　　③ 숙명여전　　④ 서울대학교

해설 1886년 이화학당이 설립되었고, 1896년 이화학당에 가사라는 교과목이 생겼다.

41 다음 중 우리나라 가정관리학의 발달과정을 옳게 나타낸 것은?

① 1980년대 이후 종합대학에 가정대학이 신설되었다.
② 1960년대에 대한가정학회가 창립되었다.
③ 1940년대에 한국가정관리학회지가 창간되었다.
④ 1890년대에 이화학당에서 '가사' 교과목이 강의되기 시작하였다.

해설 1896년 이화학당에는 가사라는 교과목이 생겼는데, 이것은 우리나라 가정학의 하나의 기점이라 볼 수 있다.

42 우리나라에서 가정대학이 신설된 시기는?

① 1920년대　　　　　　　② 1940년대
③ 1960년대　　　　　　　④ 1980년대

해설 우리나라에서는 1964년에 연세대학교에 가정대학이 처음으로 신설되었고, 1966년에 이화여자대학교에 가정관리학과가 설치되었다.

43 가정학 최초의 학술단체로서 70년 이상의 역사를 가진 학회는?

① 대한가정학회　　　　　　② 한국가정관리학회
③ 한국가족자원경영학회　　④ 한국가정과교육학회

해설 대한가정학회는 1947년 발족하였으며, 가정학 최초의 학술단체이다.

44 다음 학회 중 한국의 가정관리학 발달에 큰 공헌을 해오고 있지 않은 것은?

① 한국가족소비자학회　　　② 한국가족자원경영학회
③ 한국가정관리학회　　　　④ 대한가정학회

해설 우리나라에서는 1947년 대한가정학회, 1978년 한국가정관리학회, 1996년 한국가족자원경영학회가 창설되면서 현재까지 학문적 발전을 거듭해 왔다.

정답 37.④　38.③　39.❶　40.❶　41.④　42.③　43.❶　44.❶

45 다음 중 1970년대에 발족된 학회로서 가정관리 · 가정경제 · 아동 · 가족 · 주거 등 분야를 다루는 것은?

① 한국가정과교육학회 ② 한국가족자원경영학회
③ 한국가정관리학회 ④ 대한가정학회

해설 한국가정관리학회 : 1978년 창립되었으며 1977년 발족된 가정관리학연구회에서 발전한 것으로 장명욱이 초대 회장을 역임하여 활약하였다. 한국가정관리학회는 가정관리, 가정경제, 아동, 가족, 주거 등 광의의 가정관리 영역을 포괄하고 있다.

정답 45. ❸

제1부 가정관리학의 기초

03 체계적인 접근법에 의한 가정관리

 단원 개요

체계적 접근법은 1960년대에 가정관리학에 도입된 이후 1970년대에 이르러 광범위하게 적용되었고, 미국의 경우 현대 가정관리학에서 가장 중요한 접근방법으로 이해되고 있다.

이 단원에서는 가정관리를 보다 깊이 이해하기 위하여 먼저 체계적 접근법에 대하여 살펴본 후 체계적 접근법에 의한 가정관리의 성립 배경과 체계론의 기본 개념에 대하여 고찰하기로 한다. 다음으로 가정관리의 단위인 가족이 체계가 되는 이유, 가족의 주요 기능, 가족체계의 성격을 검토하고, 가족체계의 하위체계, 가족과 환경과의 상호작용에 관하여 파악하도록 한다.

 출제 경향 및 수험 대책

이 단원에서는 체계의 정의, 체계적 접근법의 도입배경, 가족이 체계가 되는 이유, 가족체계의 하위체계, 가족을 둘러싼 환경의 유형과 특징 등을 묻는 문제가 출제될 수 있는 바 자세하고 철저한 학습이 요구된다.

3

01 체계적 접근법에 의한 가정관리

1 체계적 접근법의 개요

① 체계(System)의 개념
  ㉠ 각 구성 요소가 일정의 상호연관관계를 갖고 공통의 전체 목적에 공헌하고 있는 경우를 말한다.
  ㉡ 하나의 전체를 구성하는 부분들의 복잡한 기능체를 의미한다.
② 체계의 개념을 도입한 연구 : 1950년대 초 독일의 베르탈란피(Ludwig von Bertalanffy)에 의해 시작되었다.
③ 가정관리학에서의 체계적 접근법 사용
  ㉠ 1966년 파이어바하와 디컨에 의하여 체계적 접근법이 제시된 이래 계속 체계적 접근법이란 용어를 사용했다.
  ㉡ 그로스 : 가정관리를 하나의 적응적 사회체계로 보고 체계적 접근법을 사용했다.

2 체계적 접근법에 의한 가정관리의 성립 배경

① 새로운 철학의 전개(분석시대 → 종합시대)
② 기계론으로부터의 탈피
③ 가족을 둘러싼 환경의 변화
④ 인간생태학의 전개(관계, 환경의 개념 중시)

3 체계론의 기본 개념

① 체계 : 전체 목표 및 기능을 달성하려고 각 부분들 또는 공통의 부분들이 상호작용하고 상호관련되는 부분들의 전체이다.
② 경계 : 체계들간의 영역을 결정하는 것으로 물리적 또는 심리적·상징적으로 구획짓는 것(경계가 투과적일수록 개방성을 갖게 됨)이다.
③ 하위체계 : 전체 체계를 구성하는 각 부분들이 이루는 하위조직 체계 자체가 그보다 더 큰 체계 속에서는 하위체계가 될 수 있다.
④ 상호관련성 : 체계를 구성하고 있는 각 부분들은 상호관계를 갖고 있고 상호의존한다.
⑤ 목표지향성 : 각 부분들의 관련성은 체계가 가지고 있는 일련의 목표 유지·달성을 위하여 부분들이 상호작용을 한다.
⑥ 전체성 : 전체는 부분의 합 이상이라는 것이다.
⑦ 항상성 : 체계의 균형이 이루어진 상태이다.
⑧ 통제 메커니즘 : 체계의 안전성을 찾고자 하는 조절 과정이다.
  ㉠ 긍정적 피드백 : 체계의 변화와 일탈을 촉진시키는 작용이다.
  ㉡ 부정적 피드백 : 체계가 변화하지 않고 존속하거나 전상태로 환원시키는 과정이다.

추가 설명

그로스
"체계론은 관계들의 통계적 공식화에 대한 연구를 가정한다. 체계적 접근법은 가정관리학의 상대적 부정밀성과 가족에 의한 관리에 있어서 고유한 가치의 문제, 그리고 관리의 향상에 대한 강조를 반영한다."

추가 설명

가정관리학에서 체계적 접근법을 도입한 배경
- 새로운 철학의 전개 : 부분은 전체를 생각함으로써만 파악할 수 있다고 했으며, 20세기 분석시대에서 21세기 종합시대로 변화했다.
- 기계론으로부터의 탈피 : 기계론은 생활이라는 유기체의 복잡한 사상은 감당할 수 없는 한계가 있다.
- 가족을 둘러싼 환경의 변화 : 가족을 둘러싼 환경이 급격하게 변화하고 있다.
- 인간생태학의 전개 : 인간생태학은 다원적인 가정관리의 전략변수의 전체를 인식시켜 주며, 가정관리에서는 역동적으로 파악되기 힘들었던 환경과 관계가 있는 측면을 인식시켜 준다.

⑨ 등결과성 : 유사한 궁극적 목표, 상태를 다른 방식과 다른 대안들을 사용하더라도 성취되는 능력 또는 그 과정을 의미한다.
⑩ 형태 발전성 : 체계를 변화, 성장, 확장시키도록 하는 자기주장적 과정으로 주어진 체계의 형태, 구조, 상태를 보다 발전시키고 변화시키려는 특성이다.
⑪ 형태 안정성 : 체계와 환경의 복잡한 관계에서 주어진 체계의 형태, 조직, 상태를 유지 보존하려는 특성이다.
⑫ 엔트로피 : 체계가 외부로부터 아무것도 받아들이지 않으면 체계는 혼란과 무질서의 경향 내지 소멸하는 것이다.
⑬ 입출력과 전환과정 : 체계의 목적이 달성되려면 이에 필요한 입력이 있어야 하며, 투입된 입력은 전환과정을 통하여 목표달성에 필요한 활동이나 행동으로 변형된다.
⑭ 분화 : 체계의 수준이 높아지고 복잡해질수록 체계를 구성하고 있는 부분들이 더욱 전문화되고 기능의 수준이 높아지는 것이다.
⑮ 적응성 : 체계가 환경의 변화나 조건에 맞추어 더 나은 방향으로 수정해 나가는 능력이나 과정이다.

> **추가 설명**
> **체계론의 기본 개념**
> 체계, 경계, 상호관련성, 하위체계, 통제 메커니즘, 항상성, 전체성, 목표지향성, 입출력과 전환과정, 엔트로피, 형태안정성, 형태발전성, 등결과성, 적응성, 분화 등

02 가족체계

1 가족이 체계가 되는 이유
① 한 가족을 구성하고 있는 각 개인들은 목표달성을 위하여 함께 일한다.
② 가족은 다른 조직과 경계를 가진다. 가족 내에서의 인간관계에 대한 관심, 인간발달을 위한 책임, 가족자원의 관리 등이 외부체계와 구별시킨다.

2 가족의 주요 기능
오늘날 가족의 기능 중 일부를 사회에서 담당하게 되면서 과거에 비해 약화되거나 축소되고 있다. 그러나 가족 구성원 간의 상호작용이 이루어지는 질적인 측면에서의 가정의 기능은 더욱 중요해지고 있다.
① 재화와 용역생산 : 가족생활의 유지에 필요한 재화와 용역을 생산한다.
② 가족윤리 유지 : 가족 내, 기타 집단 내에서 과업달성을 위한 동기와 가족윤리를 유지한다.
③ 질서유지 : 가족 내에서, 가족 구성원과 외부인과의 사이에서 질서를 유지한다.
④ 자녀의 사회화 : 가족과 기타 사회집단에서의 성인 역할을 위한 자녀의 사회화를 담당한다.
⑤ 가족수의 확대 : 출산 또는 입양과 자녀가 성장했을 때의 분가를 통해 가족수를 확대시킨다.
⑥ 의식주 제공 : 각 개인의 신체적 유지를 위한 의식주생활을 제공한다.

> **추가 설명**
> **가족이 체계가 되는 이유**
> 한 가족을 구성하고 있는 각 개인들은 목표달성을 위해 함께 일하며, 다른 조직과 경계를 가지기 때문이다.

⑦ 양육과 보호 : 어린이와 노인과 같이 도움이 필요한 가족 구성원의 성장과 안정적 삶의 유지를 위해 가족은 필요한 존재이다.

⑧ 정서적 안정 제공 : 가족은 애정을 바탕으로 친밀한 관계가 유지되는 집단으로, 가족 구성원은 가족에서 심리적 만족과 정서적 안정을 느낀다.

3 가족체계의 성격

① 등결과성
② 기능 분화의 특성
③ 위계질서
④ 개방성
⑤ 자기규제성과 통제 메커니즘
⑥ 입·출력과 전환과정
⑦ 목표지향성
⑧ 전체성으로 이해되어야 함.
⑨ 상호의존성과 관련성이 있음.

4 가족의 기능과 하위체계

① 가족의 표현적 기능
  ㉠ 자녀의 사회화, 가족의 가치관 및 성격의 발달, 정서적 욕구충족 등을 말한다.
  ㉡ 표현적 기능에 기반을 둔 하위체계 : 그로스의 심리사회적 하위체계와 디컨과 파이어바하의 인적 하위체계가 있다.
② 가족의 도구적 기능
  ㉠ 가족의 목표를 명료화하고 자원을 사용하여 가족이 원하는 목표를 달성하는 것이다.
  ㉡ 도구적 활동에 기반을 둔 하위체계 : 관리적 하위체계이다. 관리적 하위체계는 심리사회적 하위체계에 중요한 공헌을 한다. 가족이 갖고 있는 가치는 관리를 통하여 실현되어야 하며, 관리적 하위체계에 의하여 가사노동이 효과적으로 수행되지 못하면 가족의 심리사회적 발달이 가능하지 못하게 된다.
③ 가족구성원이 갖고 있는 자원(예 기술, 흥미, 체력, 시간 등)에 따라 부부간 또는 남매간에 도구적 기능과 표현적 기능을 상호교환하여 수행할 수 있다고 받아들일 때 가족의 만족감은 더욱 커질 수 있다.

03 가족과 환경과의 상호작용

1 개요

① 환경의 정의 : 환경은 '체계의 구성요소는 아니지만 체계에 영향을 미칠 수 있는 조건과 자산의 세트', 또는 '체계내부에 변화를 일으킬 수 있는 체계외부의 요소, 조건, 자산의 세트'를 의미한다.
② 가족과 환경의 상호작용 내용

⊙ 가치관의 발달

ⓒ 자원의 제공 또는 미래활동의 제약

ⓒ 활동에 대한 자극이나 요구

2 환경의 분류

① 가정환경 : 가족환경은 가족이 일상적으로 상호작용하는 주택, 가구·설비·가족이 소유하는 교통수단, 화폐소득과 같은 자원이 관련되어 있다. 가족을 둘러싸고 있는 환경 중 가장 즉각적이고 친밀한 환경으로서 각 가족이 가장 잘 통제할 수 있는 활동 영역이다. 따라서 가족의 가치관을 가장 명백히 반영한다. 가족이 대부분 가정환경을 통제할 수 있으나 주변 주택 소음같은 더 큰 환경에서 작용하는 힘의 영향력 때문에 자유로울 수 없는 부분도 상당하다.

② 근접환경
   ⊙ 근접환경은 가족이 그 속에서 살고, 일하고, 노는 지역사회로, 가족이 자주 접촉하는 집단, 이러한 집단들이 제공하는 시설 및 서비스, 그 지역의 자연적 특성들을 포함한다. 그러나 같은 지역에 살고 있는 모든 가족에게 근접환경이 모두 동일하지 않다.
   ⓒ 가족은 이사를 통하여 가정환경 및 근접환경을 변화시킬 수 있다.

③ 광역환경
   ⊙ 광역환경은 가족을 둘러싸고 있는 광역사회 또는 문화로, 가치관에 영향을 주고 자원을 제공함으로써 가족에게 영향을 미친다.
   ⓒ 가족은 광역환경을 거의 통제할 수 없지만, 광역환경은 가족에게 중요하고도 직접적인 영향을 미친다.

3 가족과 환경의 상호작용

① 물리적 환경
   ⊙ 물리적 환경의 구분
     • 거시적 환경 : 인공공간과 자연공간 및 생태학적 내용을 포함한다.
     • 미시적 환경 : 개인과 가족의 주위환경으로서, 심리사회적 하위체계와 관리적 하위체계가 공유하고 있는 환경이다.
   ⓒ 거시적 환경과 미시적 환경 및 사회적 체계에서 일어나는 많은 변화는 기술의 결과이므로 기술발달은 가정관리에 많은 영향을 준다.

② 사회 문화적 체계
   ⊙ 문화
     • 문화적 가치와 양식은 학습되고, 특히 가족체계를 통하여 학습된다. 그리고 문화적 가치와 양식은 긴장을 주기도 한다.
     • 문화는 사회의 관습을 반영하고 미래의 행동에 지침을 제시한다.
     • 문화는 준수되고 기대되는 행동양식, 신념과 가치, 이러한 것들이 수반하는 상징과

추가 설명

가족체계를 둘러싼 환경(가정환경, 근접환경, 광역환경)을 구별하는 기준
• 가족에 대한 물리적 근접성의 정도
• 가족과의 상호작용 빈도
• 가족이 그 환경에 대해 갖는 통제의 정도

추가 설명

광역환경
• 근접환경으로부터 가족이 접촉할 수 있는 데까지 확대된다. 가족에 따라 광역환경은 시, 도, 국가, 동양, 세계, 우주까지 다양하다.
• 가족은 광역환경을 거의 통제할 수 없지만, 광역환경은 가족에게 중요하고도 직접적인 영향을 미친다. 광역환경에 대한 얼마간의 통제는 가족이 그들 자신의 문화를 더욱 잘 알고, 광역환경 내에서 더욱 선택적일 때 실현될 수 있다.

추가 설명

물리적 환경
가족이 다른 사회체계와 상호작용하는 배경이다.

대상의 혼합체이다.
ⓒ 사회적 상호작용
- 사람은 사회화와 상호작용을 통해 사회적 지위를 획득한다. 그리고 이러한 사회적 지위는 개인과 가족이 다른 조직 내에서 갖는 역할에 의해 특징지어진다. 역할은 어떤 사회적 위치에 있는 개인이 다른 위치에 있는 타인과의 관계에서 갖는 권리·의무 및 책임의 총체이다.
- 문화적 지침은 사회적 상호작용이 복잡해질수록 보다 불분명해진다.

③ 정치적 체계와 경제적 체계
㉠ 개인이나 가족과 정치적·경제적 체계와의 관계는 밀접하다.
ⓒ 가족체계와 정치적 체계는 상호작용하고, 가족의 수입 및 지출은 경제적 체계와 매우 밀접한 관련이 있다.

> **추가 설명**
>
> **역할다원론**
> 한 개인이 동시에 여러 역할을 맡게 되는 것을 말하며, 한 개인이 동시에 상반되는 역할을 기대받을 때 갈등이 생긴다. 역할다원론으로부터 발생하는 갈등은 역할기대를 완화함으로써 부분적인 해결이 가능하다.

실전예상문제

1 여러 개의 부분으로 구성된 전체로 하나의 전체를 구성하는 부분들의 복잡한 기능체를 무엇이라 하는가?

① 환경   ② 체계   ③ 산출   ④ 피드백

해설 체계는 하나의 전체를 구성하는 부분들의 복잡한 기능체를 의미하며 그리스어의 'systema'에서 유래되었다.

2 체계의 개념을 도입한 연구는 누구에 의해 시작되었는가?

① 베르탈란피   ② 파이어바하   ③ 디컨   ④ 크랜달

해설 체계개념의 도입 연구 : 1950년대 초 독일의 생물학자 베르탈란피에 의하여 시작되었다. 베르탈란피는 여러 학문 분야를 모두 포괄할 수 있는 공통적 사고와 연구틀을 찾고자 노력한 끝에 체계론을 발표하게 되었다.

3 가정관리학의 분야에서 체계적 접근법이 최초로 제시된 시기는?

① 1920년   ② 1945년   ③ 1966년   ④ 1980년

해설 가정관리학에서는 1966년 디컨과 파이어바하에 의하여 체계적 접근법이 제시되었다.

4 가정관리를 하나의 적응적 사회체계로 보고 체계적 접근법을 사용한 학자는 누구인가?

① 디컨   ② 파이어바하   ③ 그로스   ④ 크랜달

해설 그로스 등은 가정관리를 하나의 적응적 사회체계로 보고 체계적 접근법을 사용하였다.

5 다음 중 체계적 접근법을 설명한 것으로 옳지 않은 것은?

① 가정관리학의 하나의 사고방법이다.
② 그 이전에 발전되어 온 가정관리학 내용을 조직적으로 묶어 체계에 초점을 두었다.
③ 하위체계, 환경, 하위체계·체계·환경 사이의 상호관계를 보다 정밀히 파악하는 방법이다.
④ 체계적 접근법은 1966년 베르탈란피에 의해 제시된 이래 계속적으로 사용되고 있다.

해설 체계적 접근법이란 가정관리학의 사고방법으로서, 그 이전에 발전되어 온 가정관리의 내용을 조직적으로 묶어 체계에 초점을 두고 체계의 구성요소인 하위체계, 체계에 영향을 미치는 환경, 하위체계·체계·환경 사이의 상호관계를 보다 정밀히 파악하는 방법이다.

정답 1.❷ 2.❶ 3.❸ 4.❸ 5.❹

6 다음 중 체계적 접근법에 의한 가정관리의 성립 배경으로 적합한 것은?

① 과정 개념의 도입
② 전통적 가족제도의 부활
③ 기계론의 강화
④ 철학의 조류가 종합의 시대로 변화

해설 가정관리학에서 체계적 접근법을 도입한 배경
- 새로운 철학의 전개 : 20세기 분석시대에서 21세기 종합시대로의 변화
- 기계론으로부터의 탈피 : 기계론은 생활이라는 유기체의 복잡한 사상을 감당할 수 없는 한계가 있다. 이에 생활 전체에 초점을 맞추고 피드백 개념으로 문제를 해결하는 일반 체계론이 나타났다.
- 가족을 둘러싼 환경의 변화 : 가족을 둘러싼 환경이 급격하게 변화하고 있다.
- 인간생태학의 전개 : 다원적인 가정관리의 전략변수의 전체를 인식시켜 주며, 가정관리에서는 역동적으로 파악되기 힘들었던 환경과 관계가 있는 측면을 인식시켜 준다.

7 다음 중 새로운 철학의 전개, 기계론으로부터의 탈피, 가족을 둘러싼 환경의 변화, 인간생태학의 전개 등은 가정관리학에 어떤 개념이 도입되게 된 배경인가?

① 과정
② 커뮤니케이션
③ 의사결정
④ 체계적 접근법

해설 문제 6번 해설 참조

8 가정관리학에서 체계적 접근법이 성립된 배경으로서 올바른 것은?

① 가족을 둘러싼 환경이 안정되었다.
② 기계론이 발달하게 되었다.
③ 생태학이 퇴보하였다.
④ 종합을 강조하는 철학이 강조되었다.

해설 문제 6번 해설 참조

9 1960년대 이후 가정관리학에 체계적 접근법이 도입된 배경에 속하는 것은?

① 환경의 오염이 심화되었다.
② 분석철학이 강조되었다.
③ 기계론이 대두되었다.
④ 인간생태학이 전개되었다.

해설 문제 6번 해설 참조

10 다음 중 체계적 접근법에 의한 가정관리의 성립 배경에 해당하지 않는 것은?

① 인간생태학의 전개
② 분석철학의 대두
③ 가족을 둘러싼 환경의 변화
④ 기계론으로부터의 탈피

해설 문제 6번 해설 참조

11 인간생태학의 최소 공통 개념은 무엇인가?

① 관계, 가족   ② 환경, 관리   ③ 관계, 환경   ④ 가족, 관리

해설 인간생태학의 주된 개념은 관계(relation)와 환경(environment)이다.

12 인간생태학 관점에서 가정관리를 볼 때, 중요시하는 활동으로 적합하지 않은 것은?

① 인간의 환경에 대한 작용
② 환경과 환경의 상호작용
③ 환경의 인간에 대한 반작용
④ 인간과 인간 간의 상호작용

해설 인간생태학에서는 관계와 환경 개념이 중요한데, 이 개념을 가정관리에 적용할 때 인간의 환경에 대한 작용(act), 환경의 인간에 대한 반작용(react), 인간과 인간과의 상호작용(coact)의 관계를 생각해야 한다.

13 체계론의 기본 개념 중 큰 환경 내에서 전체의 목표를 달성하기 위하여 각 부분들이 상호작용하고 상호관련되는 부분들의 전체를 무엇이라 하는가?

① 체계   ② 상호관련성   ③ 항상성   ④ 전체성

해설 체계의 개념 : 큰 환경 내에서 전체의 목표 및 기능달성을 위하여 각 부분들 또는 공통의 부분들이 상호작용하고 상호관련되는 부분들의 전체이다.

14 다음 중 서로 연결이 잘못되어 있는 것은?

① 경계 — 체계들 간의 영역을 결정하는 것이다.
② 상호관련성 — 체계를 구성하고 있는 각 부분들은 상호관계를 갖고 있고, 상호의존한다.
③ 하위체계 — 전체 체계를 구성하고 있는 각 부분들이 이루는 하위조직이다.
④ 통제 메커니즘 — 체계의 균형이 이루어진 상태이다.

해설 ④의 설명은 항상성이며, 통제 메커니즘이란 환경에 대한 개방성과 내부 부분 간의 상호작용으로 변화하는 환경과 내부의 요구에 민감하게 반응하여 체계의 안정성을 찾고자 하는 조절과정이 있다.

15 다음의 〈보기〉가 설명하고 있는 체계론의 개념은 무엇인가?

> **보기** 전체는 부분의 합 이상이라는 것이다.

① 항상성   ② 전체성   ③ 목표지향성   ④ 통제성

정답 6.④ 7.④ 8.④ 9.④ 10.② 11.③ 12.② 13.① 14.④ 15.②

해설 전체성 : 전체는 부분의 합 이상이라는 것이다.

16 유사한 궁극적 목표, 상태를 다른 방식과 다른 대안들을 사용하더라도 성취되는 능력 또는 그 과정을 무엇이라 하는가?

① 목표지향성　　② 형태안정성　　③ 등결과성　　④ 적응성

해설 등결과성 : 유사한 궁극적 목표, 상태를 다른 방식과 다른 대안들을 사용하더라도 성취되는 능력 또는 그 과정이다.

17 다음 중 가정관리학에서 가족이 체계가 되는 이유를 가장 잘 설명한 것은?

① 가족을 구성하고 있는 각 개인이 가족의 목표달성을 위해 일하기 때문
② 가족은 두 사람 이상의 개인들의 집합체이기 때문
③ 가족이 사회의 기초집단이기 때문
④ 가족이 다른 사회기관의 영향을 주고 받기 때문

해설 가족이 체계가 되는 이유
- 한 가족을 구성하는 각 개인들은 목표달성을 위해 함께 일한다.
- 가족은 다른 조직과 경계를 가진다.

18 다음 중 가족이 체계가 될 수 있는 이유로 적합한 것은?

① 가족 단위로 자원이 관리된다.　　② 가족구성원 각자가 개별적인 인격체이다.
③ 결혼을 통하여 남편이 부인을 대표한다.　　④ 자녀는 부모의 성을 따른다.

해설 각 가족은 다른 조직과 경계를 가지는데, 인간관계에 대한 관심, 가족자원의 관리, 인간발달을 위한 책임 등 가족체계를 외부체계와 구별시키고 있다.

19 다음 중 가정관리학에서 관리 단위인 가족이 하나의 체계라고 보는 이유에 해당하는 것은?

① 가족은 결혼을 통하여 이루어진다.
② 가족의 목표가 가족구성원 개인의 목표보다 중시된다.
③ 가족은 혈연으로 구성되어 있다.
④ 가족원이 가족의 공동 목표를 달성하기 위한 기능을 수행한다.

해설 문제 17번 해설 참조

20 다음 중 사회가 요구하는 가족의 기능이라고 볼 수 없는 것은?

① 출산 기능
② 치안 유지
③ 의식주생활의 제공
④ 자녀의 사회화

해설 사회가 요구하는 가족의 기능
- 재화와 용역생산 : 가족생활의 유지에 필요한 재화와 용역의 생산
- 가족윤리 유지 : 가족 내, 기타 집단 내에서 과업달성을 위한 동기와 가족윤리의 유지
- 질서유지 : 가족 내에서, 가족 구성원과 외부인과의 사이에서 질서유지
- 자녀의 사회화 : 가족과 기타 사회집단에서의 성인 역할을 위한 자녀의 사회화
- 가족수의 확대 : 출산 또는 입양과 자녀가 성장했을 때의 분가를 통한 가족수의 확대
- 의식주생활 제공 : 각 개인의 신체적 유지

21 가족체계의 성격을 잘 나타낸 용어로 옳은 것은?

① 개방체계 ② 폐쇄체계 ③ 관리적 체계 ④ 기능 통합 체계

해설 가족체계는 환경과 영향을 주고 받는 개방체계이다.

22 가족체계를 개방적인 특성을 가진 것으로 설명할 때 '개방적'이 의미하는 바는 무엇인가?

① 환경과 영향을 주고 받는다.
② 가족은 외부와 구분되는 경계를 갖고, 그 자체 내에서 기능적으로 작용한다.
③ 환경으로부터 영향을 받는다.
④ 환경에 대하여 영향을 준다.

해설 문제 21번 해설 참조

23 가족체계(family system)의 성격이라 볼 수 없는 것은?

① 폐쇄적인 체계이다.
② 위계질서를 가진다.
③ 상호의존성과 관련성이 있다.
④ 자기 규제성과 통제 메커니즘을 가져야 한다.

해설 가족은 개방적인 체계이다.

24 가족체계의 하위체계를 심리사회적 하위체계와 관리적 하위체계로 나눌 때 그 기준이 되는 것은?

① 성별에 따른 주요 활동
② 연령별 선호 활동

정답 16.❸ 17.❶ 18.❶ 19.❹ 20.❷ 21.❶ 22.❶ 23.❶ 24.❸

③ 가족의 기능   ④ 가족과 환경과의 상호작용 정도

해설 기능에 따른 가족체계의 분류 : 관리적 하위체계와 인적(심리사회적) 하위체계로 나눌 수 있으며, 관리적 하위체계는 도구적 기능을 담당하고, 심리사회적 하위체계는 표현적(정서적) 기능을 담당한다.

25 가족체계의 하위체계 중 표현적 기능을 담당하는 것은?

① 심리사회적 하위체계   ② 목적지향적 하위체계
③ 도구적 하위체계   ④ 관리적 하위체계

해설 문제 24번 해설 참조

26 가족체계의 하위체계 중 도구적 기능을 담당하는 것은?

① 표현적 하위체계   ② 심리사회적 하위체계
③ 정서적 하위체계   ④ 관리적 하위체계

해설 문제 24번 해설 참조

27 다음 〈보기〉의 설명에 해당하는 가족의 하위체계는?

> **보기** 가족원의 가치관 및 성격의 발달과 자녀의 사회화, 정서와 욕구의 충족 기능을 담당한다.

① 도구적 하위체계   ② 표현적(인적) 하위체계
③ 관리적 하위체계   ④ 수단적 하위체계

해설 가족의 표현적 기능 : 가족원의 가치관 및 성격의 발달, 자녀의 사회화, 정서와 욕구의 충족 등을 의미한다.

28 가족을 기능적 필요 조건에 따라 두 개의 하위체계로 나눌 수 있다. 다음 중 심리사회적 하위체계를 설명한 것은?

① 표현적 기능에 기반을 둔 하위체계이다.   ② 도구적 기능에 기반을 둔 하위체계이다.
③ 가족자원 관리를 기능하는 하위체계이다.   ④ 관리적 하위체계를 말한다.

해설 표현적 기능에 기반을 둔 하위체계는 심리사회적(인적) 하위체계이다.

29 가족체계의 하위체계 중 관리적 하위체계의 기능에 해당하는 것은?

① 정서적 친밀감의 형성
② 가족가치관의 형성
③ 정서적 안정감의 제공
④ 가족이 원하는 목표 달성

해설 ① · ② · ③은 표현적(정서적) 기능이다.

30 가족은 기능적 필요 조건에 따라 두 가지 하위체계로 분류할 수 있다. 가족의 목표를 명료화하고 자원을 사용하여 가족이 원하는 목표를 달성하는 하위체계는?

① 심리사회적 하위체계
② 관리적 하위체계
③ 인적 하위체계
④ 표현적 하위체계

해설 도구적 기능은 가족의 목표를 명료화하고 자원을 사용하여 가족이 원하는 목표를 달성하는 것이다.

31 다음 중 가족과 환경과의 상호작용에 해당되지 않는 것은?

① 활동에 대한 자극
② 가치관의 발달
③ 자원의 제공
④ 부부관계

해설 가족과 환경과의 상호작용으로서 중요한 점 : 가치관의 발달, 자원의 제공 또는 미래활동의 제약, 활동에 대한 자극이나 요구이다.

32 가족과 환경과의 일반적 상호작용을 가장 잘 나타낸 것은?

① 활동에 대한 자극이나 요구
② 정서적 욕구의 충족
③ 성격의 발달
④ 가족관계의 강화

해설 문제 31번 해설 참조

33 다음 중 가족을 둘러싼 환경을 가정환경, 근접환경, 광역환경으로 분류하는 기준으로 적합한 것은?

① 포괄하는 범위의 크기
② 환경이 가족에 대하여 갖는 통제의 정도
③ 가족과의 상호작용 빈도
④ 가족에 대한 심리적 근접성의 정도

해설 가족을 둘러싼 환경을 가정환경, 근접환경, 광역환경으로 분류하는 기준 : 가족에 대한 물리적 근접성의 정도, 가족과의 상호작용 빈도, 가족이 그 환경에 대해 갖는 통제의 정도에 따라 나눈다.

정답 25.❶ 26.❹ 27.❷ 28.❶ 29.❹ 30.❷ 31.❹ 32.❶ 33.❸

34 다음 가족을 둘러싸고 있는 환경 중 가장 즉각적이고 친밀한 환경으로서 각 가족이 가장 잘 통제할 수 있는 것은?

① 기술환경　　② 가정환경　　③ 근접환경　　④ 광역환경

해설 가정환경 : 가족에게 가장 즉각적이고 친밀한 환경으로서 각 가족이 가장 잘 통제할 수 있는 활동 영역이다.

35 가족을 둘러싼 환경 중 가족과의 상호작용 빈도가 가장 많으며 가족의 가치관을 가장 명백히 반영하는 것은?

① 가정환경　　② 근접환경　　③ 광역환경　　④ 기술환경

해설 문제 34번 해설 참조

36 가족을 둘러싸고 있는 환경 중 가정환경에 대한 설명이 아닌 것은?

① 가족은 대내외적 환경을 모두 통제할 수 있다.
② 가족이 일상적으로 상호작용하는 환경이다.
③ 가족을 둘러싼 환경 중에서 가장 즉각적이고 친밀한 환경이다.
④ 이 환경에 대해 가족이 갖는 통제 정도는 상대적으로 가장 크다.

해설 가족이 대부분의 가정환경을 통제할 수 있지만 주변 소음 등 더 큰 환경에서 작용하는 힘의 영향력 때문에 자유로울 수 없는 부분도 상당하다.

37 가족을 둘러싼 환경 중 근접환경의 예에 해당하는 것은?

① 국가　　② 이웃사람　　③ 화폐소득　　④ 주택

해설 근접환경 : 가족이 그 속에서 살고 일하고 노는 지역사회이다.

38 취업기회, 금융기관, 교육기관, 종교단체 등 가족이 이용할 수 있는 자원의 위치는 어디인가?

① 광역환경　　② 근접환경　　③ 가정환경　　④ 가족시스템

해설 근접환경 : 가족이 자주 접촉하는 집단, 이러한 집단이 제공하는 시설 및 서비스, 그 지역의 자연적 특성들을 포함한다.
　예 가족이 그 속에서 살고 일하고 노는 지역사회

39 가족을 둘러싸고 있는 환경 중 가족이 그 속에서 살고 일하고 노는 지역사회가 해당하는 것은?

① 광역환경　　② 지역환경　　③ 근접환경　　④ 가정환경

해설 문제 38번 해설 참조

40 가족체계를 둘러싼 근접환경에 대한 설명으로 볼 수 없는 것은?

① 가족이 자주 접촉하는 집단, 이들이 제공하는 시설 및 서비스, 그 지역의 자연적 특성을 포함한 지역사회가 여기에 속한다.
② 같은 지역에 살고 있을지라도 근접환경은 다를 수 있다.
③ 가족은 이사를 통해 근접환경을 변경시킬 수 있다.
④ 근접환경은 가족의 통제가 전혀 이루어질 수 없는 환경이다.

해설 가족의 통제가 거의 불가능한 특성을 지니는 환경은 광역환경이다.

41 가족과 사회·문화적 체계와의 상호작용 내용을 바르게 설명한 것은?

① 사회가 발달할수록 문화는 가족에게 영향을 덜 미친다.
② 문화적 지침은 사회적 상호작용이 복잡해질수록 분명해진다.
③ 한 개인이 동시에 상반되는 역할을 기대받을 때 갈등이 생긴다.
④ 문화적 기대는 관리에 영향을 거의 미치지 않는다.

해설 한 개인이 동시에 상반되는 역할을 기대받게 되면 갈등이 생기는데, 역할다원론으로부터 발생하는 갈등은 역할기대를 완화함으로써 부분적인 해결이 가능하다.

정답 34.❷ 35.❶ 36.❶ 37.❷ 38.❷ 39.❸ 40.❹ 41.❸

MEMO

제1부 가정관리학의 기초

04 가정관리에 영향을 미치는 요소

 단원 개요

가족의 목표를 달성하기 위하여 가족자원을 사용하는 합목적적인 활동을 가정관리라고 하므로, 가정관리행동은 가족의 동기요소와 자원, 관리과정에 영향을 주는 요소에 따라 다양하게 나타날 수 있다.

가정관리에 영향을 미치는 요소에 대해서는 학자별로 다양한 견해를 보이고 있다. 디컨과 파이어바하의 견해와 한국에서의 연구를 종합하여 가정관리에 영향을 미치는 요인을 가족 구성, 개인 및 가족 특성, 환경으로 나누어 고찰하기로 한다.

 출제 경향 및 수험 대책

이 단원에서는 가족생활주기, 가족생활주기의 단계별 특성, 가족생활주기에 따라 변하는 요소, 가족원의 교육이 가정관리에 미치는 영향 등이 출제될 수 있는 바, 자세하고 철저한 학습이 요구되는 바이다.

4

01 가족구성

1 가족생활주기

(1) 개요

가족의 성립 시기인 결혼과 함께 자녀의 출생, 성장, 발전, 확대 과정을 거쳐 자녀가 독립하거나 결혼함으로써 축소되어 최후에는 부부의 사망으로 소멸하는 전 과정을 말한다. 현대에 이르러서는 가족 구조, 가족의 역할 변화와 함께 가족생활주기도 변화하고 있다.

① 가족생활주기(family life cycle)의 개념 : 인간이 가족생활에서 경험하는 미혼 · 결혼 · 출산 · 육아 · 노후의 각 단계에 걸친 시간적 연속을 말한다.

② 가족생활주기 단계의 분류 기준
  ㉠ 가족의 구성 : 첫자녀의 출생
  ㉡ 가족의 연령구성
  ㉢ 가장의 직업 상태 : 은퇴기
  ㉣ 결혼생활기간
  ㉤ 자녀의 상태 : 자녀의 연령이나 취학 상태
  ㉥ 가정의 수입 · 지출 상태
  ㉦ 가족원의 역할

③ 가족생활주기의 3단계, 8단계 분류
  ㉠ 제1단계 : 가정확립기 ──────────── 가정형성기(제1단계)
  ㉡ 제2단계 : 자녀출산 및 미취학아동기 ┐
  ㉢ 제3단계 : 초등교육기   │
  ㉣ 제4단계 : 중등교육기   ├ 확대기(제2단계)
  ㉤ 제5단계 : 고등교육기   ┘
  ㉥ 제6단계 : 자녀의 직업적응기 ┐
  ㉦ 제7단계 : 경제적 회복기   ├ 축소기(제3단계)
  ㉧ 제8단계 : 은퇴기   ┘

④ 우리나라 도시 가정을 대상으로 한 생활주기단계(유영주) : 우리나라 가족의 경우 서구와는 달리 경제적 회복기가 나타나지 않는다.
  ㉠ 형성기 : 결혼으로부터 맏자녀 출산 전까지의 시기
  ㉡ 자녀 출산 및 양육기 : 맏자녀 출산으로부터 맏자녀가 초등학교에 입학할 때까지의 시기
  ㉢ 자녀교육기 : 맏자녀의 초등학교 · 중학교 · 고등학교 교육시기
  ㉣ 자녀성년기 : 맏자녀가 대학에 다니거나 취업 · 군복무, 가사를 협조하는 시기
  ㉤ 자녀결혼기 : 맏자녀 결혼으로부터 막내자녀 결혼까지의 시기
  ㉥ 노년기 : 막내자녀 결혼으로부터 배우자가 사망하고 본인이 사망하기까지의 시기

추가 설명

가족 구성과 관련되어 가정관리에 영향을 미치는 요소
- 가족생활주기
- 주부의 사회적 역할주기
- 가족수와 자녀의 연령 및 터울
- 가족 형태

추가 설명

가족생활주기 3단계 분류
- 가정형성기 : 결혼으로 가정을 형성해서 기틀을 확립시키는 과정
- 확대기 : 자녀를 낳아 양육해서 성장시키는 과정
- 축소기 : 자녀들이 결혼하거나 성인이 되어 자립을 위해 가정을 떠나고 노부부만이 가정을 이루는 과정

(2) 가족생활주기의 단계별 특징

① 가정 확립기
  ㉠ 결혼 후부터 자녀가 생기기 전까지의 신혼기이다.
  ㉡ 서로의 성격, 생활습관 등에 대해 세밀히 알아가며 적응해 나가는 시기이다.
  ㉢ 가정생활의 틀이 형성되는 때이므로 공동으로 일생을 살아나갈 가정의 목표 및 장기 계획을 세워야 한다.
  ㉣ 경제적으로 비교적 지출이 적은 시기이므로 장래 출산 및 자녀 교육기와 같은 지출이 큰 시기에 대비해서 저축을 한다.

② 자녀출산 및 미취학 아동기
  ㉠ 자녀출산 후부터 초등학교 입학 전까지의 시기이다.
  ㉡ 가사 노동이 급증하여 주부는 시간적·육체적으로 힘들고 에너지 소비가 큰 때이므로 남편의 많은 협조가 필요하다.
  ㉢ 자녀로 인하여 새로운 분위기 및 새로운 가족관계가 형성, 이에 대한 적응이 필요하다.

③ 초등 교육기
  ㉠ 가정생활이 어느 정도 안정, 가구, 기타 내구 소비재 등 물자의 축적이 이루어지는 시기이다.
  ㉡ 자녀의 형식교육이 시작되고, 외부세계와의 독립적인 접촉이 이루어지는 시기이다.

④ 중등 교육기
  ㉠ 사춘기, 이성의 친구에게로 관심의 분야가 확대되는 시기이다.
  ㉡ 장래에 대한 포부를 키워나가는 시기이다.

⑤ 고등 교육기
  ㉠ 지적 능력의 질적·양적 변화가 있게 되며, 직업을 준비하고 독립된 한 개인으로서 생활할 수 있는 방향·생활방법·가치관을 형성해 나가는 시기이다.
  ㉡ 가족생활주기 중 가장 지출이 큰 시기이므로 경제적 대책이 중요하다.

⑥ 자녀의 직업 적응기
  ㉠ 군입대·취업·결혼 등을 통해서 자녀가 독립하는 시기(진수기)이다.
  ㉡ 자녀가 새로운 생활 때문에 불안해 하는 시기로서 새 생활에 적응할 수 있도록 정신적 뒷받침을 해주고, 경제적 지원을 필요로 할 수도 있다.

⑦ 경제적 회복기
  ㉠ 자녀가 거의 독립해서 나가고 부모는 아직 활동할 수 있는 시기이다.
  ㉡ 부모는 자녀가 결혼해서 자기의 가족을 갖게 되는데 대해 고독감, 공허감을 느낄 수 있다.

⑧ 은퇴기
  ㉠ 직업에서 은퇴하는 시기로서 개인적인 활동의 욕구는 점차 감소, 주의와 보호에 대한

추가 설명

가족생활주기의 단계별 과제

- 가정 확립기 : 자녀계획, 자녀교육, 주택, 경제 등의 계획수립, 저축
- 자녀출산 및 미취학 아동기 : 아동의 성격이 대부분 형성되는 중요한 때이므로 아동의 성격발달, 정서발달에 유의, 일관성 있는 양육 태도를 갖도록 하고 장래 교육을 위해 계속 저축해야 할 시기
- 초등 교육기 : 자녀의 건강 및 교육적인 요구에 관심을 가지며 자녀가 안정된 소속감을 가질 수 있는 환경조성 필요
- 중등 교육기 : 성인으로서 인격적인 대우, 독립적이고 자급자족할 수 있는 개인이 되도록 돕고 교우지도, 독서지도, 취미 생활지도에 힘쓰며 소비생활지도에도 유의
- 고등 교육기 : 대학교육에 대한 경제적인 뒷받침과 장래의 직업선택을 도와주고 경제적인 대책이 중요하며 자녀의 이성교제, 직업선택의 깊은 관심과 이해 필요
- 자녀의 직업 적응기 : 정신적·경제적인 지원이 필요, 지출에 대한 계획과 준비가 필요
- 경제적 회복기 : 건전한 활동(클럽활동, 종교적인 활동 및 오락과 취미생활) 새로운 태도로서 정서적 안정감 갖고 적응하도록 해야 함, 은퇴기에 대비 저축계획 필요
- 은퇴기 : 은퇴에 대한 마음의 자세 필요, 꾸준한 저축을 통해서 경제적인 준비

요구가 증가한다.
ⓒ 육체적인 변화로서 신체의 구조와 기능의 쇠퇴, 가정에서의 위치, 심리적인 면에서도 변화가 온다.

(3) 가족생활주기에 따라 변하는 요소

① 가치, 목표, 표준 : 목표나 표준은 가치로부터 나온다고 생각되지만 가치에 영향을 미치며, 목표와 표준 간에도 서로 영향을 미칠 수 있다.
② 자원과 자원에 대한 요구 : 가족생활주기의 단계에 따라 자원의 질과 양이 달라지며, 자원에 대한 요구도 변화한다.
③ 책임 및 의사결정
　㉠ 책임 : 각 단계에 따라 새로운 책임을 갖기도 하고, 이전에 있던 책임에서 벗어나기도 한다.
　㉡ 의사결정 : 여러 가지 대체안의 득과 실을 비교 평가한 후 최적의 방법을 선택한다.
④ 기타 : 가족원이 당면하는 문제의 종류, 가족원의 역할과 나이, 가족수 등이 변화한다.

2 기타

(1) 가족수와 자녀의 연령 및 터울

① 가정관리의 동기요소 및 자원과 관련하여 가정관리에 영향을 미친다.
② 지역사회 복지활동에의 참여, 가계의 화폐소득, 가사노동시간, 자녀의 가사노동 참여, 의사결정유형 등이 가족수와 자녀의 연령에 따라 차이, 자녀의 터울도 경제적 조건에 큰 영향을 미친다.

(2) 주부의 사회적 역할 주기 : 로파타(Helena E. Lopata)의 4단계

① 주부역할 개시기 : 결혼~자녀출생 전
② 확대기 : 맏자녀 출생~막내 자녀의 초등학교 입학 전
③ 만원기 : 막내 자녀의 초등학교 입학 이후~맏자녀의 결혼
④ 축소기 : 맏자녀의 결혼 이후

(3) 가족 형태

확대가족은 동기 요소 및 자원이 핵가족과 다를 수 있고, 같은 가족수라 하더라도 가족의 형태에 따라 가족원의 역할이 다르기 때문에 가정관리가 영향을 받는다.

추가 설명

가족생활주기에 따라 변하는 요소
가치, 목표, 표준, 책임 및 의사결정, 자원과 자원에 대한 요구, 가족원의 역할, 가족수 등

02 개인 및 가족 특성

1 성격 및 건강

(1) 성격

① 청결, 질서를 좋아하는 성격의 소유자는 노동에 대한 표준이 높다.
② 주부의 자아실현성 정도에 따라 가정관리 양식이 다르다.

(2) 건강

① 건강의 정의 : 단순히 질병이 없거나 쇠약하지 않은 것만을 뜻하지 않고 신체적 · 정신적 · 사회적으로 안녕한 상태에 있는 것이다.
② 주부의 건강상태 : 가정관리에 직접적인 큰 영향을 미친다.
③ 가족원의 질병 : 경제적인 측면에서 수입능력을 감소시키고 자원에 대한 수요를 증가시키며 동기요소에도 영향을 미친다.

> **추가 설명**
> **성격의 의미**
> 환경의 조건들과 시간에 걸쳐서 행동 특성들에 비교적 일관되게 영향을 미치는 한 개인의 독특한 심리적 자질 등의 총체이다.

2 교육 : 가족원의 교육이 가정관리에 미치는 영향

(1) 관리과정의 적용에 대한 능력

① 형식적 교육은 추상적 사고능력의 개발과 관계가 있으며, 이것은 계획과정에서 중요시되는 능력이다.
② 교육수준이 높을수록 관리능력이 증가하고, 자원사용의 결과보다 많은 만족감을 가질 수 있다.

(2) 자원 및 인생의 방향 정립에 미치는 장기적 효과

① 형식적 교육은 개인의 평생소득에 영향을 미친다.
② 교육은 자원의 활용과 지식면에서 가정관리에 영향을 미친다. 가족수의 차이는 생활 목표의 차이를 가져오며, 교육은 가족의 지리적 이동에 영향을 미친다.
③ 개인의 고등교육 이수 여부가 사회적 지위, 수입, 직업 등에 큰 영향을 미칠 수 있다.
④ 고등교육은 개인 차원에서 사회적 계층 이동의 주요 통로 혹은 일종의 기회 구조로 간주될 수 있다.

> **추가 설명**
> **학교교육의 사회적 선별기능**
> • 구조 · 기능론 : 학교교육을 통해 얻는 지식이나 기능이 한 개인의 사회적 지위를 결정해 주는 주된 요인이다.
> • 갈등론 : 지식이나 기능은 사회적 선택에 있어서 이차적인 고려사항에 불과하며 모든 조직에 있어서의 선택은 '귀속집단들의 권력'에 기초하여 이루어진다.

(3) 교육기관에 대한 참여가 미치는 단기적 영향(효과)

① 장기적으로 이익을 가져올 시간과 금전의 투자를 내포하게 된다(저소득층에게는 큰 부담).
② 수업외의 교육활동, 등하교 시간 맞추기, 학교행사 참여 등과 관련하여 가정관리에 영향을 주게 된다.

> **추가 설명**
> **가족원의 교육이 가정관리에 미치는 영향**
> • 관리과정의 적용에 대한 능력
> • 자원 및 인생의 방향정립에 미치는 장기적 효과
> • 교육체계에 대한 참여가 미치는 단기적 효과

3 사회적 지위 및 직업

(1) 사회적 지위

① 사회적 지위 : 개인이나 집단이 다른 사람이나 집단과의 관계에서 형성하는 사회적 위치를 의미한다.
② 사회적 지위에 따라 지출양식, 가족의 가치관, 의사결정 및 생활양식에 차이가 있다.

(2) 직업

① 성역할 분리는 점차 사라지고 있다.
② 남편 또는 아내의 직업이 가정관리에 미치는 영향을 결정하는 요인
　㉠ 직업에 따른 자원의 취득 정도
　㉡ 직업과 가족생활의 근거가 겹치는 정도
　㉢ 직업에 대한 책임과 가족에 대한 책임을 동시에 할 수 있는 정도
　㉣ 가족의 중요성에 비추어 본 직업의 상대적 중요성

03 환경

1 주거지

　도시, 농촌, 교외 등의 주거지는 표준, 업무수행방식, 가족의 가치관, 시간 소비유형, 지역사회참여 등에 영향을 미친다.

2 주택

① 주택은 대부분의 가족에게 가장 값비싼 재화로서 주택이라는 공간은 가족원의 성장과 발달에 영향을 미치며 가치와 태도를 반영한다.
② 가족생활주기에 따라 주택에 대한 요구가 변화된다.

> **추가 설명**
> 가정관리에 영향을 미치는 요소 중 환경요소
> 가정관리는 주거지 및 주택의 영향을 크게 받는다.

실전예상문제

1 가정관리에 영향을 미치는 일반적인 세 가지 요소에 포함되지 않는 것은?
① 가족구성
② 개인 및 가족 특성
③ 환경
④ 소득

> [해설] 가정관리에 영향을 미치는 세 요소 : 구성, 개인 및 가족 특성, 환경

2 가정관리에 영향을 미치는 요소로서 가족 구성과 거리가 먼 것은?
① 가족 구성
② 가족생활주기
③ 가족 형태
④ 친척

> [해설] 가족 구성과 관련되어 가정관리에 영향을 미치는 요소 : 가족생활주기와 주부의 사회적 역할주기, 가족수와 자녀의 연령 및 터울, 가족 형태 등이다.

3 가족생활주기 단계의 분류 기준으로 볼 수 없는 것은?
① 가족의 연령 구성
② 가족의 구성 : 첫 자녀의 출생
③ 가족의 주거 이동
④ 가장의 직업 상태 : 은퇴기

> [해설] 일반적인 가족생활주기 단계의 분류기준 : ① · ② · ④ 외에도 결혼생활기간, 자녀의 상태(자녀의 연령이나 취학상태), 가정의 수입 · 지출 상태, 가족원의 역할 등에 따라 분류된다.

4 일반적으로 가족생활주기 단계 중 두 사람이 결혼을 통하여 가정의 기틀을 확립시키는 과정은?
① 가정형성기
② 자녀출산기
③ 확대기
④ 축소기

> [해설] 가족생활주기 3단계 분류
> • 가정형성기 : 결혼으로 가정을 형성해서 기틀을 확립시키는 과정
> • 확대기 : 자녀를 낳아 양육해서 성장시키는 과정
> • 축소기 : 자녀들이 결혼하거나 성인이 되어 자립을 위해 가정을 떠나고 노부부만이 가정을 이루는 과정

5 가족생활주기를 크게 3단계로 구분할 경우 확대기는 어떤 시기인가?
① 자녀출산에서 자녀가 가정을 떠난 시기
② 가정확립기에서 고등교육기까지
③ 초등교육기에서 경제회복기까지
④ 자녀출산에서 고등교육기까지

정답 1.④ 2.④ 3.③ 4.① 5.④

해설 가족생활주기의 단계 : 크게 가정형성기, 확대기, 축소기의 3단계로 구분되며, 이를 다시 세분화하여 8단계로 구분할 경우 가정확립기는 가정형성기에 속하고, 자녀출산기·초등교육기·중등교육기·고등교육기는 확대기에 속하며, 자녀의 적응기·경제적 회복기·은퇴기는 축소기에 속한다.

6 가족생활주기의 8단계 중 가족생활주기 3단계인 확대기에 속하지 않는 단계는?

① 자녀출산기 ② 초등교육기 ③ 경제적 회복기 ④ 고등교육기

해설 문제 5번 해설 참조

7 가족생활주기의 8단계 중 자녀의 직업적응기는 가족생활주기 3단계의 어디에 속하는가?

① 가정형성기 ② 확대기 ③ 축소기 ④ 경제적 회복기

해설 문제 6번 해설 참조

8 가족생활주기의 8단계 중 부부가 가정의 목표 및 장기계획을 세우며, 가정생활의 틀을 형성하는 단계는?

① 가정확립기 ② 자녀출산 및 미취학아동기
③ 고등교육기 ④ 경제적 회복기

해설 가정확립기 : 결혼한 두 사람이 가정생활의 방법을 습득해 나가는 시기로서 부부가 가정의 장기계획을 세우고, 가정생활의 틀이 형성되는 때이다.

9 다음 가족생활주기 8단계 중 가정생활의 틀을 형성하므로 중요한 시기이며, 소득이 적지만 지출도 적으므로 저축이 필요한 단계는?

① 가정확립기 ② 초등교육기 ③ 고등교육기 ④ 은퇴기

해설 문제 8번 해설 참조

10 가족생활주기를 8단계로 나눌 때, 부부간의 적응 문제가 중요한 단계는?

① 가정확립기 ② 자녀출산 및 미취학아동기
③ 경제적 회복기 ④ 은퇴기

해설 결혼 이후 자녀출생 이전까지 기간인 가정확립기에는 부부간의 적응문제 및 앞으로의 생활에 대한 목표 설정이 이루어진다.

11 다음 중 가사노동이 급증하는 시기로서 가사노동의 합리화와 부부간의 가사분담이 특별히 요구되고, 새로운 가족관계에 대한 적응이 필요한 시기는?

① 가정확립기
② 자녀출산 및 미취학아동기
③ 초등교육기
④ 은퇴기

해설 자녀출산 및 미취학아동기 : 자녀출산으로 가사노동이 급증하는 시기로서 주부로서 시간적·육체적으로 가장 힘들고 에너지 소비가 큰 시기이다. 따라서 이 시기에는 새로운 가족관계에 대한 적응이 필요한 시기이다.

12 가족생활주기의 8단계에서 자녀출산 및 미취학 아동기의 특징이라고 볼 수 없는 것은?

① 자녀출산으로 가사노동이 급증하여 주부로서 시간적·육체적으로 가장 힘들고 에너지 소비가 큰 시기이다.
② 아동 성격의 대부분이 형성되는 시기이므로 일관성 있는 자녀 양육 태도가 요구된다.
③ 자녀들의 교육으로 인해 지출이 커지는 시기이다.
④ 자녀출산으로 새로운 가족관계가 형성되므로 이에 대한 적응이 필요한 시기이다.

해설 전가족생활주기 단계로 볼 때 상대적으로 지출이 적은 시기이므로 장래의 자녀교육을 위해 저축이 필요한 시기이다.

13 가족생활주기의 8단계 중 자녀의 형식교육이 시작되고 가정생활도 어느 정도 안정되는 시기는?

① 자녀출산 및 미취학 아동기
② 초등교육기
③ 중등교육기
④ 고등교육기

해설 가족생활주기 8단계 중 제3단계인 초등교육기 : 자녀의 형식교육이 시작되고 외부세계와의 독립적인 접촉이 이루어지는 시기이다. 이 시기 부모의 과제는 자녀의 건강 및 교육적인 요구에 관심을 가지고, 자녀가 안정된 소속감을 가질 수 있는 환경을 만들어주는 일이다.

14 가족생활주기의 8단계에 있어서 초등교육기 시기의 특징으로 가장 적합한 것은?

① 전가족생활주기를 통해서 지출이 가장 큰 기간이다.
② 가사노동이 갑자기 급증하는 시기이다.
③ 자녀의 건강이나 교육적인 요구에 관심을 가져야 한다.
④ 자녀가 독립할 수 있는 능력을 가지는 시기이므로 잘 지도해야 한다.

해설 문제 13번 해설 참조

정답 6.③ 7.③ 8.① 9.① 10.① 11.② 12.③ 13.② 14.③

15 가족생활주기 중 자녀가 외부세계와 독립적인 접촉을 하기 시작하므로 부모는 자녀의 건강 및 교육적인 요구에 관심을 가져야 하는 시기는?

① 유치원 교육기 ② 초등교육기 ③ 중등교육기 ④ 고등교육기

해설 문제 13번 해설 참조

16 다음의 〈보기〉는 가족생활주기의 어느 단계의 특성인가?

> **보기** 자녀의 사춘기를 포함하는 시기로 자녀를 성인으로서 인격적인 대우를 해주며 독립적이고 자급자족할 수 있는 개인이 되도록 도와주어야 한다.

① 초등교육기 ② 중등교육기 ③ 고등교육기 ④ 직업적응기

해설 중등교육기 : 자녀가 12~18세, 즉 중고등학교에 다니는 시기이며, 이 시기 부모는 자녀를 어린이로 취급하지 말고 성인으로서 인격적인 대우를 해 주어 독립적이고 자급자족할 수 있는 개인이 되도록 도와주어야 한다. 특히 자녀가 사춘기를 잘 보낼 수 있도록 교우, 독서, 취미생활 지도 등에 관심을 두어야 한다.

17 가족생활주기의 8단계 중 자녀가 사춘기를 잘 보낼 수 있도록 교우, 독서, 기타 취미생활 지도에 힘써야 하는 시기는?

① 중등교육기 ② 고등교육기 ③ 직업적응기 ④ 은퇴기

해설 문제 16번 해설 참조

18 다음 중 가족생활주기의 각 단계에 대한 설명으로 옳은 것은?

① 가정확립기는 손님 초대 등으로 주부의 가사노동시간이 가장 많은 단계이다.
② 자녀의 고등교육기는 지출이 가장 많은 시기이므로 이에 대한 준비가 필요하다.
③ 초등교육기 부모의 중요한 과제는 자녀의 성격발달과 경제적 자립을 돕는 일이다.
④ 경제적 회복기는 자녀가 독립해 나가고 부모는 아직 활동하는 기간으로서 도시가족에게만 나타난다.

해설
- 고등교육기는 가족생활주기 중 지출이 가장 큰 시기이므로 경제적인 대책이 중요하며, 자녀의 이성교제 및 직업선택의 방향에 대한 깊은 관심과 이해가 필요하다.
- 가정확립기보다는 자녀출산 및 미취학아동기에 주부의 가사노동이 급증한다.
- 초등교육기 부모의 중요한 과제는 자녀의 건강 및 교육적인 요구에 관심을 가지며 자녀가 소속감을 가질 수 있는 환경을 만들어주는 일이다.
- 경제적 회복기는 도시·농촌별 차이라기보다 국가의 사회경제적 여건과 관련있는 것으로 우리나라의 경우 일반적으로 이 시기가 나타나지 않고 있다.

19 가족생활주기 8단계 중 진수기라고도 하며, 새로운 생활에 적응할 수 있도록 정신적인 뒷받침을 해주어야 할 뿐 아니라 경제적인 지원을 필요로 할 수 있는 단계는?

① 대학교육기   ② 자녀의 직업적응기   ③ 경제회복기   ④ 고등교육기

해설 자녀의 직업적응기는 첫째 자녀가 군입대라든지 취업·결혼 등을 통해서 가정을 떠날 때부터 마지막 자녀가 독립하게 될 때까지의 기간이다.

20 가족생활주기의 단계에 따라 변하는 중요한 요소만으로 묶인 것은?

① 목표, 가치, 자원, 책임   ② 가치, 목표, 표준, 결속도
③ 가치, 목표, 역할, 결속도   ④ 목표, 역할, 자원, 결속도

해설 가족생활주기에 따라 변하는 요소 : 가치, 목표, 표준, 책임, 요구 및 의사결정, 자원과 자원에 대한 요구, 가족원의 역할과 나이, 가족수 등

21 가정관리와 관련하여 가족생활주기에 따라 변화하는 요소로 거리가 먼 것은?

① 가치, 목표, 표준   ② 가족의 주거지
③ 책임 및 의사결정   ④ 자원과 자원에 대한 요구

해설 문제 20번 해설 참조

22 주부의 사회적 역할주기를 네 단계로 나눌 때, 맏자녀의 출생 이후 막내자녀가 초등학교에 입학하기 전까지의 시기는?

① 확대기   ② 만원기   ③ 주부역할 개시기   ④ 축소기

해설 주부의 사회적 역할 주기
- 주부 역할 개시기 : 결혼~맏자녀 출생 전
- 확대기 : 맏자녀 출생~막내자녀의 초등학교 입학 전
- 만원기 : 막내자녀의 초등학교 입학~맏자녀의 결혼
- 축소기 : 맏자녀의 결혼 이후

23 로파타가 제시한 주부의 사회적 역할주기(social role cycle)에 따른 분류 단계가 아닌 것은?

① 주부 역할 개시기   ② 확대기   ③ 은퇴기   ④ 축소기

해설 문제 22번 해설 참조

정답 15.❷ 16.❷ 17.❶ 18.❷ 19.❷ 20.❶ 21.❷ 22.❶ 23.❸

24 가정관리에 영향을 미치는 요소로서 가족 구성과 관련되는 것 중 가사노동시간, 지역사회 복지활동에의 참여, 가계의 화폐소득, 자녀의 가사노동참여, 의사결정유형 등에 직접적으로 영향을 미치는 요소가 아닌 것은?

① 가족수
② 자녀의 연령
③ 자녀의 터울
④ 가족의 사회경제적 지위

해설 가사노동시간, 지역사회 봉사활동에의 참여, 가계의 화폐소득, 자녀의 가사노동 참여, 의사결정 유형 등이 가족수와 자녀의 연령에 따라 차이가 있으며, 자녀의 터울도 경제적 조건에 큰 영향을 미친다.

25 다음 중 가족의 건강이 가정관리에 영향을 미치는 예로서 옳지 않은 것은?

① 건강이 나쁜 주부일수록 가사노동 표준이 높다.
② 건강 상태에 따라 목표가 달라진다.
③ 질병 치료를 위한 자원 수요가 증가한다.
④ 가족원의 질병은 수입 능력을 감소시킬 수 있다.

해설 가족원의 질병은 경제적인 측면에서 수입 능력을 감소시키고 자원에 대한 수요를 증가시키며 동기 요소에도 영향을 미친다. 주부의 건강은 가정관리에 직접적인 큰 영향을 미친다.

26 다음 중 가족원의 특성이 가정관리에 미치는 영향으로서 옳은 것은?

① 사회적 지위와 가족의 가치관, 생활 양식은 상관이 없다.
② 가족원의 질병은 자원에 대한 수요를 증가시킨다.
③ 주부의 건강 상태는 가정관리에 영향을 주지 않는다.
④ 형식적 교육과 개인의 소득과는 전혀 관련이 없다.

해설 문제 25번 해설 참조

27 가족원의 교육이 가정관리에 미치는 영향을 설명한 내용이 아닌 것은?

① 자원 및 인생의 방향정립에 미치는 장기적 효과
② 관리과정의 적용에 대한 능력
③ 교육기관에 대한 참여가 미치는 단기적 효과
④ 교육에 의한 가족중심주의의 강화

해설 가족원의 교육은 자원 및 인생의 방향정립에 미치는 장기적 효과, 관리과정의 적용에 대한 능력, 교육기관에 대한 참여가 미치는 단기적 효과라는 세 가지 형태로 가정관리에 영향을 미친다.

28 가족원의 교육이 가정관리에 미치는 영향 중 자원 및 인생의 방향 정립에 미치는 장기적 효과를 설명한 것은?

① 식사준비를 자녀의 등하교 시간에 맞추어야 한다.

② 교육을 많이 받을수록 관리능력이 높아진다.
③ 교육을 많이 받을수록 지위, 직업 등에 큰 영향을 미칠 수 있다.
④ 교육을 많이 받을수록 교육비 부담이 적어진다.

해설 한 개인의 고등 교육 이수 여부가 사회적 지위, 수입, 직업 등에 매우 큰 영향을 미칠 수 있다.

29. 다음 중 학교교육을 통하여 획득하는 지식이나 기능이 한 개인의 사회적 지위를 결정해 주는 주된 요인이라고 보는 학교교육의 사회적 선별기능을 설명하는 이론은?

① 결정론   ② 지식론   ③ 갈등론   ④ 구조기능론

해설 학교교육의 사회적 선별기능을 설명하는 방식 : 구조ㆍ기능론과 갈등론이라는 상호 대립되는 두 입장이 있다.
- 구조ㆍ기능론 : 학교교육을 통하여 획득하는 지식이나 기능이 한 개인의 사회적 지위를 결정해 주는 주된 요인이다.
- 갈등론 : 지식이나 기능은 사회적 선택에 있어서 이차적인 고려사항에 불과하고 모든 조직에 있어서의 선택은 귀속집단들의 권력에 기초하여 이루어진다.

30. 교육이 가정관리에 미치는 영향 중 교육기관에 대한 참여가 미치는 단기적 효과에 해당하는 것은?

① 등하교 시간 맞추기   ② 관리 능력   ③ 가치관   ④ 소득

해설 교육기관에 대한 참여가 미치는 단기적 효과
- 교육프로그램의 참여는 장래를 위한 현재의 추가 부담으로서, 장기적으로 이익을 가져올 시간과 금전의 투자를 내포하게 되고, 이러한 비용이 저소득층에게는 큰 부담이 된다.
- 수업 외의 교육활동, 등하교 시간 맞추기, 학교 행사 참여 등과 관련하여서 가정관리에 영향을 미친다.

31. 남편 또는 아내의 직업이 가정관리에 미치는 영향은 다음과 같은 요인에 의해서 결정된다. 그 요인으로 적합하지 않은 설명은?

① 가족의 중요성에 비추어 본 직업의 상대적 중요성에 따라 다르다.
② 직업에 따른 자원의 취득 정도에 따라 다르다.
③ 직업에 대한 책임과 가족에 대한 책임을 동시에 할 수 있는 정도에 따라 다르다.
④ 직업과 가족생활의 근거가 겹치는 정도는 무관하다.

해설 직업과 가족생활의 근거가 겹치는 정도는 가정관리에 중요한 영향을 미친다.

32. 다음 중 가정관리에 영향을 미치는 요소를 세 영역으로 나눌 때 환경요소에 해당하는 것은?

① 직업   ② 가족 형태   ③ 주거지   ④ 성격

정답 24.④ 25.① 26.② 27.④ 28.③ 29.④ 30.① 31.④ 32.③

해설 가정관리는 특히 주거지 및 주택의 영향을 크게 받는다.

33 다음 중 주거지로 인해 영향을 받게 되는 내용이 아닌 것은?

① 지역사회참여　② 업무수행방식　③ 의사결정의 질　④ 가족의 가치관

해설 도시, 시골, 교외 등의 주거지는 가족의 가치관, 표준, 업무수행방식, 시간소비유형, 지역사회참여 등에 영향을 미친다.

34 다음 중 가족원의 성장과 발달에 지대한 영향을 미치고, 가족의 중요한 자원으로서 가정관리행동의 배경이 되며 대부분의 가족에게 가장 값비싼 재화가 되는 것은?

① 주택　② 가족원　③ 교육　④ 소득

해설 주택 : 가족원의 성장과 발달에 지대한 영향을 미치고, 가족의 중요한 자원으로서 가정관리행동의 배경이 된다.

정답　33. ❸　34. ❶

제2부 가정관리의 개념
05 동기요소

단원 개요

동기는 행동의 이유 또는 행동을 변화시킬 수 있는 요인이다. 체계적 접근법에서는 외부의 요구, 자원과 함께 동기요소를 주된 투입으로 보고 있다.
이 단원에서 논의될 특별한 동기는 가치·목표·표준을 포함한다. 가정관리를 잘하기 위해서는 가정관리자가 가족이 진정으로 원하는 바를 올바로 파악할 수 있어야 하기 때문에 가정관리에서 동기요소의 이해는 필수적이다.

출제 경향 및 수험 대책

이 단원에서는 가정관리의 동기요소와 이것이 중시되는 이유 및 동기요소로서 가치·목표·표준, 가치의 유형, 매슬로의 가치 정의, 표준의 분류, 표준의 선택근거 등에 대해 묻는 문제 등이 출제될 수 있는 바, 자세하고 철저한 학습이 요구된다.

5

01 가정관리의 동기

1 개요

(1) 동기(motive)의 개념

① 행동을 일으키게 하는 내적인 직접요인의 총칭이다.
② 행동의 이유, 개인의 행동을 변화시킬 수 있는 요인이다.

(2) 가정관리의 동기요소

① 가정관리의 주요 동기요소
  ㉠ 가치(values) : 관리하는 일반적 이유이다.
  ㉡ 목표(goal) : 성취하고자 하는 대상이다.
  ㉢ 표준(standard) : 목표 달성의 양, 질, 방법의 척도이다.
② 가족체계에 있어서 각 동기요소의 위치
  ㉠ 가치 : 심리·사회적 하위체계에 속한다.
  ㉡ 목표 : 심리·사회적 하위체계와 관리적 하위체계 둘 다에 속한다.
    • 심리·사회적 하위체계에 속하는 이유 : 목표가 가치로부터 직접적으로 생겨나기 때문이다.
    • 관리적 하위체계에 속하는 이유 : 목표가 관리과정을 통하여 달성되기 때문이다.
  ㉢ 표준 : 관리과정 중에 작용하기 때문에 관리적 하위체계에 속한다.

> **추가 설명**
> 가정관리의 주요 동기요소
> 가치, 목표, 표준이 있다.

2 동기요소들의 유사점과 차이점

(1) 유사점

① 희소한 자원 사용에 영향을 미친다.
② 개인 및 집단이 어떤 것을 중요하다고 생각하는 데 영향을 미친다.

(2) 차이점

① 가치, 목표, 표준의 관계가 1 : 1이 아니다.
② 개인이 이들 요소를 인식하는 정도가 다르다. 대체로 목표를 가장 잘 인식하고 가치를 가장 잘 인식하지 못한다.

> **추가 설명**
> 가정관리에서 동기요소를 중시하는 이유
> 희소한 자원사용에 영향을 미치기 때문이다.

> **참고** 동기요소의 관계
> • 가치가 가장 지배적인 용어이다.   • 목표는 가치의 지침이다.
> • 표준은 가치의 자세한 것을 규정하는 것으로 하나의 가치가 미치는 영향의 정도와 목표 달성을 위하여 행동할 범위를 규정한다.

02 가치

1 가치의 정의 및 유형

(1) 가치의 정의

① 클룩콘(Clyde Kluckhohn) : 가치는 명시적이거나, 함축적이거나, 개인적이거나, 집단적이거나 간에 활동에 유용한 방법, 수단, 목적의 선택에 영향을 주는 바람직한 개념이다.

② 윌리엄스(Robin M. Williams Jr.)
  ㉠ 가치를 '좋다', '나쁘다', '바람직하다' 등의 우선적 관심을 갖고 있는 일정한 상황 사건 혹은 사물을 지칭하는 용어라고 전제한다. 또한 모든 관심의 대상일 뿐만 아니라 인간행동에 조직과 방향을 제시해 주는 정의적인 성격을 가진 규범 원리라고 말한다.
  ㉡ 가치 개념의 한계 기준
    • 가치는 중요한 관심의 대상이다.
    • 가치는 목표설정의 기준이다.
    • 가치는 정의성이 강하다.
    • 가치는 여러 경험에서 추상화되는 것이다.

③ 가치는 목표와 표준보다 더 일반적이고 덜 명확한 동기의 한 형태이다.

(2) 가치의 유형

① 지리적 영역 : 지리적 영역에 따라 가치 분류 기준이 다르다.
② 사회계층 : 계층에 따라 가치가 다른데, 대체로 한 국가의 전형적 가치란 중류층의 가치를 말한다.
③ 수단 – 목적
  ㉠ 수단가치(비본질적 · 외재적 가치) : 높은 수준의 가치를 획득하기 위한 수단으로서의 가치이다.
  ㉡ 목적가치(본질적 · 내재적 가치) : 그 자체로서 가치 있는 것이다.

2 가치와 관련된 내용

(1) 가정관리학과 가치

① 가정관리학 : 가정관리라는 것은 목표, 가치, 포부를 명확히 설정하고, 산다는 것을 연구하며 진실로 원하는 것을 올바르게 선택하는 일을 돕는 학문이다.
② 가치
  ㉠ 가정관리 행동의 이해와 예측을 도와주며 그의 변화를 가져오게 하는 근원적 요소이다.
  ㉡ 의사결정의 기본이 되기 때문에 이를 암시적인 것으로 두기보다는 명시적으로 밝히는 것이 중요하다.

추가 설명

가치의 개념과 특성
• 가치는 가정관리행동의 이해와 예측을 도와주며, 또한 그 변화를 가져오게 하는 근원적인 요소로서, 의사결정의 기본이 되기 때문에 이를 암시적인 채 두기보다는 명시적으로 밝히는 일이 중요하다.
• 가치는 여러 경험에서 추상화되며 정의성이 강하고 목표설정의 기준으로서 중요한 관심의 대상이 된다.
• 가치는 가정관리자에게 무엇이 바람직하고 무엇을 해야 하는가를 가리키는 기초적인 의미를 제공한다.

추가 설명

계층에 따른 가치의 차이(미국의 경우)
• 상류층 : 품위있는 생활을 주요한 가치로 생각
• 중상층 : 직업적 성취를 중시
• 중간층 : 체면과 체통을 중시
• 노동층 : 고비나 넘기자는 것
• 하류층 : 가치에 무관심

추가 설명

그로스의 가치분류기준
• 지리적 영역
• 사회계층
• 수단(목적)
• 인간의 기본 욕구
• 전공이나 학문 분야와의 관계

③ 인간의 기본 욕구 : 매슬로의 가치분류
  ㉠ 인간의 욕구 충족을 기본으로 분류 : 가치를 B가치와 D가치로 분류한다.
    • B가치(생명가치) : 성장발전, 자아실현, 잠재력의 성취 등 높은 차원의 성장 욕구를 만족시키는 것(목적가치)
    • D가치(결핍가치) : 생리적 욕구, 안전의 욕구, 소속감과 사랑의 욕구 등 보다 낮은 차원의 욕구를 만족시키는 것(수단가치)
  ㉡ 결핍욕구의 충족 : 매슬로는 우선 결핍욕구가 충족되어야만 보다 높은 차원의 성장욕구가 생기며 이것에 의해 동기유발이 일어난다고 하였다. 그러나 결핍욕구를 충족시키는 것은 보다 높은 동기를 활성화시키는 필요조건이기는 하지만 충분조건은 아니라고 했다.
④ 전공이나 학문 분야와의 관계 : 슐레이트의 가치분류
  ㉠ 전통형 : 생산성과 안전을 강조한다.
  ㉡ 사회형 : 경험의 공유와 상호관계를 강조한다.
  ㉢ 자율형 : 개인의 성장과 발달을 강조한다.
  ㉣ 변화형 : 새로운 경험과 놀이를 강조한다.

> **추가 설명**
> 맥키(W. Mckee)의 가치 분류
> • 내재적 가치 : 개인의 건전한 성장
> • 외재적 가치 : 계획, 기술, 질서, 효율

> **추가 설명**
> 매슬로의 욕구단계설
> 생리적 욕구 → 안전의 욕구 → 소속감과 사랑의 욕구 → 존경의 욕구 → 자아실현의 욕구

(2) 가치의 근원, 발달, 변화

① 인류학의 연구결과 : 가치는 문화에 따라 다르고, 어린이는 그들이 속한 사회의 문화를 습득한다.
② 매슬로 : 가치가 인간의 내재적 욕구를 충족시키는 수단이라고 본다.
③ 가치의 발달 : 가치는 타고난 것이 아니고 전달됨으로써 학습된다. 가족은 어린이의 가치 형성에 가장 중요한 근원으로 인식되고 강조되고 있다. 그런데 가족 전원이 공유하는 가치의 강도는 가족 형태에 따라 다르다. 가족 가치의 강도는 가족 형태가 클수록 감소된다.
④ 가치의 변화
  ㉠ 급속한 사회변화 속에서는 가치도 변화한다.
  ㉡ 변화의 속도는 가치의 변화에 대한 태도와 새로운 가치의 수용태도에 많은 영향을 끼친다.

03 목표

1 목표의 정의

① 일단 달성된 목표는 자원이 될 수 있고, 목표 설정 자체는 관리과정 중의 하나가 된다.
② 목표 : 사람들이 그것을 달성하기 위하여 기꺼이 노력하는 대상 또는 성취하고자 하는 것으로서 가치에 기본을 둔 구체적 목적이다.

③ 목표는 가치보다 이해하고 정의하기가 쉽다.

2 목표의 내용

(1) 목표의 서열

① 목표에도 계층 또는 서열이 있고, 한 목표가 그 위에 있는 목표에 대해서는 수단이 될 수도 있고, 그 아래 있는 목표에 대해서는 목적이 될 수도 있다(목표가 수단과 목적을 동시에 대표한다).
② 목표를 달성하려면 자원이 필요한데, 목표에 서열이 있다는 것은 자원분배에 있어서의 우선권과 연결된다.
③ **현실생활에서 자주 부딪치는 문제** : 비슷한 우선권을 가진 다양한 목표를 달성해야 하기 때문에 어느 누구도 똑같은 정도로 모든 목표를 달성할 수는 없다.
④ **분리방법** : 비슷하게 중요한 목표에 대하여 서열이 정해져 있지 않을 때 사용되는 한 가지 해결책으로, 이 분리방법은 어떤 특정 기간에 다른 중요한 목표가 없는 것처럼 한 가지 목표만 다루는 방법이다.

(2) 목표의 변화

① 특정 목표와 그 목표의 상대적 중요성은 시간에 따라 변화한다.
② 완만한 변화는 기대되고 바람직할 수도 있으나, 급격한 변화는 불안을 초래하고 적용에 어려움이 있을 수 있다.

> **추가 설명**
> 목표
> • 한 개인이 지닌 가치는 가정관리에 기본적인 동기를 제공하는데, 가치는 목표를 통해서 구체화된다.
> • 목표는 인지적 산물이고, 의식에 충분히 나타나며, 명시적이다. 따라서 목표는 가치보다 이해하고 정의하기가 쉽다.

> **추가 설명**
> 가정관리자의 역할
> 가치의 조정자, 자원의 조직자, 목표의 실행자, 표준의 지지자, 행위의 통제자로서의 역할을 하게 된다.

04 표준

1 표준에 대한 이해

(1) 표준의 정의

① 표준이란 목표달성의 정도나 방법, 질과 양을 판단하는 척도이다.
② 표준은 사람들이 평가 결과를 명확히 받아들일 수 있는 한계와 범위를 명시하는 것이다.

(2) 표준의 근원과 변화

① 표준은 가치, 목표로부터 직접 도출되지만 자원과 환경으로부터도 영향을 받는다. 예 표준의 상황성(표준은 상황에 따라 융통성이 있음)
② 표준은 문화의 산물로서 일반적으로 집단생활을 통하여 발생하고, 그 집단을 통하여 전파된다. 따라서 표준은 집단, 국가, 시대에 따라 다르다.
③ 표준이 문화의 산물이기 때문에 한 문화 내에서는 표준이 유사하지만, 개인에 따라 특정 표준을 수용 또는 거부하거나 수정하기도 한다. 따라서 표준은 개인적·집단적 특성을

> **추가 설명**
> 대부분 집단 표준이 적용되는 요인
> • 신체적 생존을 위한 가치
> • 복지에 대한 집단개념에의 일치
> • 경쟁에 있어서 명성을 얻고자 하는 가치
> • 이상 세 가지의 조합

함께 가진다.
④ 표준은 가치보다 더욱 명확하기 때문에 표준의 변화는 빨리 관찰할 수 있다.

2 표준의 분류 및 선택

(1) 표준의 분류

① 전통적 표준과 유연적 표준 : 가치에 초점을 둔 분류
  ㉠ 전통적 표준
    - 사회적 승인이나 완전주의 등이 높게 평가되는 경우 그 사회에서 전통적으로 받아들여지는 관례에 따르는 경향이 크다. 예 관혼상제의 의식
    - 인습적이고 사회에서 널리 승인된 것이며 타자지향적이다.
  ㉡ 유연적 표준 : 반드시 사회적으로 승인된 것은 아니지만 상황에 적응하기 위하여 의식적으로 채용하게 되는 것이다.(위안이나 우애, 자원의 조화로운 사용 등 가치 있는 것으로 평가될 경우 이런 가치로부터 그 상황에 적합한 비전통적·개인적·유연적 표준이 나타남)

② 양적 표준과 질적 표준
  ㉠ 양적 표준(객관적 표준) : 숫자로 표현될 수 있는 과학적으로 확립된 척도이다. 예 여러 가지 도량형
  ㉡ 질적 표준(주관적 표준) : 가족이 바람직한 생활을 하기 위하여 본질적으로 불가결한 것이라고 머리 속에 그리고 있는 것이다.

③ 생활표준 : 객관적 표준과 주관적 표준이 합쳐진 것
  ㉠ 객관적인 면 : 희망하는 재화와 서비스의 종류 및 수, 근로조건, 환경 등
  ㉡ 주관적인 면 : 가치에 관련하여 재화나 서비스로부터 얻어지는 만족감

(2) 표준의 선택

전통적 표준선택과 비전통적 표준선택의 여부가 갖는 근거는 다음과 같다.
① 근본적인 가치와 목표와의 관계
② 개인이나 집단에 미치는 영향
③ 이용 가능한 금전, 시간, 노력 등의 자원 사용의 비용(cost)
④ 만족도 : 주관적이고 개인적인 것

추가 설명

표준의 분류
- 양적 표준(객관적 표준)과 질적 표준(주관적 표준)
- 생활표준
- 전통적 표준과 유연적 표준

추가 설명

표준의 선택
- 표준을 선택하는 데 유력한 동인이 되는 것은 선택하는 주체가 확신하는 가치와 목표이다.
- 가정이 애정을 바탕으로 표준의 조화를 이루지 못하면 자녀의 인격 형성에 나쁜 영향을 미치게 되므로 이 점을 특히 유의하여야 한다.
- 금전·시간·노력 등의 비용도 표준을 선정하는 데 합리적인 참고가 될 수 있다.
- 만족도는 주관적이며 개인적인 것이므로 개인이나 집단이 가진 가치에 비추어서 의식적으로 판단해야 한다.

실전예상문제

1 가정관리의 동기요소에 대한 설명으로 옳은 것은?
① 가치, 목표, 표준 및 자원이 포함된다.
② 동기는 행동의 이유 또는 개인의 행동을 변화시킬 수 있는 요인을 뜻한다.
③ 목표는 가정관리체계에서 심리사회적 하위체계에 위치한다.
④ 가치는 목표달성의 정도를 판단하는 척도가 된다.

> **해설** 동기의 정의 : 행동의 이유 또는 개인의 행동을 변화시킬 수 있는 요인이 된다.

2 가정관리의 동기요소에 해당되는 것끼리 묶인 항목은?
① 목표와 외적인 요구
② 경제적 환경과 기술적 환경의 변화
③ 정보와 가사
④ 가치와 표준

> **해설** 가정관리의 주요 동기요소 : 가치, 목표, 표준

3 다음 중 가족의 심리사회적 하위체계에만 해당하는 동기요소는?
① 자원
② 표준
③ 목표
④ 가치

> **해설** 가정관리의 동기요소 중 가치 : 가정관리 체계에서 심리사회적 하위체계에 속한다.

4 목표에 대한 설명으로 적절한 것은?
① 사회생활을 통해 습득되는 문화현상이므로 심리사회적 하위체계에 속한다.
② 목표가 관리과정을 통하여 달성되므로 관리적 하위체계와 관계된다.
③ 목표달성의 정도를 판단하는 척도이다.
④ 개념적 성분으로서 각자의 여러 경험에서 추상화되는 것이다.

> **해설** 가정관리의 동기요소 중 목표 : 심리사회적 하위체계와 관리적 하위체계에 모두 속하는데, 심리사회적 하위체계에 속하는 이유는 목표가 가치로부터 직접적으로 생겨나기 때문이고, 관리적 하위체계에 속하는 이유는 목표가 관리과정을 통하여 달성되기 때문이다.

5 다음 중 가정관리의 동기요소에 대한 설명으로 옳은 것은?

정답 1.② 2.④ 3.④ 4.② 5.③

① 행동의 이유는 목표이고 달성하고자 하는 결과는 가치이다.
② 일단 형성된 동기요소는 일생 변화하지 않는다.
③ 희소한 자원사용에 영향을 미친다.
④ 가치, 목표, 자원으로 구성된다.

해설 가정관리의 동기요소들의 유사점과 차이점
- 유사점 : 개인 및 집단이 어떤 것을 중요하다고 생각하는 데 영향을 미치고, 희소한 자원사용에 영향을 미친다.
- 차이점 : 각 개인이 이들 요소를 인식하는 정도가 다르고, 가치, 목표, 표준의 관계가 1 : 1이 아니다.

6 가정관리의 동기요소를 옳게 설명한 것은?

① 개인 및 집단이 어떤 것을 중요하다고 생각하는 데 영향을 미친다.
② 가족이 원하는 것을 충족시켜 줄 수 있는 수단이다.
③ 커뮤니케이션과 의사결정이 중요한 요소이다.
④ 가치, 목표, 자원을 포함한다.

해설 ② 가족이 원하는 것을 충족시켜 줄 수 있는 수단은 자원이다.
③ 커뮤니케이션과 의사결정은 관리과정의 중요한 요소이다.
④ 가정관리의 동기요소는 가치, 목표, 표준을 포함한다.

7 가정관리의 동기요소로서 '활동에 유용한 방법, 수단, 목적의 선택에 영향을 주는 바람직한 개념'은?

① 요구   ② 가치   ③ 목표   ④ 표준

해설 클룩혼 등의 가치의 정의 : 가치는 명시적이거나, 함축적이거나, 개인적이거나, 집단적이거나 간에 활동에 유용한 방법·수단·목적의 선택에 영향을 주는 바람직한 개념이다.

8 다음 〈보기〉 중 ( ) 안에 적합한 용어는?

> **보기** (   )(은)는 가정관리행동의 이해와 예측을 도와주며, 또한 그의 변화를 가져오게 하는 근원적 요소이다.

① 성격   ② 금전   ③ 의사결정   ④ 가치

해설 가치는 가정관리행동의 이해와 예측을 도와주며, 또한 그의 변화를 가져오게 하는 근원적 요소이다.

9 다음 중 가치에 대한 설명으로 옳지 않은 것은?

① 일단 형성된 가치는 평생동안 변하지 않는다. ② 타고난 것이 아니고 전달됨으로써 학습된다.
③ 문화에 따라 다르다. ④ 가정관리 행동의 이해와 예측을 도와준다.

해설 가치가 평생동안 변하지 않는 것은 아니다. 가치는 가정관리자에게 무엇이 바람직하고 무엇을 해야 하는가를 가리키는 기초적인 의미를 제공한다.

10 계층별 가치의 차이를 고려할 때 직업적 성취를 중시하는 계층은?

① 상류층 ② 중상층 ③ 중하층 ④ 하류층

해설 계층에 따른 가치의 차이
- 상류층 : 품위있는 생활을 주요한 가치로 갖음
- 중간층 : 체면과 체통을 중시함
- 하류층 : 가치에 무관심을 나타냄
- 중상층 : 직업적 성취를 중시함
- 노동층 : 고비나 넘기자는 가치를 갖음

11 다음 중 가치의 유형을 매슬로의 인간의 기본욕구에 기본을 두고 분류할 때 자아실현, 성장발전, 잠재력의 성취 등의 욕구를 만족시키는 것은?

① 외재적 가치 ② 내재적 가치 ③ 결핍가치 ④ 생명가치

해설 인간의 욕구충족을 기본으로 분류한 가치의 종류(매슬로)
- B가치(생명가치) : 자아실현, 성장발전, 잠재력의 성취 등 높은 차원의 성장욕구를 만족시키는 것
- D가치(결핍가치) : 생리적 욕구, 안전의 욕구, 소속감과 사랑의 욕구 등 보다 낮은 차원의 욕구를 만족시키는 것

12 매슬로(A.H. Maslow)가 말하는 B가치는 무엇인가?

① 자아실현, 성장발전, 잠재력의 성취 등 높은 차원의 성장욕구를 만족시키는 것이다.
② 생리적 욕구, 안전의 욕구 등 낮은 차원의 욕구를 만족시키는 것이다.
③ 결핍가치를 말한다.
④ 수단가치를 말한다.

해설 문제 11번 해설 참조

13 욕구단계설을 기준으로 가치를 분류할 때 생리적 욕구 등 낮은 차원의 욕구를 만족시키는 것은?

① A가치 ② B가치 ③ 생명가치 ④ 결핍가치

해설 문제 11번 해설 참조

정답 6.❶ 7.❷ 8.❹ 9.❶ 10.❷ 11.❹ 12.❶ 13.❹

14 다음 중 매슬로의 욕구단계설에 대한 설명으로 옳지 않은 것은?

① 생리적 욕구가 모든 욕구의 전제조건이 된다.
② 가장 높은 단계의 욕구는 존경의 욕구이다.
③ 인간의 욕구는 낮은 것부터 높은 것으로 계층을 이룬다.
④ 결핍욕구가 충족되어야 성장욕구가 생긴다.

해설 매슬로의 욕구단계설에서 가장 높은 단계의 욕구는 자아실현의 욕구이다.

15 슐레이트가 가치유형을 바르게 분류한 것은?

① 전통형, 자아실현형, 사회병, 변화형
② 전통형, 문화형, 사회형, 자율형
③ 내재형, 외재형, 자율형, 전통형
④ 전통형, 사회형, 자율형, 변화형

해설 슐레이트는 가치를 전통형, 사회형, 자율형, 변화형으로 분류하였다.

16 다음 중 가정관리의 동기요소에 대한 설명으로 옳은 것은?

① 표준은 문화의 산물로서 개인별 차이는 존재하지 않는다.
② 표준은 사회적·개인적 상황에 따라 변화할 수 없는 항상성을 가진다.
③ 가치는 타고난 것이 아니고 전달됨으로써 학습된다.
④ 목표란 가치의 하위개념으로서, 목표들 사이에는 계층 또는 서열이 없다.

해설 ① 표준은 문화의 산물이기는 하지만 개인에 따라 특정 표준을 수용하기도 하고 거부하기 때문에 개인별 표준의 차이가 존재한다.
② 표준은 사회적·개인적 상황에 따라 변화할 수 있는 상황성을 가진다.
④ 목표들 사이에도 계층 또는 서열이 있어서 한 목표가 그 위에 있는 목표에 대해서는 수단이 될 수 있고, 그 아래 있는 목표에 대해서는 목적이 될 수 있다.

17 목표에 대한 설명으로서 옳은 것은?

① 목표간에도 서열이 있다.
② 일단 결정된 목표는 달성될 때까지 변화하지 않는다.
③ 목표의 변화는 바람직하지 않다.
④ 누구라도 똑같은 정도로 모든 목표를 달성할 수 있다.

해설 목표들 사이에도 계층 또는 서열이 있고, 한 목표가 그 위에 있는 목표에 대해서는 수단이 될 수 있고, 그 아래 있는 목표에 대해서는 목적이 될 수 있다.

18 다음의 〈보기〉는 무엇에 대한 설명인가?

> **보기** 비슷하게 중요한 목표에 대하여 서열이 정해지지 않을 때 어떤 특정기간에는 다른 중요한 목표는 없는 것처럼 한 가지 목표만 다루는 방법이다.

① 집중방법 ② 분리방법 ③ 역할수행방법 ④ 단일목표법

해설 분리방법 : 비슷하게 중요한 목표에 대하여 서열이 정해지지 않을 때 어떤 특정기간에는 다른 중요한 목표는 없는 것처럼 한 가지 목표만 다루는 방법이다.

19 목표의 변화에 관련하여 바른 설명은?
① 특정 목표에 상대적 중요성은 시간에 따라 변화한다.
② 목표의 완만한 변화는 불안을 초래하므로 바람직하지 않다.
③ 자원과 상관없이 목표 자체를 고수해야 한다.
④ 목표의 급격한 변화는 현대사회에서 항상 바람직하다.

해설 ② 목표의 급격한 변화는 불안을 초래하고 적용에 어려움이 있을 수 있다.
③ 항상 자원에 맞추어 장기적 목표와 단기적 목표를 주의 깊게 분석할 필요가 있다.
④ 목표의 완만한 변화는 현대사회에서 기대되고 바람직할 수도 있다.

20 다음 중 목표달성의 정도나 방법, 목표달성의 질과 양을 판단하는 척도라고 볼 수 있는 가정관리의 동기는?

① 관리과정 ② 표준 ③ 목표 ④ 가치

해설 표준의 정의 : 목표달성의 정도나 방법, 목표달성의 질과 양을 판단하는 척도

21 숫자로 표현될 수 있고 과학적으로 확립된 척도는 무슨 표준인가?

① 양적 표준 ② 질적 표준 ③ 전통적 표준 ④ 유연적 표준

해설 양적 표준 : 숫자로 표현될 수 있고 과학적으로 확립된 척도를 의미한다.

22 가정관리의 표준 중 가족이 바람직한 생활을 하기 위하여 본질적으로 불가결한 것이라고 머리 속에 그리고 있는 것으로 주관적 표준을 뜻하는 것은?

정답 14.❷ 15.❹ 16.❸ 17.❶ 18.❷ 19.❶ 20.❷ 21.❶ 22.❷

① 양적 표준　　　② 질적 표준　　　③ 생활표준　　　④ 전통적 표준

해설 질적 표준(주관적 표준) : 가족이 바람직한 생활을 하기 위하여 본질적으로 불가결한 것이라고 생각하는 것이다.

23 사회적인 승인이나 완전주의 등이 높게 평가될 때 잘 받아들여지는 표준은?

① 전통적 표준　　　② 유전적 표준　　　③ 질적 표준　　　④ 양적 표준

해설 전통적 표준과 유연적 표준
- 전통적 표준 : 사회적 승인이나 완전주의 등이 높게 평가되는 경우 받아들여지기 쉽다.
- 유연적 표준 : 상황에 적합한 가치를 따른다.

24 인습적이고 사회에서 널리 승인된 것이며 타자지향적인 표준은?

① 양적 표준　　　② 생활표준　　　③ 전통적 표준　　　④ 유연적 표준

해설 인습적이고 사회에서 널리 승인된 것이며 타자지향적인 표준은 전통적 표준이고, 유연적 표준은 반드시 사회적으로 승인된 것은 아니지만 상황에 적용하기 위하여 채용하게 되는 것이다.

25 표준의 원천이 되는 가치에 따라 표준을 분류할 때 유연적 표준이란?

① 사회적인 승인이나 완전주의 등이 높이 평가될 때 채용되는 표준
② 인습적이고 사회에 널리 승인된 것
③ 타자지향적인 경향
④ 상황에 적응하기 위하여 의식적으로 채용되는 것

해설 문제 24번 해설 참조

26 다음 〈보기〉의 (　) 속에 적당한 말을 순서대로 묶은 것은?

> **보기**　표준은 (　), (　)(으)로부터 직접 도출되지만 (　), (　)(으)로부터도 영향을 받는다.

① 자원, 동기요소, 계획, 수행　　　② 자원, 동기요소, 성격, 관리과정
③ 가치, 목표, 자원, 환경　　　　　④ 동료, 사회, 개인, 가족

해설 표준은 가치, 목표로부터 직접 도출되지만 자원과 환경으로부터도 영향을 받는다.

27 가정관리의 동기요소 중 표준에 대한 설명으로 옳은 것은?

① 표준은 문화의 산물로서 개인별 차이는 존재하지 않는다.
② 표준은 사회적·개인적 상황에 따라 변화할 수 없는 항상성을 지닌다.
③ 인간의 기본욕구에 따라 B표준과 D표준으로 나눌 수 있다.
④ 표준은 가치, 목표로부터 직접 도출된다.

> **해설** ① 표준은 문화의 산물이지만, 각 개인은 자신의 성격과 발달 정도에 따라 특정 표준을 수용하기도 하고 거부하거나 수정하기도 한다.
> ② 표준은 사회적·개인적 상황에 따라 변화할 수 있는 상황성이 있다.
> ③ B/D 분류는 매슬로가 가치를 분류할 때 사용한 용어로서 B가치와 D가치를 말한다.

28 다음 중 표준이 자원과 환경으로부터 영향을 받는 것을 나타내는 용어는?

① 상황성
② 문화규범
③ 자원지향성
④ 가치근원

> **해설** 표준의 상황성 : 표준이 상황에 따라 융통성이 있음을 보여주는 것이다.

29 다음 중 대부분의 집단 표준이 집단 생활에 적용되는 요인이라고 볼 수 있는 것은?

① 개인보다는 단체를 중시한다.
② 경쟁보다는 화합을 기대한다.
③ 복지에 대한 집단 개념에 일치한다.
④ 신체적 생존보다 높은 정신적 향상을 위한 가치를 가진다.

> **해설** 대부분의 집단 표준이 집단 생활에 적용되는 요인
> • 신체적 생존을 위한 가치
> • 복지에 대한 집단 개념에의 일치
> • 경쟁에 있어서 명성을 얻고자 하는 가치
> • 이상 세 가지의 조합

30 표준에 대한 설명으로 옳지 않은 것은?

① 표준은 집단, 국가, 시대에 따라 다르다.
② 표준은 개인적·집단적 특성을 함께 가진다.
③ 모든 문화에는 한 가지 표준만이 존재한다.
④ 개인에 따라 특정 표준을 수용 또는 거부한다.

> **해설** 표준은 문화적 산물로서 집단 생활을 통해 발생하고 그 집단을 통해 전파된다고 일반적으로 받아들여진다.

정답 23.❶ 24.❸ 25.❹ 26.❸ 27.❹ 28.❶ 29.❸ 30.❸

31 다음 중 전통적 표준 또는 비전통적 표준을 선택할 때의 근거에 해당하는 것은?

① 만족도   ② 주택의 유형   ③ 직업   ④ 교육 수준

> **해설** 전통적 표준 또는 비전통적 표준을 선택할 때의 근거 : 근본적인 가치와 목표와의 관계, 개인이나 집단에 미치는 영향, 이용가능한 금전·시간·노력 등의 자원 사용의 비용, 만족도의 네 가지를 들 수 있다.

32 다음 중 전통적 표준 또는 비전통적 표준을 선택할 때 그 기준으로 중요한 것이라 볼 수 없는 것은?

① 교육 수준   ② 이용 가능한 자원 사용의 비율
③ 개인이나 집단에 미치는 영향   ④ 근본적인 가치나 목표와의 관계

> **해설** 문제 31번 해설 참조

정답 31. ❶ 32. ❶

제2부 가정관리의 개념

06 가족자원

 단원 개요

인간의 무한한 욕구를 충족시키기 위해서는 욕구충족의 수단이 되는 자원이 필요하다. 그런데 자원은 욕구와는 반대로 유한하기 때문에 욕구와 자원 사이를 잘 조화시켜 만족감을 최대로 높일 필요가 있는데, 여기에 바로 관리라는 활동이 중요한 이유가 있다.
가정관리가 가족자원을 사용하여 가족의 욕구를 충족시킴으로써 생활의 질을 향상시키는 것이 그 목적이라면, 가정관리자는 가족이 원하는 바와 함께 가족이 사용할 수 있는 자원을 명확하게 인식하고 있어야 가정관리를 잘할 수 있다.

 출제 경향 및 수험 대책

이 단원에서는 자원이란 무엇이며, 그 특성과 자원여부의 판단기준을 기본적으로 묻고 있으며, 가족자원의 분류법, 인적 자원을 계발시키는 원리에 대해 묻는 문제가 출제될 수 있는 바 이에 대한 자세하고 철저한 학습이 요구된다.

6

01 가족자원의 의의

1 가족자원의 개념
① 가족자원은 가족의 욕구를 충족시키기 위해 사용된다.
② 가족자원은 욕구를 충족시킬 수 있는 잠재력을 가지고 있는 것으로 인정받는 수단이다.

2 가족자원의 성질

(1) 접근 가능성(accessibility)
① 자원이 목표 달성을 위한 수단이라면, 그것은 수중에 있거나 준비되어 있어야 한다.
② 측정 가능성의 차이는 자원이 가지고 있는 형태 때문이다.

(2) 효용성(utility)
① 효용성은 목표를 위한 가치, 재산, 적용성과 생산성을 의미한다.
② 효용성은 사람에 따라, 자원 소유자의 관점에 따라, 사람에 따라 다를 수 있다. 그리고 소유자의 지식에 의하여 결정되기도 하고 태도 또한 효용성에 영향력을 미친다.
③ 어떤 자원은 사용에 의하여 소모되지만, 지식과 같은 인적 자원은 사용함에 따라 증가한다.
④ 개인이나 가족이 자원의 효용성에 대하여 분명하게 인식하고 있으면 그들이 소유하고 있는 자원의 가치를 증대시킬 수 있다.
⑤ 자원의 유효성과 비유효성 : 자원인가 아닌가를 판단하는 기준으로서 우선 생각할 것은 유효성, 즉 효용성이다. 사용되어야만 비로소 자원이라고 불리며, 그것을 유효하다고 할 수 있다는 것은 자원의 유효성을 의미한다. 그런데 자원이 유효한가 아닌가 하는 것은 욕구나 목표에 따라 달라지게 되므로, 자원의 유효성과 비유효성은 연속적인 관계에 있다.

(3) 관리 가능성(manageability)
① 모든 자원은 어느 정도까지 관리가 가능하다(자원을 완전히 통제할 수는 없지만 제한된 통제를 가하는 것은 가능).
② 자원의 관리 가능성은 관리과정에 있어서 의식적인 자원의 선택 및 응용을 통해서 목표가 달성될 수 있다는 것을 의미한다.
③ 자원의 관리 가능성은 특수한 시기에 한 가지 자원을 개발시키는 데 초점을 두는 것을 가능하게 한다.

(4) 상호 대체성(interchangeability)
모든 자원들은 목표 달성을 위해 어떤 한 자원이 다른 자원으로 바뀔 수 있을 정도로 상호 관련이 깊다.

추가 설명
효용성의 종류
- 효용체감 : 효용성의 개념은 주관적이고, 따라서 결과적으로 정확한 질을 측정할 수가 없다. 사람이 계속 우유를 마실 경우 마지막 잔의 효용이 첫 잔의 효용보다 낮다는 것을 짐작할 수 있다. 이를 '효용체감'이라 한다.
- 장소효용 : 필요한 곳에서 자원을 활용할 수 있다.
- 시간효용 : 필요한 때에 그 자원을 활용할 수 있다.

추가 설명
자원의 관리가능성
자원에 대한 통제는 불가능하지만 어느 정도의 통제가 가능한 것을 의미한다.

02 자원의 분류 및 자원에 대한 철학

1 자원의 분류

(1) 특수자원 대 일반자원 분류법

① 특수자원과 일반자원
- ㉠ 특수자원 : 인적 자원, 지역사회에서 주어지는 기회, 재산, 소득
- ㉡ 일반자원 : 공간, 시간, 자연적 환경, 문화적 환경

② 특수자원과 일반자원으로 분류하는 방법의 특징
- ㉠ 단순성
- ㉡ 지역사회에서 제공하는 기회에 대한 강조
- ㉢ 집단구성원의 인적 자원에 대한 배려
- ㉣ 자연적 환경과 문화적 환경의 구분

> **추가 설명**
> 리스톤(M.I. Liston)
> 목표달성을 위한 모든 관리적 노력에 포함되는 자원형태를 특수자원과 일반자원으로 양분하였다.

(2) 인적 자원 대 비인적 자원 분류법

① 니켈과 도르시의 분류
- ㉠ 인적 자원 : 인간 내부에 존재하는 것 예 기술, 태도, 지식, 에너지 등
- ㉡ 비인적 자원 : 인간 외부에 존재하지만 가족에 의해 통제되고 사용되거나 소유되는 자원 예 시간, 금전, 상품, 재산, 사회시설 등

② 그로스 등의 분류
- ㉠ 인적 자원 : 지능·창의성·인식력과 일상적 계획을 첨가하였으며, 개인적 자원과 대인적 자원으로 세분하였다.
  - 개인적 자원 : 개개인에 속하는 태도, 능력, 지식, 인식력과 같이 각 개인에게 속하는 자원
  - 대인적 자원 : 사랑, 충성, 협동, 커뮤니케이션과 같이 두 사람 이상의 궁극적 상호작용에 의해 생기는 인적 자원
- ㉡ 비인적 자원 : 공간, 동력 등을 첨가하였다.

> **추가 설명**
> 시간에 대한 논의
> 니켈과 도로시는 시간을 비인적 자원으로 분류했다. 그러나 현재에 와서는 시간이 인간 외부에 존재하지만 인간과 독립적으로 사용될 수 없다는 이유로 대체로 시간을 인적 자원으로 분류하고 있다.

(3) 생태학적 분류법

① 환경의 구성 요소 : 사회적, 물리적, 생물적 요소로 구성
- ㉠ 사회적 환경 : 가족, 지역사회, 문화기관, 경제기구, 정치기관
- ㉡ 물리적 환경 : 인공물질과 자연환경
- ㉢ 생물적 환경 : 인적 요소(인간의 신체적, 해부학적, 행동적, 정신적 요소 등)와 비인적 요소(동물, 곤충, 미생물이나 병원체 등)

② 환경의 분류 : 환경은 가족을 중심으로 근접환경, 매개환경, 원격환경으로 나눌 수도 있

고 가정환경, 근접환경, 광역환경으로 나눌 수도 있다.

(4) 인적·물적·심리적 자본 분류법

① 인적 자본 : 능력, 동기, 기술, 시간
② 물적 자본 : 탄력소득(신용), 소득, 구매력, 재산, 지역사회 설비 등의 양과 빈도
③ 심리적 자본 : 인적 자본과 물적 자본의 소비로부터 발생하는 만족감의 정도

(5) 학제적 분류법

니켈, 라이스, 터커가 여러 가지 방법들을 절충하여 포괄적인 새로운 분류법을 제안하였다.
① 인적 자원 : 인지적 자원, 정서적 자원, 작동적 자원, 시간자원
② 경제적 자원 : 화폐소득, 탄력소득, 재산, 특별 급여
③ 환경자원 : 물리적 환경자원, 사회적 환경자원

(6) Social Linkage Approach에 의한 자원분류법

① 자원이 속하는 사회조직을 강조하였다.
② 관리에 대한 과정과 상호작용을 이해하는 데 유용하다.
③ 자원의 분류 : 개인자원, 가족자원, 동료자원, 지역사회자원, 국가자원, 세계자원으로 분류된다.

(7) 체계적 접근법에 의한 자원의 배치

① 그로스, 크랜달, 놀 : 가족을 가정관리의 단위로 보고 가정관리에 체계적 접근법을 적용하였는데, 가족 및 환경에 가족자원이 다양하게 존재한다.
② 가족체계의 분류 : 심리사회적 하위체계와 관리적 하위체계로 나눌 수 있으며 각각에는 가족이 이용할 수 있는 인적 자원이 있다.

2 자원에 대한 철학(시대에 따른 변화 : 미국의 경우)

① 절약 : 자원의 희소성으로 인하여 가장 오래 전부터 행해져 온 자원에 대한 태도이다. 오늘날은 물질 생산을 위한 물리적 노력이 과거처럼 많이 요구된다고 보기 어렵다. 그러나 절약은 여전히 자원에 대한 태도로서 중시되고 있다.
② 시간과 에너지에 대한 보존 : 시간과 에너지의 한계를 인식함에 따라 물질저축에 두어졌던 강조가 줄어들었다. 보존이 여전히 강조될 수 있지만, 보존을 위한 시간과 에너지의 비용이 인식된다.
③ 물질에 대비한 인간의 중요성 : 물질 자체에 대한 중시에서부터 물질의 보존을 그것에 관련된 인간에 대한 전반적 영향의 관점에서 보게 되었다.
④ 소비의 강조 : 미국에 있어서는 풍요의 시대와 함께 물질적 재화의 보존에 대한 강조가 감소하였다.
⑤ 풍요의 종말 : 1970년대 초·중반 경제는 성장이 둔화되고 실업이 증가하며, 개인의 구

추가 설명

라이스(A.S. Rice)
가족에게 유용한 자원을 인적 자본, 물적 자본, 심리적 자본으로 분류했는데, 여기서 자본이란 목표달성을 위해 사용되거나 유용한 모든 형태의 자원을 말한다.

추가 설명

학제적 분류
- 경제적 자원
  - 탄력소득 : 신용카드, 외상거래 능력 등
  - 화폐소득 : 수수료, 이자, 임금, 퇴직금 등
  - 재산 : 내구소비재, 부동산, 의류, 증권 등
  - 특별급여 : 유급휴가, 의료보험, 퇴직금, 연금 등
- 인적 자원
  - 시간자원 : 활동 속도, 생리적 시간, 시간양 등
  - 작동적 자원 : 감각, 용모, 생기, 가사 기술 등
  - 정서적 자원 : 정열, 인내심, 태도, 신뢰감 등
  - 인지적 자원 : 판단력, 적응력, 지능, 창의력 등
- 사회적 환경자원
  - 사회조직 : 친구, 동료, 가족, 지역사회
  - 경제조직 : 상점, 시장, 기업
  - 정치조직 : 시, 도, 군, 면 등 정부기관
  - 사회공공시설 및 서비스 : 도로, 공원, 상·하수도, 학교
- 물리적 환경자원
  - 유형의 자원환경 : 광물질, 흙, 비, 토지 등
  - 무형의 자원환경 : 빛, 소리, 공기, 온도 등

매력이 감소하게 되었다. 총자원의 상황에 맞는 생활양식을 의식적으로 선택하여 소득 분포를 재고려하고, 자원 보존을 더 강조하고, 신용의 사용을 재고하고, 물품을 구매할 때 가격과 질에 더 많은 관심을 갖는 등의 영향을 미쳤다.

⑥ 통합적 철학 : 즉각적이든 장기적이든 적절한 보상을 받지 못하는 자원의 사용은 피해야 하며, 그러한 자원 사용은 낭비라고 말할 수 있다. 다른 자원, 특히 인적 자원을 창조하는 자원 사용의 잠재력이 점차 인식되고 있다.

추가 설명

자원에 대한 철학의 요소
- 절약
- 시간과 에너지에 대한 보존
- 물질에 대비한 인간의 중요성
- 소비의 강조
- 풍요의 종말
- 자원에 대한 체계적 철학

03 자원 사용 지침 및 인적 자원 계발 원리

1 자원 사용을 위한 지침

① 자원 사용에 있어서 전반적인 목표 : 자원 사용으로부터 최대의 만족을 얻는 것이다.
② 호이트(Elizabeth E. Hoyt)의 자원 사용을 위한 행동지침
  ㉠ 자원의 총공급 증대
  ㉡ 대체적인 사용 탐구
  ㉢ 자원간의 선택 조화
  ㉣ 자원을 변경시키거나 창조
  ㉤ 투자할 자원의 양 고려

2 인적 자원의 계발의 원리

① 연령이 증가함에 따라 변화와 인적 계발에 요구되는 노력은 더 커진다.
② 변화는 개인적 안전을 위협할 수 있다.
③ 습관은 인적 자원 계발에 방해가 되기도 하고 도움이 되기도 한다.
④ 개인적 발달에는 개인적 몰입이 필요하다.
⑤ 인적 자원은 향상될 수 있다.
⑥ 한 개인이 인적 자원을 계발할수록 계속적 계발 가능성은 더욱 커진다.
⑦ 인적 자원은 환경의 영향을 받는다.
⑧ 외부자극으로 인한 변화가 내부적 동기로 인한 변화보다 더욱 힘이 있고 강제적인 경우가 많다.
⑨ 인적 자원의 계발은 관계의 확대를 포함한다.
⑩ 인적 계발은 느리고 시간비용이 많이 든다.

추가 설명

투자하는 자원의 양을 고려할 때 고려할 점
- 충분히 사용
- 단위 자원당 효용성 증대
- 진가 확대

실전예상문제

1 다음 중 자원의 중요한 성질에 해당하지 않는 것은?

① 효용성　　　② 접근 가능성　　　③ 관리 가능성　　　④ 재사용 가능성

해설 자원의 네 가지 성질 : 효용성, 접근 가능성, 상호 대체성, 관리 가능성

2 가족자원의 특성이 아닌 것은?

① 효용성　　　② 상호 대체성　　　③ 소비성　　　④ 관리 가능성

해설 문제 1번 해설 참조

3 자원의 성질 중 '사용되어야만 비로소 자원이라고 불리며, 그것을 유효하다고 할 수 있다.'는 사실과 관련이 있는 것은?

① 효용성　　　② 접근 가능성　　　③ 상호 대체성　　　④ 관리 가능성

해설 자원인가 아닌가를 판단하는 기준으로 유효성, 즉 효용성이 있다. 이는 사용되어야만 비로소 자원이라고 불리며 그것을 유효하다고 할 수 있다는 말이다.

4 가족자원의 중요한 성질은 효용성이다. 효용성의 의미로 옳은 것은?

① 목표달성을 위해 자원을 관리할 수 있다.
② 목표달성을 위해 어떤 한 자원이 다른 자원으로 대체될 수 있다.
③ 목표달성을 위해 수중에 있거나 준비된 상태에 있어야 한다.
④ 목표달성을 위한 가치, 재산, 적용성, 생산성이다.

해설 효용성 : 목표를 위한 가치, 재산, 적용성과 생산성을 의미한다.

5 다음 중 자원은 소비하면 일반적으로 감소하게 된다. 이런 경향과 다른 결과를 가질 수 있는 자원은?

① 환경자원　　　② 경제재　　　③ 내구재　　　④ 인적 자원

해설 어떤 자원은 사용에 의해 소모되지만, 지식과 같은 인적 자원은 사용함에 따라 증가한다.

6 일반적으로 자원은 소비하면 감소하는 경향이 있는데, 반대로 사용할수록 증가하는 자원에 해당하는

것은?

① 광물 ② 에너지 ③ 금전 ④ 지식

해설 문제 5번 해설 참조

7 가족자원의 성질 중 시간효용, 장소효용, 효용체감 등과 관련있는 것은?

① 효용성 ② 접근 가능성 ③ 상호 대체성 ④ 관리 가능성

해설 효용성은 시간효용, 장소효용, 효용체감과 관련이 있다.

8 다음 중 자원의 성질에 대한 설명으로 옳은 것은?

① 효용성은 사람에 따라, 자원 소유의 관점에 따라 다를 수 있다.
② 상호 대체성이란 자원이 목표 달성에 기여하기 위해 준비되어 있어야 한다는 의미이다.
③ 접근 가능성이란 의식적인 자원 선택을 통하여 목표를 달성할 수 있다는 것이다.
④ 관리 가능성이란 자원을 완전히 통제할 수 있다는 의미이다.

해설 ② 상호 대체성 : 목표 달성을 위해 어떤 한 자원이 다른 자원으로 대체될 수 있을 정도로 상호관련이 깊다.
③ 접근 가능성 : 자원이 사용될 수 있도록 수중에 있거나 준비되어 있어야 한다.
④ 관리 가능성 : 모든 자원이 어느 정도까지 관리가 가능하다.

9 자원의 성질 중 접근 가능성에 대한 설명으로 가장 적합한 것은?

① 자원이 수중에 있거나 사용될 수 있도록 준비되어 있어야 하는 것을 말한다.
② 목표 달성을 위해 한 자원과 다른 자원 간에 상호 교환이 가능한 것을 말한다.
③ 자원의 목표를 향한 가치, 적용성, 생산성을 말한다.
④ 자원을 제한하고 통제할 수 있는 것을 말한다.

해설 문제 8번 해설 참조

10 다음 중 자원의 성질에 대한 설명으로 옳은 것은?

① 자원의 유효성과 비유효성은 비연속적 관계에 있다.
② 효용성은 사람이나 시간에 따라 다를 수 있다.
③ 효용성의 개념은 객관적이며, 정확한 질을 측정할 수 있다.

정답 1.④ 2.③ 3.① 4.④ 5.④ 6.④ 7.① 8.① 9.① 10.②

④ 시간효용이란 필요한 장소에서 그 자원을 활용할 수 있는 것을 말한다.

해설 효용은 사람에 따라, 자원 소유자의 관점에 따라, 시간에 따라 효용성이 다를 수 있다.

11 다음 중 자원의 성질에 대한 설명으로 적합한 것은?
① 자원의 가치는 그 자원의 유효성에 대한 인식과는 무관하다.
② 자원의 유효성과 비유효성은 연속적 관계에 있다.
③ 관리 가능성은 자원을 완전히 통제할 수 있다는 의미이다.
④ 접근 가능성은 특수한 시기에 자원을 개발시키는 데 초점을 두는 것을 가능하게 한다.

해설 자원이 유효한가 아닌가 하는 것은 욕구나 목표에 따라 달라지기 때문에 자원의 유효성과 비유효성은 연속적인 관계에 있다.

12 다음 자원의 성질 중 관리 가능성의 의미로 옳은 것은?
① 목표를 위한 가치, 재산, 적용성과 생산성을 의미한다.
② 자원은 수중에 있거나 준비되어야 한다.
③ 한 자원은 다른 자원으로 대체될 수 있을 정도로 상호관련이 깊다.
④ 자원에 대한 완전한 통제는 불가능하지만 제한된 통제는 가능하다.

해설 자원의 네 가지 성질 중 ①은 효용성을, ②는 접근 가능성을, ③은 상호 대체성을 설명하고 있다.

13 다음 자원에 대한 분류 중 니켈과 도로시 등이 인적 자원 대 비인적 자원으로 분류한 것은?
① 기술, 태도 — 금전, 사회시설
② 시간, 공간 — 자연적 환경, 문화적 환경
③ 소득, 구매력 — 탄력소득, 재산
④ 기술, 용모 — 지식, 충성심

해설 니켈과 도로시의 가족자원의 분류
• 인적 자원 : 인간 내부에 존재하는 것 예 능력, 기술, 태도, 지식, 충성심, 에너지 등
• 비인적 자원 : 인간 외부에 존재하지만 가족에 의해 통제·사용·소유되는 자원 예 금전, 상품, 재산, 사회시설 등

14 가족자원 중 인적 자원으로서 틀린 것은?
① 가족의 능력과 기술　② 가족의 지식　③ 가족의 자산　④ 가족의 에너지

해설 문제 13번 해설 참조

15 다음 중 인적 자원에 해당하는 것끼리 나열된 것은?

① 지식, 태도, 에너지
② 금전, 상품, 재산
③ 정열, 사랑, 사회시설
④ 시간, 화폐, 주택

해설 문제 13번 해설 참조

16 다음 중 비인적 자원에 해당하는 것끼리 나열된 것은?

① 금전, 지식
② 지식, 에너지
③ 재산, 사회시설
④ 상품, 태도

해설 문제 13번 해설 참조

17 다음 중 가족자원을 인적 자원과 비인적 자원으로 분류할 때 인적 자원에 해당하는 것끼리 나열된 것은?

① 체력, 소득
② 능력, 지식
③ 소득, 시간
④ 충성심, 화폐

해설 문제 13번 해설 참조

18 개인적 자원의 예만으로 묶여진 것은?

① 식료품, 저축, 정원, 전기
② 식료품, 태도, 창의성, 전기
③ 전기, 시간, 흥미, 창의성
④ 능력, 태도, 지식, 인식력

해설 그로스 등의 자원 분류
- 인적 자원 : 지능·창의성·인식력, 일상적 계획 등을 첨가하였다.
  - 개인적 자원 : 개개인에게 속하는 지식, 태도, 능력, 인식력과 같이 타인의 상호작용과는 관계 없이 각 개인에게 속하는 자원이다.
  - 대인적 자원 : 협동, 사랑, 충성, 커뮤니케이션 등으로, 두 사람 이상의 궁극적 상호작용에 의해 생기는 인적 자원이다.
- 비인적 자원 : 공간, 동력 등을 첨가하였다.

19 다음 중 대인적 자원에 해당하는 것끼리 나열된 것은?

① 커뮤니케이션, 인식력
② 사랑, 충성
③ 능력, 시간
④ 지식, 태도

해설 문제 18번 해설 참조

정답 11.② 12.④ 13.① 14.③ 15.① 16.③ 17.② 18.④ 19.②

20 라이스(A.S. Rice)가 구분한 가족에게 유용한 자원 분류는?

① 인적 자원, 비인적 자원
② 인적 자본, 물적 자본, 심리적 자본
③ 특수자원, 일반자원
④ 인적 자원, 경제적 자원

해설 라이스는 자원을 인적 자본, 물적 자본, 심리적 자본으로 분류했다.

21 다음 중 가족자원의 분류 기준과 그 종류가 옳게 연결된 것은?

① 학제적 접근법 — 인적 자원, 경제적 자원, 환경자원
② 생태학적 접근법 — 인적 자원, 경제적 자원, 심리적 자원
③ 특수자원 대 일반자원 분류법 — 개인자원, 가족자원, 동료자원, 지역 사회자원
④ 인적 자원 대 비인적 자원 — 자연환경, 공간, 부, 소득

해설 학제적 분류방법(니켈, 라이스, 터커)에 의하면 가족자원은 인적 자원, 경제적 자원, 환경자원으로 나누어진다.

22 자원의 종류 중 일반자원의 예로 묶인 것은?

① 지식, 태도, 능력
② 공간, 시간, 문화적 환경
③ 사회적 요소, 물질적 요소, 생물적 요소
④ 개인자원, 가족자원, 동료자원

해설 일반자원과 특수자원
  • 일반자원 : 공간, 시간, 자연적, 문화적 환경
  • 특수자원 : 인적 자원, 지역사회에서 주어지는 기회, 재산, 소득

23 가족자원을 학제적 방법에 의해 분류할 경우 인지적 자원, 정서적 자원, 작동적 자원 및 시간자원을 포괄하는 자원은?

① 인적 자원   ② 경제적 자원   ③ 사회적 환경자원   ④ 물리적 환경자원

해설 가족자원의 학제적 분류
  • 인적 자원 : 인지적 자원, 정서적 자원, 작동적 자원, 시간자원
  • 경제적 자원 : 화폐소득, 탄력소득, 재산, 특별 급여
  • 환경자원 : 물리적 환경자원(유형, 무형), 사회적 환경자원(사회조직, 경제조직, 정치조직, 사회공공시설 및 서비스)

24 가족자원을 학제적으로 분류할 때, 경제적 자원만으로 묶인 것은?

① 화폐소득, 탄력소득, 재산, 특별 급여
② 화폐소득, 경제조직, 재산, 사회공공시설
③ 화폐소득, 인지적 자원, 시간자원
④ 재산, 인지적 자원, 태도

해설 문제 23번 해설 참조

25 가족자원을 학제적으로 분류할 때 환경자원만으로 묶인 것은?
① 특별급여, 자가용, 화폐소득, 친구
② 지능, 적응력, 인내심, 에너지
③ 시간, 공간, 특별 급여, 물리적 환경자원
④ 토지, 가족, 사회공공시설 및 서비스, 도로

해설 문제 23번 해설 참조

26 가족자원을 학제적으로 분류할 때 자원의 종류가 옳게 연결된 것은?
① 인적 자원 — 소득, 시간
② 특수자원 — 시간, 공간
③ 경제적 자원 — 탄력소득, 특별 급여
④ 환경 자원 — 기술, 재산

해설 문제 23번 해설 참조

27 가족자원에 대한 학제적 분류법을 따를 때, 같은 종류끼리 묶인 것은?
① 인지적 자원, 특별급여
② 탄력소득, 경제조직
③ 작동적 자원, 물리적 환경자원
④ 정서적 자원, 시간자원

해설 문제 23번 해설 참조

28 자원의 분류가 제대로 된 것은?
① 대인적 자원 — 지능, 창의력
② 일반자원 — 재산, 소득
③ 사회적 환경자원 — 사회조직, 정치조직
④ 경제적 자원 — 경제조직, 재산

해설
- 대인적 자원 : 인적 자원의 한 종류로서 두 사람 이상의 긍정적 상호작용에 의해 생기는 인적 자원이다. 예 협동, 사랑, 충성 등
- 일반자원 : 공간 · 시간 · 자연적 환경과 문화적 환경이 있다.
- 경제적 자원 : 화폐소득, 탄력소득, 재산, 특별 급여 등이 있다.

29 자본주의가 발달함에 따라 생산력이 증대되고 그 결과 나타난 현상을 옳게 설명하고 있는 것은?
① 자원에 대한 통합적 철학의 강조
② 소비의 강조
③ 절약의 강조
④ 시간과 에너지 보존에 대한 강조

정답 20.❷ 21.❶ 22.❷ 23.❶ 24.❶ 25.❹ 26.❸ 27.❹ 28.❸ 29.❷

해설 자본주의 사회는 상품생산체제이기 때문에 증가된 생산성은 경제가 계속되기 위하여 소비의 증가를 요구하게 된다.

30 다음 중 자원 사용을 통하여 최대 만족을 얻기 위한 지침에 해당되지 않는 것은?

① 자원을 변경하거나 창조한다.
② 자원을 최소한 사용한다.
③ 자원간의 선택을 조화시킨다.
④ 자원의 총공급을 증대시킨다.

해설 자원사용을 통하여 최대만족을 얻기 위한 지침
- 자원의 총공급을 증대시킨다.
- 대체적인 사용을 탐구한다.
- 자원간의 선택을 조화시킨다.
- 자원을 변경시키거나 창조한다.
- 투자할 자원의 양을 고려한다.

31 자원 사용을 통하여 만족을 극대화시키는 전략이 될 수 있는 것은?

① 자원의 대체적인 사용을 강구한다.
② 가족을 하나의 관리단위로 볼 때, 자원의 총공급을 증대시키는 일은 불가능하므로 제한된 자원의 공급을 받아들인다.
③ 단위자원당 효용성은 제한되어 있으므로 자원의 양을 증대시킨다.
④ 자원을 효과적으로 사용하려는 생각 자체가 에너지를 소비시키므로 자원 사용에 대하여 의식적인 의사결정을 하지 않는다.

해설 문제 30번 해설 참조

32 다음 중 인적 자원 계발의 원리로서 적절한 것은?

① 변화는 개인적 안전을 위협할 수 있다.
② 항상 습관을 변화시켜야 한다.
③ 외부 자극보다 내부적 동기를 이용해야 한다.
④ 인적 자원 계발은 빨리 이루어진다.

해설 인적 자원의 계발의 원리
- 연령이 증가함에 따라 변화와 인적 계발에 요구되는 노력은 더 커진다.
- 변화는 개인적 안전을 위협할 수 있다.
- 인적 자원은 향상될 수 있다.
- 인적 자원은 환경의 영향을 받는다.
- 개인적 발달에는 개인적 몰입(commitment)이 필요하다.
- 인적 자원의 계발은 관계의 확대를 포함한다.
- 인적 계발은 느리고 시간비용이 많이 든다.
- 관습은 인적 자원 계발에 방해가 되기도 하고 도움이 되기도 한다.
- 한 개인이 인적 자원을 계발할수록 계속적 계발 가능성은 더욱 커진다.
- 외부자극으로 인한 변화가 내부적 동기로 인한 변화보다 더욱 힘이 있고 강제적인 경우가 많다.

정답 30.❷ 31.❶ 32.❶

제2부 가정관리의 개념
07 의사결정

 단원 개요

의사결정은 관리의 핵심적인 기초단위이며 관리를 구성하는 최소단위라고 할 수 있을 만큼 관리에 있어서 중요하다. 더구나 현대사회에서는 가족이 의사결정을 해야 할 사항들이 급속히 증가하고 있으며, 그 결정의 결과가 매우 중요한 의미를 갖게 되어, 가정관리에서 의사결정의 중요성은 더욱 증대되고 있다.

가정관리학에서는 1950년대에 이르러 의사결정의 개념이 도입되었는데, 의사결정은 정신적·심리적 활동으로서 관리 자체의 존재를 결정짓는 것이며 또한 가치와 밀접한 관계를 갖고 있기 때문에 가치를 올바로 인식하지 못하고서는 올바른 의사결정을 할 수 없다. 훌륭한 의사결정을 할 수 있는 능력은 개발되고 향상될 수 있다.

 출제 경향 및 수험 대책

이 단원에서는 학자들마다 다양한 의사결정 분류법과 각각의 의사결정 방법에 대한 내용, 의사결정의 과정에 대해서 묻는 문제 등이 출제될 수 있는 바, 이에 대한 자세하고 철저한 학습이 요구된다.

7

01 의사결정의 의의 및 종류

1 의사결정의 의의

(1) 의사결정(decision making)의 의미

① 여러 대안 중에서 하나의 행동을 고르는 일을 해내는 정신적 지각활동이다.
② 여러 가지 문제 상황 속에서 스스로 판단과 책임 아래 취할 행동의 방향을 결정하는 일이다.

(2) 의사결정의 필요성 증대

오늘날에는 물리적 환경과 정신 문명 사이에 심각한 불균형이 초래되어, 인간은 그 사이에 선택을 해야 하는 입장에 놓이게 되어 있다.

(3) 의사결정과 가정관리

① 가정관리를 잘하기 위한 요건 : 가족 목표의 실현수단이 되는 가정관리를 잘하기 위해서는 신속하고 정확한 의사결정이 절실히 요청된다.
② 현대에 의사결정이 가정관리에서 중요하게 된 이유 : 가족이 의사결정을 통해 선택하는 사항이 증가하고, 그 선택 결과가 개인이나 사회에 중요한 영향을 미치게 되었기 때문이다.

2 의사결정의 종류

(1) 의사결정의 합리성 또는 상황에 따른 분류

① 의사결정을 특징짓는 합리성에 따른 분류(그로스 등)
　㉠ 합리적 의사결정
　　• 수단이 목적에 논리적으로 연결되어 있는 것을 말한다.
　　• 합리성은 목표달성을 위한 가장 효율적인 수단을 선택하기 위해 대체안을 숙고하고 평가하는 것을 가정하는데, 특히 경제적 효용의 극대화와 관련된다.
　　• 의사결정의 규칙으로 객관적 제거나 선호 서열화를 강조하고, 개인보다는 상황을 강조한다.
　㉡ 비합리적 의사결정 : 결과를 심사숙고하지 않고 하는 것으로, 개인의 강제와 편견 및 강한 충동에 의해 유발된다.
　㉢ 초합리적 의사결정
　　• 불확실성 상황에 적합한 의사결정 양식이다.
　　• 의사결정이 실존적·직관적이며, 개인의 경험 전체로부터 생기고 개인이나 상황에 의해 예측될 수 없는 새로운 것을 창조하는 것이다.
② 의사결정이 이루어지는 상황에 따른 분류(니켈 등)
　㉠ 합리적 의사결정 : 의사결정자가 상황을 객관적으로 분석하여 한 결정이다.

추가 설명

의사결정과 관리와의 관계에 대한 견해
• 첫번째 견해 : 의사결정은 관리와 유사하다.
• 두번째 견해 : 의사결정은 관리의 한 단계 또는 한 과정이다.
• 세번째 견해 : 의사결정이 모든 관리과정을 통해 발생한다.
→ 이 세 가지 견해의 공통점 : 의사결정이 관리와 밀접한 관계에 있다.

의사결정이 가정관리학에 도입된 이유
경제사회에 있어서 선택의 기회 증대, 기업에서 의사결정에 중점을 둔 관리기능의 발전, 생활에 필요한 지식의 증대

의사결정을 향상시키기 위한 방법
비합리적 결정을 감소시키거나 제거하고, 합리적 결정과 초합리적 결정을 적절하게 사용하도록 한다.

ⓒ 비합리적 의사결정 : 의사결정자의 성격에 기반을 두고 나온 결정으로 이는 감정적이다. **예** 충동적 구매

(2) 의사결정의 내용에 따른 분류(디징에 의한 분류)

① 경제적 의사결정(economic decisions)
  ㉠ 다수의 목표에 도달하기 위한 자원의 선택적 사용을 강조한다.
  ㉡ 자원사용의 극소화, 만족의 극대화를 추구한다.
  ㉢ 경제적 의사결정에서는 시간·노력·화폐가 주된 관심을 받아 오고 있다.
  ㉣ 경제적 의사결정은 의사결정보다 최초의 문제, 목표, 자원에 대해 더욱 분명하게 정의하고 주의 깊게 자원을 측정하며, 객관적으로 자원을 할당한다.

② 사회적 의사결정(Social Decisions)
  ㉠ 역할 사이에 가치갈등이 존재할 때 문제를 해결하는 방법으로 생활의 질에 영향을 미친다.
  ㉡ 사회적 의사 결정의 출발점은 개인적 가치의 인식과 갈등을 인정하는 것이다.
  ㉢ 대체안 중에서 하나를 선택하는 것이 아니라 조정 또는 상호수정을 통해 하나의 행동과정이 개발되는 것이다. 이 조정과정에서 가치와 목표는 스스로 수정될 수 있다.
  ㉣ 사회적 의사결정은 다른 모델보다 더 개인적이고 주관적인 접근법이다. 그리고 가치에 중점을 두기 때문에 경제적 의사결정처럼 목표달성에서 효율성을 지향하지 않는다.
  ㉤ 키난(M.K. Keenan)의 사회적 의사결정의 모델
    • 1단계 : 갈등과 갈등의 원인 규명
    • 2단계 : 각 가치들 간의 차이점을 조정 또는 고정
    • 3단계 : 해결을 효율적으로 하기 위해 정책, 변화의 양, 절차 및 대안 등에 관해 분석

③ 기술적 의사결정(technical decisions)
  ㉠ 경제적·사회적 의사결정과는 달리 '정답'이 존재한다.
  ㉡ 특정한 목표의 달성이나 먼저 정해진 경제적·사회적 의사결정의 수행과 관련된다. 어떤 기술적 의사결정이 반복되면 기법이 된다.

④ 정치적 의사결정(political decisions)
  ㉠ 절차적 또는 구조적 의사결정이라고도 불리며, 개인이나 집단에 의해 의사결정이 어떻게 이루어지는가를 다룬다.
  ㉡ 정치적 의사결정의 내용
    • 누가 의사결정과정에 참여할 것인가
    • 누가 최종 결정을 할 것인가
    • 최종 결정에 이르는 데 있어서 문제해결, 설득, 교섭 또는 이들의 조합이 사용될 것인가
  ㉢ 의사결정의 절차와 구조는 융통성이 있어야 한다.

추가 설명
경제적 의사결정
• 문제 : 다수의 목표와 제한된 자원 인식
• 대안 : 어떤 목표 또는 어떤 목표들의 조합을 수행할 것인가? / 어떤 자원이 얼마나 사용되어야만 하는가?
• 결과 : 자원할당

추가 설명
사회적 의사결정
• 문제 : 가치 또는 역할에 있어서의 갈등과 그 원인의 규명
• 대안 : 가치간의 또는 역할간의 차이점을 어떻게 해결할 수 있는가?
• 결과 : 가치 및 역할의 명료화 → 목표 설정

추가 설명
기술적 의사결정
• 문제 : 특정 목표의 달성(자원의 한계)
• 대안 : 어떻게 이 목표를 달성할 것인가? / 어떤 자원을 얼마나 사용할 것인가?
• 결과 : 목표 달성

　　　　ⓔ 이론상 의사결정의 내용이 의사결정의 과정에 영향을 미칠 수 있다.
　⑤ 법적 의사결정(legal decisions)
　　　㉠ 분쟁을 해결하기 위하여 규범이나 기준을 실제 상황에 적용시키는 것이다.
　　　㉡ 명백하고도 지속적인 이해대립이 존재하기 때문에 필요하다.
　　　㉢ 법적 의사결정을 행하기 위해서는 관련 규칙과 중립적으로 적용할 수 있는 사람이 필요하다.

(3) 의사결정의 상호관계에 따른 분류

① 사슬형 의사결정(chain decisions)
　㉠ 하나의 결정이 또 다른 결정과 연속적인 관계를 맺는 것이다.
　㉡ 다음 결정은 이전 결정에 직접적으로 의존한다.
　㉢ 시간적 순서를 따르는 결정도 이 사슬 유형에 해당한다.
② 중핵-위성 의사결정(central-satellite decisions)
　㉠ 중핵적 의사결정 : 의사결정자에게 중요하고 장기적인 영향을 갖는 핵심적 의사결정이다. 예 직업 선택의 결정
　㉡ 위성 의사결정 : 중핵적 의사결정으로 인하여 또 그를 따라 정해지는 결정을 말한다. 이는 중핵결정의 영향을 받는 한편, 역으로 중핵결정의 성격과 질을 결정하기도 한다.
③ 계층적 의사결정(hierarchical decisions)
　㉠ 중요한 결정에는 몇 가지 하위 결정에 있으며, 이러한 결정들은 계층을 형성한다.
　㉡ 하위결정이 주요결정을 따르기보다는 먼저 이루어진다는 점에서 중핵-위성결정과는 다르다.

> **추가 설명**
> **중핵 결정과 위성 결정**
> • 중핵 결정 : 결정을 하는데 시간과 노력이 많이 들며 정보수집과 선택에 신중을 기하는 것이 필요하다.
> • 위성 결정 : 그 결정 자체가 목적이 될 뿐만 아니라 더욱 중요한 목표를 달성하기 위해 수단이 되는 결정이다.

(4) 의사결정에 대한 이해 태도에 따른 분류(사이몬)

① 정형적 의사결정(programmed decision) : 관습적 의사결정으로, 의사결정의 내용 또는 방향이 이미 계획된 경우에 사용된다.
② 비정형적 의사결정(non-programmed decision)
　㉠ 혁신적 또는 본래적 의미의 의사결정으로, 의사결정의 내용 또는 방향이 계획되어 있지 않은 경우에 사용된다.
　㉡ 의사결정의 본질은 비정형적인 것을 탐구하는데 있으며, 의사결정의 적극적 기능이 있다.

> **추가 설명**
> **비정형적 의사결정**
> 하나의 대안만이 주어져 있지는 않으며, 대체로 안을 선택했을 경우의 결과도 미지의 상태에 놓이게 되므로 본래적 의미의 의사결정이라 한다.

(5) 의사소통의 유무에 따른 분류(R.H. Turner에 의한 분류)

① 사실적 의사결정 : 대안들에 대한 의사소통이나 효과적인 고려가 부족할 때 이루어지는 결정이다.
② 조정적 의사결정 : 견해가 조정되지 않을 때 지배적인 개인의 욕구를 받아들임으로써 일치가 생기는 결정이다.

③ 일치적 의사결정 : 모든 가족원이 결정에 똑같이 관여된 느낌과 일치감을 갖도록 하는 의사소통을 포함하는 것이다.

02 의사결정의 과정

1 문제의 규명

① 문제의 규명은 결정해야만 하는 문제나 욕구가 존재한다는 것을 인식하는 것으로, 그 문제나 욕구를 분명히 정의하는 과정이다.
② 다른 집단과는 달리 가족은 문제의 규명에 있어서 특유한 어려움과 직면하기도 한다. 가족생활은 감정적인 측면이 많기 때문에 문제의 핵심과 동떨어진 현상이 표면적으로 나타날 경우도 많다.
③ 본질적인 요인을 발견하고 진정한 문제를 규명하기 위해서는 표면에 나타난 문제를 해결하기 전에 그 요인을 변경시키든지 조절해 보아야 한다. 본질적 요인을 발견한다는 것은 쉬운 일이 아니며, 때로는 많은 시간과 사고를 요할 수도 있다.

> **추가 설명**
> '문제의 규명' 단계에서 요구되는 필수 조건
> - 문제를 야기시킨 요인을 발견하고자 하는 의욕
> - 문제를 내포한 상황에 대해서 감정과 편견없이 대할 수 있는 수용적 견해

(2) 정보의 수집 및 행동과정의 설정

① 가능한 행동과정을 명확히 하기 위해 정보를 수집하고, 수집된 정보를 사용하여 가능한 몇 가지 행동과정을 설정해야 한다.
② 행동과정을 수립하는 데에는 가족의 목표달성이 고려되어야 하며, 가족 전체의 의견이 반영되도록 하는 것이 좋다.

> **추가 설명**
> 정보수집 시 고려해야 할 사항
> 금전, 시간, 노력, 결과의 질, 만족감 등 여러 측면에서 그 비용을 고려해야 한다.

(3) 대안의 고려

① 실행 가능한 여러 가지 행동 과정의 하나하나가 가족의 목표달성에 어느 정도 유효한지를 평가하게 된다.
② 의사결정의 결과를 고려하기 위해서는 어느 정도의 추상적 사고력이 필요하며, 대안을 평가하는 단계에서는 가족 전체가 참여함으로써 평가의 신뢰도와 타당도를 높일 수 있다.

(4) 행동과정의 선택

① 여러 행동과정 중에서 최종적으로 가장 적당한 것을 선택하기 위해서 심사숙고를 통해서 문제를 내포한 상황에 대한 최선의 행동과정을 선택·결정하게 된다.
② 최종적인 결정을 하기 전에 행동과정 자체의 유효성과 함께 자기 가족이 가진 특성, 즉 가족의 목표와 자원 등을 명확하게 살펴보아야 한다.

> **추가 설명**
> 발견적 의사결정
> - 최적의 의사결정을 하는 것은 힘들기 때문에 대체로 사람들은 불완전한 정보와 접했을 때 바람직한 방법을 선택하기 위하여 일반적인 원리나 지침을 사용하게 된다.
> - 필요한 정보를 완전히 가질 수 없고 결정의 결과에 영향을 미치는 모든 요인에 대한 완전한 통제가 불가능하기 때문에 취하게 되는 현실적인 최선의 의사결정이다.

실전예상문제

1 다음 중 의사결정이 가정관리에 도입된 배경으로 적합한 것은?

① 전통을 중시하는 사회분위기
② 의식적 결정이 가능하도록 하는 지식의 증대
③ 의사결정에 기반을 둔 가족관계학의 발달
④ 경제사회에서 선택 기회의 감소

해설 의사결정이 가정관리에 도입된 이유
- 경제사회에 있어서 선택 기회 증대
- 의사결정에 대한 강조와 함께 기업에서 의사결정에 중점을 둔 관리기능이 발전됨
- 영양학 분야와 같이 전에는 관습이 효과적이던 영역에서 의식적 결정을 하도록 하는 지식이 증대됨

2 다음 중 의사결정이 가정관리학에서 중요하게 된 이유로 적절한 것은?

① 가정관리학이 의사결정학이기 때문이다.
② 가족이 선택할 사항이 증가하고, 그 결과가 중요한 영향을 미치게 되었다.
③ 가정관리 이론에 과정개념이 도입되었다.
④ 가정관리학에 체계적 접근법이 적용되었다.

해설 현대에서는 선택해야 할 사항들이 증가하고 있기 때문에, 가정관리를 잘하기 위해서는 신속하고 정확한 의사결정이 절실히 요청된다.

3 의사결정 분류법 중 디징의 분류법에 따른 의사결정의 형태는?

① 사회적 의사결정, 경제적 의사결정, 기술적 의사결정, 법적 의사결정, 정치적 의사결정
② 사회적 의사결정, 개인적 의사결정, 가족적 의사결정, 국가적 의사결정
③ 합리적 의사결정, 초합리적 의사결정, 비합리적 의사결정
④ 정형적 의사결정, 비정형적 의사결정

해설 디징(Paul Diesing)의 의사결정 분류법 : 의사결정은 각 의사결정이 적합한 활동영역에 따라 사회적·경제적·기술적·정치적·법적 의사결정으로 나눌 수 있다.

4 다음 중 사회적 의사결정에 대한 설명으로 옳은 것은?

① 사회 전체의 자원을 어떻게 배분할 것인가에 관련된 의사결정이다.
② 여러 개의 목표를 달성하기 위하여 자원의 선택에 역점을 두는 의사결정이다.
③ 어떤 특정한 목표를 달성하는 것과 관련된 의사결정이다.
④ 역할 사이에 가치 갈등이 존재할 때 문제를 해결하려는 방법의 의사결정이다.

해설 사회적 의사결정 : 역할 사이에 가치갈등이 존재할 때 문제를 해결하는 방법으로 결과는 가치 및 역할의 명료화와 목표설정이 되고, 개인적 가치나 인식과 갈등의 인정이 사회적 의사결정의 출발점이다. 사회적 의사결정은 생활의 질에 주된 영향을 미친다.

5 의사결정의 종류 중 가치나 역할에서의 갈등과 그 원인을 규명하는 문제에 대한 대안을 찾고, 의사결정의 결과가 가치 및 역할의 명료화와 목표설정으로 나타나는 것은?

① 사회적 의사결정
② 경제적 의사결정
③ 기술적 의사결정
④ 법적 의사결정

해설 문제 4번 해설 참조

6 의사결정을 내용에 따라 분류할 경우 역할 사이에 가치갈등이 존재할 때 문제를 해결하는 방법으로, 다른 모델보다 더 개인적이고 주관적인 접근 방법은?

① 정치적 의사결정 ② 기술적 의사결정 ③ 경제적 의사결정 ④ 사회적 의사결정

해설 문제 4번 해설 참조

7 다음 중 다수의 목표에 도달하기 위한 자원의 선택적 사용과 관련된 경제적 의사결정이 도모하는 점은 어느 것인가?

① 가치의 명료화 ② 역할의 명료화 ③ 자원 사용의 극소화 ④ 정답의 추구

해설 경제적 의사결정 : 경제적 의사결정은 다수의 목표에 도달하기 위한 자원의 선택적 사용을 강조한다. 이는 보통 자원 사용의 극소화와 만족의 극대화를 꾀한다.

8 다음 중 다수의 목표에 도달하기 위한 자원의 선택적 사용을 강조하는 의사결정은?

① 법적 의사결정 ② 기술적 의사결정 ③ 경제적 의사결정 ④ 사회적 의사결정

해설 문제 7번 해설 참조

9 다음 의사결정의 종류 중 특정 목표의 달성이나 먼저 정해진 경제적·사회적 의사결정의 수행과 관련된 것은?

① 기술적 의사결정 ② 법적 의사결정 ③ 정치적 의사결정 ④ 구조적 의사결정

정답 1.❷ 2.❷ 3.❶ 4.❹ 5.❶ 6.❹ 7.❸ 8.❸ 9.❶

해설 기술적 의사결정 : 특정한 목표의 달성이나 먼저 정해진 경제적·사회적 의사결정의 수행과 관련된다. 그리고 기술적 의사결정에서는 사회적·경제적 의사결정과는 달리 '정답'이 있다.

10 다음 중 의사결정을 내용에 따라 분류할 때 '정답'이 뚜렷한 것은?

① 정치적 의사결정 ② 기술적 의사결정 ③ 경제적 의사결정 ④ 사회적 의사결정

해설 문제 9번 해설 참조

11 기술적 의사결정이 다른 종류의 의사결정과 다른 특징은?

① 정답이 있다. ② 가치와 직결된 내용을 다룬다.
③ 규칙이 엄격하다. ④ 커뮤니케이션이 중요한 요소이다.

해설 문제 9번 해설 참조

12 의사결정자가 상황을 객관적으로 분석한 후 이루어지는 결정으로 수단이 목적에 논리적으로 연결되어 있는 의사결정은?

① 초월적 의사결정 ② 합리적 의사결정
③ 초합리적 의사결정 ④ 비합리적 의사결정

해설 니켈 등 의사결정이 이루어지는 상황에 따른 분류
• 합리적 의사결정 : 의사결정자가 상황을 객관적으로 분석하여 한 결정
• 비합리적 의사결정 : 의사결정자의 성격에 기반을 두고 나온 결정으로 감정적 성격을 띤다.

13 의사결정의 종류를 나눌 때, 분류 기준과 그에 따른 종류의 예가 바르게 연결된 것은?

① 의사결정의 내용 — 사슬형 의사결정 ② 의사결정의 상호관련적 특성 — 기술적 의사결정
③ 의사결정에 대한 이해 태도 — 사회적 의사결정 ④ 의사결정이 이루어지는 상황 — 합리적 의사결정

해설 문제 12번 해설 참조

14 가족간에 분쟁이 있을 때 이를 해결하기 위하여 규범이나 기준을 실제 상황에 적용시키는 의사결정은?

① 사회적 의사결정 ② 경제적 의사결정 ③ 법적 의사결정 ④ 정치적 의사결정

해설 법적 의사결정 : 분쟁을 해결하기 위하여 규범이나 기준을 실제 상황에 적용시키는 것이다.

15 의사결정의 종류 중 실존적 또는 직관적이며, 개인의 경험 전체로부터 생기고, 개인이나 상황에 의해 예측될 수 없는 새로운 것을 창조하는 것은?

① 합리적 의사결정　　　　　　　　② 초합리적 의사결정
③ 비합리적 의사결정　　　　　　　④ 상황적 의사결정

> **해설** 초합리적 의사결정 : 이 모델에서는 의사결정이 실존적 또는 직관적이며, 개인의 경험 전체로부터 생기고, 개인이나 상황에 의하여 예측될 수 없는 새로운 것을 창조한다. 선택되지 않은 다른 행동과정은 선택된 행동과정과 똑같이 합당할 수 있다.

16 다음 중 의사결정에 대한 이해 태도에 따라 분류한 것은?

① 사슬형 의사결정 — 계층적 의사결정　　② 정형적 의사결정 — 비정형적 의사결정
③ 합리적 의사결정 — 비합리적 의사결정　④ 일치적 의사결정 — 조정적 의사결정

> **해설** 의사결정에 대한 이해태도에 따른 분류
> • 정형적 의사결정 : 의사결정의 내용 또는 방향이 이미 계획된 것
> • 비정형적 의사결정 : 계획되어 있지 않은 경우

17 의사결정의 내용이나 방향이 이미 계획된 의사결정 유형은?

① 전통적 의사결정　② 비전통적 의사결정　③ 정형적 의사결정　④ 비정형적 의사결정

> **해설** 문제 16번 해설 참조

18 정형적 의사결정에 대한 설명으로 옳지 않은 것은?

① 관습적 의사결정이다.
② 적극적 의사결정이다.
③ 의사결정의 내용 또는 방향이 이미 계획된 경우이다.
④ 의사결정자가 경험이 많으면 정형화가 용이하다.

> **해설** 정형적 의사결정(programmed decision)
> • 관습적 의사결정이다.　　　　　　　　• 의사결정의 내용 또는 방향이 이미 계획된 경우 사용된다.
> • 의사결정의 적극적인 기능은 없다.　　• 의사결정자가 경험이 많으면 정형화가 용이하다.

19 비정형적 의사결정에 대한 설명으로 적절하지 못한 것은?

정답 10.❷ 11.❶ 12.❷ 13.❹ 14.❸ 15.❷ 16.❷ 17.❸ 18.❷ 19.❶

① 의사결정의 내용 또는 방향이 이미 계획된 결정이다.
② 의사결정의 내용 또는 방향이 계획되어 있지 않은 결정이다.
③ 혁신적인 의사결정이다.
④ 본래적인 의미의 의사결정이다.

> **해설** 비정형적 의사결정(non-programmed decision)
> - 혁신적 또는 본래적 의미의 의사결정이다.
> - 의사결정의 내용 또는 방향이 계획되어 있지 않은 경우에 사용된다.
> - 의사결정의 본질은 비정형적인 것을 탐구하는데 있다.
> - 하나의 대안만이 주어져 있지 않으며, 대체안을 선택했을 경우의 결과도 미지의 상태에 놓이게 된다.

20 의사결정 형태 중 사슬형 의사결정에 대한 서술이 아닌 것은?

① 다음 결정은 이전 결정에 직접적으로 의존한다.
② 하나의 결정이 또 다른 결정과 연속적 관계를 맺는다.
③ 본래적인 의미의 의사결정이다.
④ 시간적 순서를 따르는 결정도 이 사슬 유형에 속한다.

> **해설** ③은 비정형적 의사결정과 관계된다.

21 의사소통의 유무에 따른 분류에 속하지 않는 것은?

① 일치적 의사결정   ② 구조적 의사결정   ③ 조정적 의사결정   ④ 사실적 의사결정

> **해설** 의사소통에 유무에 따른 분류 : 일치적 · 조정적 · 사실적 의사결정

22 조정적 의사결정을 옳게 설명한 것은?

① 모든 가족원이 결정에 똑같이 관여된 느낌을 갖도록 하는 의사소통을 포함하는 의사결정이다.
② 견해가 조정되지 않을 때 지배적인 개인의 욕구를 받아들임으로써 일치가 생기는 결정이다.
③ 대안들에 대한 의사소통이나 효과적인 고려가 부족할 때 이루어지는 결정이다.
④ 의사결정의 내용이나 방향이 계획되어 있지 않은 경우의 의사결정이다.

> **해설** 의사소통의 유무에 따른 의사결정의 종류
> - 일치적 의사결정 : 모든 가족원이 결정에 똑같이 관여된 느낌과 일치감을 갖도록 하는 의사소통을 포함하는 의사결정이다.
> - 조정적 의사결정 : 견해가 조정되지 않을 때 지배적인 개인의 욕구를 받아들임으로써 일치가 생기는 결정이다.
> - 사실적 의사결정 : 대안들에 대한 의사소통이나 효과적인 고려가 부족할 때 이루어지는 결정이다.

23 다음은 의사결정의 종류를 설명한 것이다. 옳게 연결된 것은?

① 사회적 의사결정 — 다수의 목적에 도달하기 위한 자원의 선택적 사용에 관한 결정이다.
② 비합리적 의사결정 — 의사결정자가 상황을 객관적으로 분석하여 한 결정이다.
③ 비정형적 의사결정 — 의사결정의 내용이나 방향이 이미 계획된 결정이다.
④ 일치적 의사결정 — 모든 가족원이 결정에 똑같이 관여된 느낌과 일치감을 갖도록 하는 의사소통을 포함한다.

해설 ①은 경제적 의사결정, ②는 합리적 의사결정, ③은 정형적 의사결정에 대한 설명이다.

24 다음 중 의사결정의 과정이 순서대로 바르게 나열된 것은?

① 정보의 수집 및 행동과정의 설정 — 문제의 규명 — 행동과정의 선택 — 대안의 고려
② 정보의 수집 및 행동과정의 설정 — 문제의 규명 — 대안의 고려 — 행동과정의 선택
③ 문제의 규명 — 정보의 수집 및 행동과정의 설정 — 행동과정의 선택 — 대안의 고려
④ 문제의 규명 — 정보의 수집 및 행동과정의 설정 — 대안의 고려 — 행동과정의 선택

해설 의사결정 과정의 네 단계 : 문제의 규명 — 정보의 수집 및 행동과정의 설정 — 대안의 고려 — 행동과정의 선택

25 다음 중 의사결정의 과정을 네 단계로 분류할 때 첫째 단계는?

① 문제의 규명
② 정보의 수집 및 행동과정의 설정
③ 대안의 고려
④ 행동과정의 선택

해설 문제 24번 해설 참조

26 다음 의사결정 과정 중 본질적 요인을 발견하기 위해서 많은 시간과 사고를 요할 수 있으며, 가족생활은 감정적인 측면이 많기 때문에 이 과정에서 다른 집단과는 다른 어려움과 직면하기도 하는 단계는?

① 행동과정의 선택
② 대안의 고려
③ 정보의 수집 및 행동과정의 설정
④ 문제의 규명

해설 문제의 규명 단계
- 결정해야만 하는 문제나 욕구가 존재한다는 것을 인식하는 것으로 문제나 욕구를 분명히 정의하는 과정
- 가족은 다른 집단과는 달리 문제규명에 있어서 특유한 어려움을 갖는다.
- 가족생활은 감정적인 측면이 많기 때문에 문제의 핵심과 동떨어진 현상이 표면적으로 나타날 경우도 많다. 표면적으로 나타난 현상뿐만 아니라 이면에 숨겨져 있는 근본적 원인을 밝혀야 한다.

정답 20.❸ 21.❷ 22.❷ 23.❹ 24.❹ 25.❶ 26.❹

27 다음 〈보기〉는 의사결정의 과정을 네 단계로 나눌 때 어느 단계에 대한 설명인가?

> **보기** 본질적 요인의 발견이 중요하며, 특히 가족의 경우 현상의 이면에 있는 감정적 측면의 파악도 중요하다.

① 문제의 규명 ② 정보 수집 ③ 대안의 고려 ④ 행동과정의 선택

해설 문제 26번 해설 참조

28 다음 중 의사결정의 과정을 4단계로 나눌 때 가족의 목표달성이 고려되어야 하며, 가족 전체의 의견이 반영되도록 해야 하는 과정은?

① 행동과정의 선택 ② 정보의 수집 및 행동과정의 설정
③ 문제의 규명 ④ 대안의 고려

해설 정보의 수집 및 행동과정의 설정 : 가능한 행동과정을 명확히 하기 위해 정보를 수집한다. 여러 가지 방법을 통해 정보를 수집할 수 있으며 행동과정을 수립하는 데는 가족의 목표달성이 고려되어야 하며 가족 의견이 반영되도록 한다.

29 다음 중 의사결정의 과정 중 실행 가능한 여러 행동과정의 하나하나가 가족의 목표 달성에 어느 정도 유효한지를 평가하게 되는 단계는?

① 행동과정의 선택 ② 정보의 수집 및 행동과정의 설정
③ 대안의 고려 ④ 문제의 규명

해설 대안의 고려 단계에는 실행 가능한 여러 행동과정의 하나하나가 가족의 목표 달성에 어느 정도 유효한지를 평가하게 된다.

30 인간의 필요한 정보를 완전히 가질 수 없고, 결정의 결과에 영향을 미치는 모든 요인에 대한 완전한 통제가 불가능하기 때문에 취하게 되는 현실적인 최선의 의사결정을 무엇이라고 하는가?

① 최적 의사결정 ② 규범적 의사결정 ③ 발견적 의사결정 ④ 불완적 의사결정

해설 발견적 의사결정 : 불완전한 정보를 접했을 때 바람직한 방법을 선택하기 위하여 일반적인 원리나 지침을 사용하는 것이다.

정답 27.❶ 28.❷ 29.❸ 30.❸

제2부 가정관리의 개념

08 커뮤니케이션

 단원 개요

인간이 타인과 교섭함으로써 사회관계를 만들어가는 사회적 행동의 가장 기초적인 과정을 커뮤니케이션이라고 하며, 인간의 행동을 연구하는 모든 분야에서 그 중요성을 인식하고 있다. 특히 커뮤니케이션은 가족이라는 사회집단의 구성·유지·발전과 깊은 관련이 있기 때문에 가정관리학에서는 커뮤니케이션에 관한 연구에 박차를 가하게 된 것이다.

전통사회가 산업사회로 전환됨에 따라 가정의 기능이 감소되고 가족이 분산되는 현상도 나타나고 있으나 사회적·문화적 집단으로서의 가정은 여전히 중요한 의미를 가진다. 이러한 가정을 구성·유지하는 데 기초적인 과정인 커뮤니케이션은 현대의 가정에서 특히 의의를 가진다.

 출제 경향 및 수험 대책

이 단원에서는 커뮤니케이션 현상을 보는 관점에 따라 어떻게 나누며, 커뮤니케이션의 구성요소와 각 요소가 어떤 역할을 하는지에 대해 묻는 문제와 커뮤니케이션의 장애요소로는 무엇이 있는지 등의 내용이 출제될 수 있는 바 이에 대한 자세하고 철저한 학습이 요구된다.

8

01 커뮤니케이션의 의의

1 커뮤니케이션의 어원 및 정의

(1) 커뮤니케이션의 어원
① 커뮤니케이션이란 라틴어의 '나누다'를 의미하는 'communicare'이다.
② 공유, 마음의 결합, 공동의 상징을 설립하거나 상호간의 이해를 실현시키는 것을 의미한다.

(2) 커뮤니케이션의 정의
① 커뮤니케이션은 언어·몸짓이나 화상(畵像) 등의 물질적 기호를 매개수단으로 하는 정신적·심리적인 전달 교류이다.
② 커뮤니케이션의 종합적 정의 : "기호화되고, 거래적이며, 의미를 창조하고 공유하는 과정"이다.
  ㉠ 커뮤니케이션이 기호화된 과정이라는 것 : 메시지의 내용을 언어적·비언어적 기호로써 기호화하지 않으면 안 되는 것을 의미한다.
  ㉡ 커뮤니케이션이 거래적이라는 것 : 커뮤니케이션에 있어서 서로 밀착된 관계를 의미한다. 커뮤니케이션 관계에서 송신자와 수신자는 서로 영향을 주고 받는 상호작용의 관계에 있는 것이다.
  ㉢ 커뮤니케이션이 과정이라는 것 : 한계가 없는 수많은 변수의 계속적인 상호작용이라는 의미를 내포한다. 과정은 변화를 의미한다.
  ㉣ 커뮤니케이션이 의미를 창조하고 공유하는 과정이라는 것 : 의미의 획득은 외부세계와 여과체계에 의하여 이루어진다.

2 커뮤니케이션의 내용

(1) 커뮤니케이션의 특징
① 커뮤니케이션은 언어를 포함한 여러 가지 상징을 매개로 하여 인간이 타인과 함께 하는 상호교섭의 과정이다.
② 커뮤니케이션은 인간의 사회적 행동의 가장 기초적인 과정이다.
③ 커뮤니케이션은 집단 유지의 가장 기초적인 과정이다.
④ 커뮤니케이션은 개인을 사회에 연결시키는 기능을 한다.
⑤ 가족원 사이의 커뮤니케이션이 목표달성에 크게 영향을 준다.
⑥ 구체적인 인적·물적 자원의 관리에서 점차 관리의 과정, 즉 관리 그 자체로 관심이 옮겨져서 의사결정, 가치, 목표 등의 분야에 대한 연구가 활발해지게 되었다.
⑦ 커뮤니케이션은 가족원간의 민주적이고 긴밀한 인간관계를 중시하는 현대의 가정에서 특히 큰 의의를 가지고 있다.

추가 설명

커뮤니케이션의 정의
유기체들이 기호를 통하여 서로 정보나 메시지를 전달하고 수신해서 서로 공통된 의미를 수립하고 나아가서는 서로의 행동에 영향을 미치는 과정 및 행동이다.

추가 설명

커뮤니케이션에 대한 거래적 접근법의 요점
- 커뮤니케이션은 관계이다.
- 송신자와 수신자는 동시에 커뮤니케이션 암시를 만들고 해석한다.
- 상호영향을 주고 받는 관계이다.
- 어떤 변수를 관점에 따라 자극 또는 반응으로서 본다.

추가 설명

커뮤니케이션이 인간의 행동 연구에서 깊은 관심의 대상이 된 원인(사회적 배경)
- 사회의 특성이 물질지배 사회에서 에너지 주도 사회로 전환되고 사회구조가 정보화되었기 때문이다.
- 인간의 주체성을 중시하고 인간소외의 상태로부터 인간성을 회복시켜야 한다는 시대적 요청 때문이다.

(2) 의미 획득의 여과과정을 구성하는 요소

인간은 외부세계를 보는 여과장치를 가졌다고 볼 수 있다. 여과과정은 신체적·사회적·개인적 요소들로 구성되며, 이 요소들은 어떻게 외부세계를 인지하고 상호작용하는지, 더욱이 가족체계와 어떻게 직접적으로 관계하는가를 결정한다.

① 신체적 요소 : 첫번째 여과장치로서 시각·청각·촉각·후각 등 인간의 감각체계를 말한다.
② 사회적 요소 : 사회체계와 언어를 사용하는 방법을 말하며, 사물을 받아들이는 방법과 삶의 각 부분을 표준화하는 사회적인 관례를 통하여 개인의 인지작용에 관여한다.
③ 개인적 요소 : 인간은 언어적·비언어적 기호로서 의미를 공유하며, 여러 사람을 통하여 일반적이거나 특수한 경험을 공유하게 되며, 서로의 특성을 이해하게 된다.

(3) 가정관리학 분야에서 커뮤니케이션에 대한 관심이 높아진 이유

개개의 가정은 정보사회 내에서 생활을 영위하고 있고, 가정 내에서는 가족원들이 커뮤니케이션에 의하여 상호 연결되어 하나의 가정을 구성한다. 커뮤니케이션은 가족원 간의 민주적이고 긴밀한 인간관계를 중시하는 현대의 가정에서 특히 큰 의의를 가진다.

> **추가 설명**
> 커뮤니케이션의 기본요소와 확대요소
> - 기본요소 : 메시지, 수신자, 송신자
> - 확대요소 : 기호화, 메시지, 회로, 기호해독, 수신자, 송신자, 피드백

02 커뮤니케이션의 구성 요소와 장애

1 커뮤니케이션의 구성요소

(1) 송신자(source)
① 의지, 감정, 지식 등을 전달하거나 표현하고자 하는 사람(발송자, 전달자)이다.
② 송신자는 자신이 전달하거나 표현하고자 하는 내용을 상대방이 이해할 수 있도록 구체적인 표현 형태로 만들어야 한다.
③ 자신이 표현하고자 하는 내용을 어떻게 효율적인 메시지로 전환시킬 수 있는가 하는 점이 송신자로서는 중요한 과제가 된다.

(2) 메시지(message)
① 메시지의 구성 : 커뮤니케이션 과정의 핵심적 요소로서 내용, 기호 및 처리로 구성된다.
② 인간은 개인의 경험과 의미의 집합체 즉, 준거 틀을 통해서만 의사소통을 할 수 있다.
③ 기호는 외연적 의미, 내연적 의미, 표면적 의미, 잠재적 의미, 평행적 의미를 갖고 있다.

(3) 회로(channel)
① 회로의 의미 : 기호화된 메시지가 수신자에게 전달되는 방법, 즉 반송수단으로서 경로라고도 한다.

> **추가 설명**
> 메시지의 구성 요소
> - 메시지 내용 : 송신자가 그의 의도를 표현하기 위하여 선정해 놓은 메시지의 재료로서 정보, 의견, 신념, 사상, 태도 등
> - 메시지 처리 : 커뮤니케이션 내용을 체계적으로 선정, 조직, 배열하고 적절한 기호를 선택해서 기호화하는 것
> - 메시지 기호 : 메시지 내용을 유의미적으로 전달하는 모든 기호들의 집합체

② 회로의 종류 : 직접 언어로 표현될 때는 공중 음파, 면 대 면이 아닐 경우에는 종이, 전화, 전파 등이 회로가 된다.
③ 커뮤니케이션 기술 변화의 네 단계 : 맥루한(Marshall McLuhan)
　㉠ 첫째 단계 : 구술에 의존하던 시기
　㉡ 둘째 단계 : 필기에 의한 성문화 단계
　㉢ 셋째 단계 : 인쇄기, 1500년에서 1900년까지
　㉣ 마지막 단계 : 1900년부터 현재까지의 전자매체 시기

(4) 수신자(receiver)
① 수신자는 송신자가 메시지를 보내는 상대(수취자, 수화자)이다.
② 수신자는 보내진 메시지를 자신이 이해할 수 있는 내용으로 복원하기 위하여 송신자가 보낸 메시지를 해독하게 된다.

(5) 피드백(feedback)
① 수신자로부터 송신자에게로 되돌아오는, 수신자가 내용을 어떻게 받아들이고 있는가에 대한 정보를 말하며, 이는 수신자의 반응으로 확인된다.
② 대인간 대면적 커뮤니케이션에서는 상당한 피드백이 작용하여 설명과 설득이 용이하나 대중 커뮤니케이션에서는 피드백이 적어 일방적인 전달이 되기 쉽다.

2 커뮤니케이션의 장애

(1) 장애의 의미
커뮤니케이션 과정의 작용을 둔하게 하기도 하고, 멈추게 하기도 하는 것을 말한다.

(2) 커뮤니케이션 구성 요소별로 장애가 발생하는 경우
① 송신자에게 발생하는 장애
　㉠ 송신자가 자신이 보내고 싶은 내용에 대하여 명확하게 인식하지 못할 때
　㉡ 내용은 인식하더라도 정확한 기호를 만들 수 없을 때
　㉢ 수신자에 대하여 비호의적이거나 불신·공포감을 가질 때
　㉣ 기호 자체는 알고 있어도 그것이 포함한 의미를 송신자와 수신자가 서로 다르게 이해하고 있을 때
② 메시지가 전달될 때의 장애
　㉠ 수신자가 자기가 받아들일 수 있는 정도 이상의 여러 메시지에 둘러싸여 있어 메시지에 얼마만큼 관심을 보일까가 문제이다.
　㉡ 수신자의 인식문제 : 메시지는 수신자의 축적된 경험, 즉 준거 틀에 의하여 해석된다.
　㉢ 메시지가 성공적이려면 메시지가 자기 소속집단의 규범과 신념에 부합해야 한다. 수신자는 준거집단의 집단규범과 일치하지 않는 내용은 거부하는 경향이 있다.

추가 설명

커뮤니케이션의 구성요소
- 송신자 : 자신의 의지·감정·지식 등 내용을 전달하거나 표현하고자 하는 사람으로서 발송자, 전달자라고도 함
- 메시지 : 내용, 기호, 처리로 구성됨
- 회로 : 기호화된 메시지가 수신자에게 전달되는 방법으로 공중음파, 종이, 전화, 전파가 해당됨
- 수신자 : 송신자가 메시지를 보내는 상대
- 피드백 : 수신자로부터 송신자에게로 되돌아오는 반응

추가 설명

수신자가 메시지를 해독하는데 영향을 미치는 요인
수신자의 가치관, 수신자의 사회·경제적 배경, 수신자의 해독기술, 송신자에 대한 태도

추가 설명

장애
커뮤니케이션 과정의 작용을 둔하게 하기도 하고 멈추게 하기도 하는 것을 말하며, 커뮤니케이션의 모든 과정에서 발생 가능하다.

③ 회로에서의 장애 : 소음, 물리적 거리, 송신자와 수신자의 자리배치, 송신자와 수신자의 신체적 조건, 원거리 회로의 유무가 장애에 영향을 미친다.
④ 수신자에게 발생하는 장애
　㉠ 회로의 장애로 인하여 또는 다른 일에 몰두하고 있거나 송신자의 메시지에 관심이 없어 보낸 메시지가 받아들여지지 않는 경우
　㉡ 메시지를 받아들인다 하더라도 잘못 해독하거나 생략할 때
　㉢ 해독 불능으로 인하여 송신자와 같은 내용으로 복원되지 못하는 경우

03 가정관리에 있어서의 커뮤니케이션 및 커뮤니케이션 능력의 향상

1 가정관리에 있어서의 커뮤니케이션

(1) 자녀의 사회화와 커뮤니케이션

① 자녀의 사회화 : 현대가정에 남아 있는 중요한 기능의 하나이다.
② 사회화의 개념 : 개인이 소속된 사회집단의 구성원으로 생활할 수 있도록 그 사회집단의 생활양식, 규범, 가치 등의 문화체계를 습득하는 과정이다.
③ 개인의 성격 형성 : 개인의 내부에 정착된 문화체계를 성격이라고 하는데, 성격의 형성은 커뮤니케이션을 기초로 한다.
④ 어린이의 사회화는 일차적으로 그가 자라는 가정의 영향을 크게 받으나 가정 밖의 보육이나 조기 유아교육도 중요하다.

추가 설명
개인의 사회화의 의의
- 개인 입장 : 사회화는 사회에 대한 적응 및 발전 가능성을 결정한다.
- 사회집단 입장 : 사회화는 집단의 유지 및 존속에 필수적이다.

(2) 가족의 역동성과 커뮤니케이션

① 현대 가정에서 사회화뿐만 아니라 가족 구성원의 정서적 안정을 꾀하는 것인데, 이는 보다 본질적인 가정의 기능이다. 가족의 정서적 안정은 개인의 편에서는 물론이고 사회통합이라는 면에서도 중요한 의미를 가진다.
② 하나의 가족집단은 가족 전체의 목표를 갖는 한편, 가족원 각자는 또한 제각기 독자적인 목표를 가지고 있다. 각자의 목표에 대하여 가족원 사이에 활발한 커뮤니케이션이 이루어지고 각각의 목표가 다른 가족원에게 이해될 때 그 목표의 달성은 촉진될 수 있다.
③ 가족은 항상 변화·발전하므로 이에 따라 가족 내에서 그들의 지위와 역할은 변한다. 즉, 가족원 한 사람의 변동은 다른 가족원 모두에게 영향을 미치므로 가족은 균형이 깨져 주기적 변동을 경험하게 된다. 이 가족원들 사이의 지위 및 역할에 대한 일치가 이루어지지 않으면 동적 균형이 유지되지 못하므로 갈등이 생긴다.
④ 목표 달성에서도 새로운 목표가 설정될 때 의견이 다른 상대에게 커뮤니케이션이 집중되면 의견 차이를 없애려하나 만약 상대가 이를 수용하지 않으면 갈등이 생기고, 이로 인해 가족원들은 정서장애를 일으키거나 문제행동을 일으키게 된다. 이처럼 집단이 존속

추가 설명
가족동태학
가족의 상호관계가 고정되어 있지 않고 항상 변화·발전하는 것이다.

추가 설명
가정에서의 커뮤니케이션
어느 한 사람이나 일부 가족원에 의해서 관리되는 것이 아니고, 전가족원이 참가하고 협력함으로써 목표를 달성해 가는 것이며, 이러한 연결관계는 커뮤니케이션에 의해서 비로소 가능하게 되는 것이다.

하는 한 그 안에서는 항상 커뮤니케이션이 다양하게 작용한다.

❷ 커뮤니케이션 능력의 향상

① 커뮤니케이션은 학습된 행동이므로 커뮤니케이션 기술은 연습에 의하여 개선될 수 있다.
② 주라드(S.M. Jourard) : 커뮤니케이션 향상을 위한 자아노출의 중요성을 주장하였다.
③ 자아노출을 촉진하는 요소 : 사랑과 신뢰를 들 수 있다.
④ 자아노출이 커뮤니케이션 향상을 위하여 중요하다는 것은 자신에 대하여 개방적일 때 타인에 대해서도 개방적일 수 있다는 점에서 이해할 수 있다.

자아노출
자신에 관한 정보를 타인과 공유하는 것을 의미하는 말이다.

실전예상문제

1 다음 중 "커뮤니케이션이 (   )된 과정이라는 것은 메시지의 본질이, 메시지의 내용을 직접적으로 수신자에게 전달할 수 없고, 내용을 언어적·비언어적 기호로서 (   )하지 않으면 안 되는 것을 의미한다."에서 (   ) 안에 적절한 용어는?

① 상징　　　　② 상호관련　　　　③ 거래　　　　④ 기호화

> 해설　커뮤니케이션이 기호화된 과정이라는 것은 메시지의 본질이, 메시지의 내용을 직접적으로 수신자에게 전달할 수 없고, 내용을 언어적·비언어적 기호로써 기호화하지 않으면 안 되는 것을 의미한다.

2 흔히 커뮤니케이션은 "기호화하고, 거래적이며, 의미를 창조하고 공유하는 과정"으로 정의된다. 이에 대한 설명으로 부적절한 것은?

① 기호화된 과정이란 메시지의 본질이 메시지의 내용을 언어적·비언어적 기호로써 기호화하지 않으면 안됨을 의미한다.
② 거래적이란 커뮤니케이션에서 송신자와 수신자가 서로 영향을 받는 관계임을 의미한다.
③ 커뮤니케이션이 과정이라고 하는 것은 한계가 있는 많은 변수의 계속적인 상호작용이라는 것을 의미한다.
④ 의미와 획득은 외부세계와 여과체계에 의해 이루어진다.

> 해설　커뮤니케이션이 과정이라고 말하는 것은 한계가 없는 수많은 변수의 계속적인 상호작용이라는 의미를 내포한다.

3 다음 중 커뮤니케이션을 '기호화되고, 거래적이며, 의미를 창조하고 공유하는 과정'이라고 할 때 '거래적'이 뜻하는 것은?

① 외부세계에 대한 여과체계의 영향　　　② 많은 변수의 계속적인 상호작용
③ 내용을 언어적, 비언어적 기호로 표현　　④ 송신자와 수신자 사이의 밀착된 관계

> 해설　커뮤니케이션이 거래적이라는 것은 커뮤니케이션에 있어서 서로 밀착된 관계를 의미한다.

4 커뮤니케이션에 대한 설명으로 틀린 것은?

① 커뮤니케이션은 집단유지의 가장 기초적인 과정이다.
② 커뮤니케이션은 개인을 사회에 연결시키는 기능을 한다.
③ 현대에 들어 그 중요성이 점차 감소되고 있다.

정답　1.❹　2.❸　3.❹　4.❸

④ 언어를 포함한 여러 상징을 매개로 하는 사람과 사람 간의 상호교섭 과정이다.

해설 오늘날 커뮤니케이션의 중요성은 증가하고 있다.

5 인간이 타인과 교섭함으로써 사회관계를 만들어가는 사회적 행동의 기초적 과정으로서 사회구조가 정보화되고 인간소외가 문제되면서 가정관리학에서 특히 중시되고 있는 내용은?

① 의사결정　　　② 커뮤니케이션　　　③ 경제력　　　④ 자원

해설 근래 가정관리학에서는 사회구조가 정보화되고, 인간소외의 문제가 야기되면서 커뮤니케이션이 특별한 관심을 받게 되었다.

6 다음 중 가정관리학 분야에서 커뮤니케이션에 대한 관심이 높아진 배경으로 적합한 것은?

① 개인의 자유를 중시하는 사회풍조　　② 가족중심주의의 발달
③ 산업사회의 발달　　④ 물질지배 사회에서 정보화 사회로의 변화

해설 문제 5번 해설 참조

7 근래에 와서 가정관리학에서 커뮤니케이션에 대한 관심이 높아진 점과 관련이 있는 것은?

① 사회의 특성이 물질지배사회로 전환되었다.
② 현대사회에서 가정이 가지는 생산, 교육, 종교의 기능이 더욱 증가되고 있다.
③ 현대사회에서 가족원 간의 민주적이고 긴밀한 인간관계가 더욱 중시되었다.
④ 가정관리학에서 구체적인 인적·물적 자원의 관리를 그 연구대상으로 하게 되었다.

해설 가정을 구성하고 유지하는 데 없어서는 안될 과정인 커뮤니케이션은 가족원 간의 민주적이고 긴밀한 인간관계를 중시하는 현대의 가정에서 특히 큰 의의를 가진다.

8 커뮤니케이션의 기본적인 구성 요소가 아닌 것은?

① 송신자　　　② 장애　　　③ 수신자　　　④ 메시지

해설 커뮤니케이션의 기본적인 구성요소 : 송신자, 메시지, 수신자

9 커뮤니케이션의 확대 구성 요소를 가장 잘 나타내주는 것은?

① 송신자, 기호화, 회로, 수신자, 장애　　② 송신자, 회로, 메시지, 기호해석, 장애
③ 송신자, 회로, 메시지, 수신자, 피드백　　④ 기호화, 회로, 기호해석, 수신자, 장애

해설 커뮤니케이션의 확대 구성 요소 : 송신자, 회로, 기호화, 메시지, 수신자, 피드백, 기호해석

10 커뮤니케이션의 구성 요소로서 포함되지 않는 것은?
① 송신자　　　　② 회로　　　　③ 수신자　　　　④ 환경의 소음

해설 소음은 장애요인으로 작용한다.

11 커뮤니케이션의 구성 요소에 대한 설명으로 옳은 것은?
① 송신자로부터 수신자에게 전해지는 것은 송신자가 전하고자 하는 내용 자체이다.
② 수신자의 주요과제는 자신이 표현하고자 하는 바를 어떻게 효율적인 메시지로 전환시킬 수 있는가 하는 점이다.
③ 회로란 기호화된 메시지가 수신자에게 전달되는 방법이다.
④ 송신자로부터 수신자에게 보내지는 반응이 피드백이다.

해설 회로 : 기호화된 메시지가 수신자에게 전달되는 방법, 즉 반송 수단으로서 경로라고도 한다.

12 다음 중 커뮤니케이션의 구성 요소에 대한 설명으로 옳은 것은?
① 커뮤니케이션의 작용을 둔하게 또는 멈추게 하는 장애는 커뮤니케이션 구성 요소 각각에 존재할 수 있다.
② 송신자는 보내진 메시지를 자신이 이해할 수 있는 내용으로 복원하기 위하여 그것을 해독한다.
③ 자신이 표현하고자 하는 바를 효율적인 메시지로 전환시키는 능력이 수신자에게 요구된다.
④ 커뮤니케이션은 송신자와 수신자의 존재만으로 구성된다.

해설 장애 : 커뮤니케이션의 모든 과정에서 발생 가능한 것으로 각 요소들이 융합되어 전체적으로 작용한다.

13 다음 중 표현하려는 내용을 적절한 메시지로 전환시키는 능력이 중요한 과제가 되는 커뮤니케이션 구성 요소는?
① 장애　　　　② 송신자　　　　③ 피드백　　　　④ 회로

해설 송신자 : 의지, 감정, 지식 등을 전달하거나 표현하고자 하는 사람으로서 발송자, 전달자라고도 한다. 송신자는 자신이 표현하고자 하는 내용을 어떻게 효율적으로 메시지로 전환시킬 수 있는가 하는 점이 송신자로서는 중요한 과제가 된다.

정답 5.❷ 6.❹ 7.❸ 8.❷ 9.❸ 10.❹ 11.❸ 12.❶ 13.❷

14 다음 중 의지 · 감정 · 지식 등 내용을 전달하거나 표현하고자 하는 커뮤니케이션의 구성 요소는?

① 수신자　② 의도자　③ 전달자　④ 송신자

해설 문제 13번 해설 참조

15 다음 중 내용, 기호, 처리로 구성되는 커뮤니케이션의 구성 요소는?

① 회로　② 메시지　③ 수신자　④ 송신자

해설 메시지(message) : 커뮤니케이션의 핵심 요소로서 내용, 기호, 처리로 구성된다.

16 커뮤니케이션의 구성 요소 중 공중음파, 종이, 전화, 전파 등은 무엇의 예인가?

① 회로　② 메시지　③ 수신자　④ 송신자

해설 회로 : 기호화된 메시지가 수신자에게 전달되는 방법, 즉 반송수단으로서 경로라고도 한다. 회로에는 직접 언어 표현인 공중음파가 있고, 면대면이 아닐 경우에는 종이, 전화, 전파 등이 회로가 된다.

17 다음 중 맥루한이 제시한 커뮤니케이션 기술 변화 단계 중 1700년경에 해당하는 단계는?

① 전자매체단계　② 인쇄단계　③ 성문화단계　④ 구술단계

해설 커뮤니케이션 기술 변화 단계
- 제1단계 : 문자가 생기기 이전에 전적으로 구술에 의존하던 시기
- 제2단계 : 필기에 의한 성문화 단계(고대 그리스의 호머 이후 약 2000년 동안 유지)
- 제3단계 : 인쇄기(1500~1900년)
- 제4단계 : 전자매체 시기(1900년 이후)

18 맥루한의 견해에 따른 커뮤니케이션 기술 변화의 단계 구분에서 마지막 단계는?

① 인쇄 시기　② 전자매체 시기　③ 구술 시기　④ 성문화 시기

해설 문제 17번 해설 참조

19 다음 중 보내진 메시지를 자신이 이해할 수 있는 내용으로 복원하기 위하여 메시지를 해독하는 커뮤니케이션 구성 요소는?

① 수신자　② 회로　③ 메시지　④ 송신자

해설 수신자(receiver) : 송신자가 메시지를 보내는 상대로, 송신자의 반대편에 있는 사람이며, 수취자, 수화자라고도 한다. 메시지 내용을 복원하기 위해 해독한다.

20 수신자가 메시지를 해독하는 데 영향을 미치는 요인이 아닌 것은?

① 수신자의 가치관, 감정
② 사회경제적 배경
③ 해독기술
④ 성별

해설 메시지 해독능력을 좌우하는 요인 : 수신자의 가치관, 사회경제적 배경, 메시지 해독기술, 송신자에 대한 태도 등

21 피드백(feedback)에 대한 설명으로 잘못된 것은?

① 수신자의 반응을 의미한다.
② 수신자가 내용을 어떻게 받아들이고 있는가에 대한 정보이다.
③ 대중 커뮤니케이션에서는 피드백이 적어 일방적 전달이 되기 쉽다.
④ 가정관리에서는 그다지 필요하지 않은 개념이다.

해설 가정관리에서 피드백을 통해 가족의 만족도에 기여할 수 있다.

22 다음 중 커뮤니케이션 과정에서 송신자에게 나타날 수 있는 장애에 해당하지 않는 것은?

① 수신자에 대하여 비호의적일 때
② 소음 때문에 이야기를 할 수 없을 때
③ 자신이 보내고 싶은 내용에 대하여 명확하게 인식하지 못할 때
④ 자신이 보내고 싶은 내용에 대해 정확한 기호를 만들 수 없을 때

해설 송신자의 경우 장애 요인
• 송신자가 자신이 보내고 싶은 내용에 대하여 명확하게 인식하지 못할 때
• 내용은 인식하더라도 정확한 기호를 만들 수 없을 때
• 수신자에 대하여 비호의적이거나 불신·공포감을 가질 때
• 기호 자체는 알고 있어도 그것이 포함한 의미를 송신자와 수신자가 서로 다르게 이해하고 있을 때

23 다음 중 자신이 보내고 싶은 내용에 대하여 명확하게 인식하지 못하거나 내용을 인식하더라도 정확한 기호를 만들 수 없을 때 커뮤니케이션 장애가 나타날 수 있는 커뮤니케이션 구성 요소는?

① 회로
② 메시지
③ 수신자
④ 송신자

정답 14.❹ 15.❷ 16.❶ 17.❷ 18.❷ 19.❶ 20.❹ 21.❹ 22.❷ 23.❹

해설 문제 22번 해설 참조

24 다음 중 메시지가 전달될 때 야기되는 장애에 대한 설명으로 옳은 것은?

① 원거리 회로는 항상 열려 있다.
② 수신자는 준거집단의 집단규범과 일치하는 내용을 거부하는 경향이 있다.
③ 메시지는 수신자의 축적된 경험에 의하여 해석된다.
④ 수신자는 자기가 받아들일 수 있는 정도 이하의 메시지만 가지고 있다.

해설 메시지가 전달될 때 야기되는 장애
- 수신자가 자기가 받아들일 수 있는 정도 이상으로 여러 가지 메시지에 둘러싸여 있을 때
- 메시지는 수신자의 축적된 경험에 의하여 해석된다.
- 수신자는 준거집단의 집단규범과 일치하지 않는 내용을 거부하는 경향이 있다.

25 커뮤니케이션의 구성 요소 중 회로에서 나타날 수 있는 장애에 해당하지 않는 것은?

① 송신자의 수신자에 대한 불신
② 송신자와 수신자의 자리 배치
③ 물리적 거리
④ 소음

해설 회로의 장애 요인 : 소음, 물리적 거리, 송신자와 수신자의 자리 배치, 송신자와 수신자의 신체적 조건, 원거리 회로의 유무

26 커뮤니케이션의 장애 요소 중 기호 해독 불능의 문제가 나타날 수 있는 요소는?

① 송신자　　② 기호　　③ 회로　　④ 수신자

해설 수신자의 경우 장애 요인
- 회로의 장애로 인하여
- 다른 일에 몰두하고 있을 때
- 송신자의 메시지에 관심이 없어 보낸 메시지가 받아들여지지 않는 경우
- 메시지를 받아들인다 하더라도 잘못 해독하거나 생략할 때
- 해독 불능으로 인하여 송신자와 같은 내용으로 복원되지 못하는 경우

27 가족구성원간의 커뮤니케이션에 있어서 장애 요인이라고 할 수 없는 것은?

① 송신자가 수신자에게 보낼 내용을 정확하게 이해하지 못하는 점
② 송신자와 수신자 간의 자리배치의 부적합성
③ 송신자와 수신자 간의 경험의 차이
④ 수신자가 송신자에 대하여 갖는 우호적인 태도

해설 ④에서 수신자가 송신자에 대해 갖는 우호적인 태도는 커뮤니케이션의 장애 요인이 아니라 촉진 요인이 된다.

28 커뮤니케이션 장애(interference) 요인이 아닌 것은?

① 내용에 대해 불명확한 인식 ② 수신자가 집중하지 않음
③ 소음, 물리적 거리 ④ 서로 간의 감정상의 두터운 애정

해설 좋은 감정은 커뮤니케이션을 효과적으로 만들고, 반면에 불신, 불쾌감 등은 장애 요인으로 작용한다.

29 송신자와 수신자의 자리 배치가 적합하지 않을 때는 커뮤니케이션에 장애가 발생한다. 이는 어떤 커뮤니케이션 구성 요소의 장애인가?

① 수신자 ② 송신자 ③ 회로 ④ 메시지

해설 소음, 물리적 거리, 송·수신자의 자리배치, 송·수신자의 신체적 조건, 원거리 회로의 유무 등이 회로의 장애로 작용한다.

30 가정관리에서 커뮤니케이션에 관한 설명으로 옳지 않은 것은?

① 유아를 상대로 하는 가정의 일상적 회화는 매우 단순한 성질을 거쳐 이루어진다.
② 사회화는 그 집단의 유지 및 존속에 필수적인 것이다.
③ 가족 간에 의사소통이 제대로 되지 않을 경우 정서장애를 일으킬 수 있다.
④ 가족의 정서적 안정은 개인의 면에서만 중요하고 사회통합과는 관련이 없다.

해설 가족의 정서적 안정은 개인의 면에서는 물론이고 사회통합이라는 면에서도 중요한 의미를 가진다.

31 자녀의 사회화에 가장 크게 영향을 주는 곳은?

① 교회 ② 가정 ③ 사회 ④ 국가

해설 가정이 일차적 영향력을 가지며, 특히 부모가 중심이 된다.

32 다음 중 가족의 역동성과 커뮤니케이션에 대한 설명으로 옳지 않은 것은?

① 가족의 상호관계는 고정되어 있지 않고 변화·발전한다.
② 의견이 다른 상대에게 커뮤니케이션이 집중되면 의견 차이를 없애고자 하는 시도가 이루어진다.

정답 24. ❸ 25. ❶ 26. ❹ 27. ❹ 28. ❹ 29. ❸ 30. ❹ 31. ❷ 32. ❸

③ 가족의 목표와 커뮤니케이션과는 상관관계가 없다.
④ 집단이 존속하는 한 커뮤니케이션은 다양하게 작용한다.

해설 가족들이 협력함으로써 목표를 달성해 가는 연결관계는 커뮤니케이션에 의해 가능하게 된다.

33 "커뮤니케이션은 (　　) 행동이며, 따라서 커뮤니케이션 기술은 (　　)에 의해 개선될 수 있다."에서 (　　) 속에 적합한 용어는?(순서대로 나열하시오.)

① 학습된, 연습　　② 훈련된, 유전　　③ 천부적, 연습　　④ 타고난, 유전

해설 커뮤니케이션은 학습된 행동이며 따라서 커뮤니케이션 기술은 연습에 의하여 개선될 수 있다.

34 다음 중 주라드(Jourard)가 중시한 커뮤니케이션을 향상시키기 위한 방법은?

① 장애의 유무　　　　　　　② 송·수신자의 가치관
③ 자아노출　　　　　　　　④ 정보화

해설 주라드는 커뮤니케이션을 향상시키기 위하여 자아노출이 특히 필요함을 강조했다.

35 다음 중 커뮤니케이션 능력을 향상시키기 위한 자아노출을 촉진하는 핵심 요소라고 볼 수 있는 것은?

① 신뢰　　　　② 감성　　　　③ 공격성　　　　④ 표현력

해설 자아노출을 촉진하는 요소 : 사랑, 신뢰

정답　33.❶　34.❸　35.❶

제2부 가정관리의 개념
09 관리과정

 단원 개요

목적을 달성하기 위한 일련의 활동 또는 기능을 관리과정이라고 한다. 가정관리학에서는 1940년대 이전까지 주로 가사 처리를 위한 잡다한 기술이나 개별적인 자원관리에 관심을 기울여 오다가, 그 이후 경영학으로부터 관리과정의 개념을 도입하면서 이론적인 발전을 하기 시작하였다.

페이욜 이래 많은 경영학자들이 관리과정의 구성 요소에 대하여 다양한 견해를 피력하고 있는데, 이들에 의하여 열거 빈도가 가장 잦은 관리과정은 계획·조직·통제라는 세 요소로 집약된다. 가정관리학에서는 경영학에서와는 달리 조직은 강조하지 않고 수행을 강조하며, 수행과정 속에 통제가 포함되는 것으로 보는 견해가 많다.

 출제 경향 및 수험 대책

이 단원에서는 관리과정이 무엇이며, 관리과정의 구성 요소인 계획, 수행 등에 대하여 묻는 문제들이 출제될 수 있는 바, 이에 대한 자세하고 철저한 학습이 요구된다.

9

01 관리과정의 의의

1 관리과정의 개념
① 관리과정은 목적을 달성하기 위한 일련의 활동 또는 기능을 의미한다.
② 가정관리학에서는 1940년대에 이르러 과정의 개념을 도입하면서 이론적 발전을 하기 시작하였다.

2 관리과정의 구성 요소
① 페이욜(H. Fayol)에 의한 관리기능의 5대 요소 : 예측, 조직, 지휘, 조정, 통제
② 페이욜 이후 경영학자들에 의한 관리과정의 3요소 : 계획, 조직, 통제
③ 우리나라 가정관리학의 관리과정의 요소 : 계획 · 조직 · 통제(조정) · 평가
④ 체계적 접근법에 따른 관리과정의 요소 : 계획과 수행

> **추가 설명**
> 관리과정의 구성 요소
> 학자에 따라 다양한 견해가 있으나, 체계적 접근법으로 볼 때 계획과 수행이 강조된다.

02 계획

1 계획의 개념과 중요성

(1) 계획의 개념
① 계획은 미래의 활동방향을 정하는 활동이고, 가족의 요구를 충족시키기 위하여 미래의 행동방향을 결정하는 것이다.
② 계획은 관리행동의 중심이 되는 중요한 개념이며, 다른 가정관리의 주요 개념들과 더욱 밀접하게 상호 관련된다.

(2) 계획의 중요성
① 다음 단계의 관리활동인 수행의 기초가 된다.
② 관리과정의 첫 출발점으로서 전체 관리활동을 유효하게 수행하기 위한 전제조건이다.

(3) 계획과 의사결정의 관계
① 의사결정과 계획이 동의어는 아니지만, 계획의 각 단계에 의사결정이 이루어지므로 밀접한 상호관련을 맺고 있다.
② 모든 의사결정이 계획의 결정은 아니지만, 많은 계획은 의사결정을 포함한다.

2 계획의 구성요소

(1) 계획의 기본요소
① 표준설정 : 표준을 명료화하는 것으로서, 목표를 명확히 하고 목표 달성에 유용한 자원

을 산정함으로써 가능하게 된다.
② 활동배열
  ㉠ 한 활동의 여러 부분 간에 서열을 매기거나 여러 활동 사이의 순서를 명확하게 하는 것이다.
  ㉡ 학자에 따라 이를 조직개념에 포함시키기도 한다.

(2) 정보수집의 양
① 정보수집의 양에 영향을 미치는 요인 : 특정 영역에 대한 지식과 경험의 양, 위험을 받아들이는 개인적 성향 외 정보수집에 드는 시간과 에너지, 금전 등의 비용
② 정보를 필요로 하는 경우 : 경험이 적거나 많은 사람들은 정보를 많이 원하지 않으며, 경험점수가 중간인 사람들이 정보를 더욱 찾고자 한다.
③ 큰 위험을 원치 않는 사람은 자세한 정보를 요구 : 바라는 정보의 양은 받아들일 위험의 양과 밀접한 관계가 있다.

(3) 계획과 조직을 통합하는 네 단계 모델(니켈 등)
① 명목단계(nomimal level) : 가장 낮은 단계로, 실천해야 할 활동의 이름만으로 활동의 선택이 이루어진다.
② 서열단계(ordinal level) : 수행해야 할 활동들의 목록을 중요성이나 시간 순서에 따라 순서를 정하는데, 순서를 정하기 위해서는 의사결정이 필요하다.
③ 등간단계(interval level) : 동간단계라고도 하며, 순서가 정해진 활동들을 언제 수행할 것이며, 각 활동들이 얼마나 많은 시간을 필요로 하는지 정하는 단계이다.
④ 비율단계(ratio level) : 앞 단계에서 정해진 활동들을 누가, 어떻게 수행할 것인지를 정한다(활동과 사람과 자원을 짝짓는 단계).

3 계획의 차원
① 그로스 등에 의한 계획 차원의 분류 : 기간, 상세성, 완전성, 융통성, 밀집성, 복잡성, 크기, 중요성, 포괄성으로 분류한다.
② 이연숙에 의한 계획차원의 분류 : 융통성, 상세성, 중요성, 기간, 참여 형태로 분류한다.
③ 반복성에 따른 계획의 분류
  ㉠ 일회사용계획 : 단 한번 사용하는 계획(예 가족원의 결혼이나 졸업)이며, 일반적으로 규모가 크고 상세한 경향이 있다.
  ㉡ 반복사용계획(상례계획) : 반복해서 사용하도록 고안된 계획, 일상적 습관이나 메타 플랜과 유사하다. 반복사용계획이나 일상적 습관 또는 메타 플랜은 한번의 사용으로는 생활에 큰 영향을 미치지 않을 수도 있으나 반복 사용에 의하여 큰 영향을 미치게 된다.
④ 기간에 따른 계획의 분류 : 일반적으로 1년을 기준으로 장·단기를 구분한다.
  ㉠ 단기계획 : 매일 또는 매주의 시간 사용 계획

추가 설명
계획에 포함되는 활동
- 그로스 등 : 표준설정, 정보수집, 활동배열을 들고 있다.
- 니켈 등 : 목표설정, 목표들간의 순위결정, 표준설정, 활동결정을 들고 있다.

추가 설명
계획과 조직을 통합하는 네 단계 모델
가장 낮은 명목단계로부터 서열단계, 등간단계, 비율단계 순으로 계층을 이루며 정교화된다.

추가 설명
메타 플랜
일종의 일반계획으로서 적절한 상황이 전개되면 환기되도록 인간의 기억 속에 저장되어 있는 것이다. 예 공식·규칙 또는 일반적인 절차 등

추가 설명
계획의 분류
- 기간에 따른 분류 : 단기계획과 장기계획
- 반복성에 따른 분류 : 일회사용계획과 반복사용계획(상례계획)

ⓒ 장기계획 : 생활주기에 따른 주택구입계획이나 자녀교육계획 등

4 계획에 영향을 미치는 요인

(1) 개인의 특성

① 내외통제성과 시간지향
 ㉠ 내적 통제를 가진 사람이 외적 통제를 가진 사람보다 계획을 잘 한다.
 ㉡ 미래지향적인 사람이 현재지향적이거나 과거지향적인 사람보다 계획을 잘 한다.

② 가정관리의 계획과 관련된 능력
 ㉠ 서열화 : 사물이나 사건을 시간 순서나 계층 또는 원인과 결과에 따라 질서있게 배열하는 능력(계획의 배열활동에 가장 유용한 것)
 ㉡ 정교함 : 계획을 세울 때 선택 가능한 범위를 밝히고, 세밀한 계획을 세우는 능력
 ㉢ 판단력 : 가능한 해결책을 고안하고 그 비중을 고려하여 최선의 안을 선택하는 능력
 ㉣ 독창력 : 새로운 과정이 고안되어야 한다든지, 재래의 과정이 새로운 상황에 적용되어야 할 때 중요한 능력
 ㉤ 선견 : 현재의 상황에 비추어 가능한 미래의 사건을 인식하는 것(지각적 선견과 개념적 선견으로 구분)
 ㉥ 관념화의 유창함 : 빠른 속도로 생각을 이끌어 낼 수 있는 능력

> **추가 설명**
> 가정관리의 계획과 관련된 개인의 성향과 능력
> 내적 통제를 갖고 있고, 미래지향적인 사람과 정교함, 선견, 서열화, 판단력, 독창력 등과 같은 능력을 소유한 사람이 계획을 잘한다.

(2) 가족의 특성

① 성공적인 가족의 특성
 ㉠ 아내가 취업하고 있다.
 ㉡ 아내의 사회 참여가 높다.
 ㉢ 역할 배분에 융통성이 있다.
 ㉣ 직업적·사회적 지위가 높다.
 ㉤ 바람직하지 않은 역할 부과가 적다.
 ㉥ 가족생활주기상 확대기에 있다.
 ㉦ 남편과 아내가 교육을 많이 받았다.
 ㉧ 부부간 커뮤니케이션이 잘된다.

② 계획에 대한 가족의 특성
 ㉠ 중소득층 주부가 저소득층이나 고소득층 주부보다 계획, 정보수집, 상품선택에 많은 시간을 소비한다.
 ㉡ 친척과 접촉이 많은 주부일수록 계획을 적게 하고 계획에 있어서도 덜 혁신적이다.
 ㉢ 농촌 주부에 비하여 도시 주부가, 저소득층 주부에 비하여 중소득층 주부가 계획을 더 많이 한다.

03 수행

1 수행의 의의
① 수행의 정의 : 계획을 실천하고, 실제 활동이 계획에 따라 진행되고 있는지 여부를 살피며 그 사이에 차이가 있으면 이를 시정하는 기능이다.
② 수행 활동의 의의 : 계획을 구체화함과 동시에 그 결과를 다음 계획에 피드백시킴으로써 순환적 관리과정을 이루는 데 있다.

2 수행의 구성요소
① 실천(catuating) : 계획을 실제로 행하는 것이다.
② 통제(controlling) : 점검과 조절을 포함한다.
　㉠ 점검 : 진행 중에 있는 활동에 관한 정보를 수집하여 계획과 비교하는 것으로, 계획자 또는 다른 수행하는 사람이나 기구에 의해 행해진다.
　㉡ 조절 : 계획과 실제 활동 사이에 편차가 확인될 경우 계획을 변경하거나 활동을 변경하는 것을 말한다. 조절은 점검 이후에 이루어진다.
③ 촉진조건 : 다른 구성요소와 성격은 다르지만 수행에 포함되는 활동으로서, 계획에서는 고려되지 않았지만 활동의 진행을 조력하는 것이다. 주로 환경조건의 측면을 말한다. 예 잘 배열된 작업장

3 수행에 영향을 미치는 요인
① 개인적 특성 : 개인의 능력, 성격, 성향, 건강, 취업 여부 등
② 가족 특성 : 가족생활주기, 자녀 연령, 가족 크기, 부부의 취업 상태 등
③ 환경적 특성 : 거시적 환경 및 미시적 환경이 수행에 영향을 미친다.
　㉠ 거시적 환경 : 인공환경, 자연공간, 환경의 생물적 내용을 포함하는데, 이는 가족의 통제권 밖에 있다.
　㉡ 미시적 환경 : 가족을 둘러싼 인접환경으로 어느 정도 가족이 통제할 수 있다.
④ 작업적 특성 : 주부들은 가사활동 중에서 인지적 특성에 대한 요구가 높은 일(예 식사준비, 육아 등)을 좋아한다. 이러한 일들은 복잡하고 어렵다.

추가 설명

통제가 가능하기 위한 조건
- 표준이 있어야 한다.
- 수행 또는 결과가 측정되어야 한다.
- 표준과 측정된 결과가 비교되고 차이점이 밝혀졌을 때 이 차이점이 조절되어야 한다.

추가 설명

수행에 영향을 미치는 요인
개인의 능력, 성향, 성격, 건강, 취업 여부, 가족생활주기, 가족 크기, 자녀 연령, 부부의 취업 상태, 환경 및 작업의 특성이 수행에 영향을 미친다.

실전예상문제

1 다음 중 가정관리과정에 대한 설명으로 옳은 것은?

① 목적 달성을 위한 일련의 기능을 의미한다.
② 1980년대 이후 중시된 개념이다.
③ 체계적 접근법에 따라 계획과 실천으로 구성된다.
④ 계획을 의미한다.

해설 관리과정의 의의
- 관리과정은 목적을 달성하기 위한 일련의 활동 또는 기능을 의미한다.
- 가정관리과정의 개념은 1940년대 이후 중시된 개념이다.
- 체계적 접근법에 따라 관리과정은 계획과 수행으로 구성된다.

2 다음 중 가정관리과정에 대한 설명으로 옳은 것은?

① 1970년대 이후 중시된 개념이다.
② 가족의 목적 달성을 위한 수단을 의미한다.
③ 체계적 접근법에 따라 계획과 수행으로 구성된다.
④ 미래의 활동방향을 정하는 활동을 의미한다.

해설 문제 1번 해설 참조

3 다음 중 우리나라 가정관리학에서 관리과정의 구성 요소에 속하지 않는 것은?

① 통제   ② 가치   ③ 조직   ④ 계획

해설 우리나라 가정관리학에서의 관리과정의 구성 요소 : 계획, 조직, 통제(조정), 평가로 이루어져 있다.

4 관리과정의 첫 출발점으로서 수행의 기초가 되고 전체 관리행동을 유효하게 수행하기 위한 전제조건이 된다는 점에서 중요한 것은?

① 계획   ② 조직   ③ 조정   ④ 평가

해설 계획 : 수행의 기초가 되고, 관리과정의 첫 출발점으로 전체 관리과정을 유효하게 수행하기 위한 전제조건이 된다.

5 계획과 의사결정의 관계에 대한 설명으로 옳은 것은?

① 계획은 의사결정과 같다.
② 모든 의사결정이 곧 계획의 결정이다.
③ 계획의 여러 단계에서 의사결정이 이루어진다.
④ 계획과 의사결정은 관계가 없다.

해설 의사결정과 계획이 동의어는 아니지만, 계획의 각 단계에 의사결정이 이루어지므로 밀접한 상호관련을 맺고 있다. 모든 의사결정이 계획의 결정은 아니지만 많은 계획은 의사결정을 포함한다.

6 다음 중 계획(Planning)의 기본요소에 해당하는 것은?

① 표준, 조직
② 목표명료화, 자원산정
③ 계획안(Plan), 수행
④ 표준설정, 활동배열

해설 계획의 기본요소 : 표준설정, 활동배열

7 다음 중 목표를 명확히 하고 목표달성에 유용한 자원을 산정하는 등 계획에서 가장 먼저 이루어지는 활동은?

① 자원배분
② 활동배열
③ 수행
④ 표준설정

해설 표준설정의 개념 : 표준을 명료화하는 것으로서, 목표를 명확히 하고 목표달성에 유용한 자원을 산정함으로써 가능하게 된다.

8 정보수집 과정에서 바라는 정보의 양에 영향을 미치는 중요한 요소가 아닌 것은?

① 받아들일 위험의 양
② 정보수집에 드는 시간
③ 관련 영역에 대한 경험 정도
④ 정보수집자의 연령

해설 정보수집의 양에 영향을 미치는 요소 : 특정 영역에 대한 지식과 경험의 양, 받아들일 위험의 양, 정보수집에 드는 시간·에너지·비용 등

9 계획과 조직을 통합하는 4단계 모델을 가장 낮은 단계부터 정교화된 순서대로 연결한 것은?

① 명목단계 – 등간단계 – 서열단계 – 비율단계
② 명목단계 – 서열단계 – 등간단계 – 비율단계
③ 서열단계 – 비율단계 – 명목단계 – 등간단계
④ 서열단계 – 명목단계 – 등간단계 – 비율단계

해설 계획과 조직을 통합하는 네 단계 모델
- 명목단계 : 가장 낮은 단계로 이 단계에서는 실천해야 할 활동의 이름만으로 활동의 선택이 이루어진다.
- 서열단계 : 수행해야 할 활동의 목록을 중요성이나 시간 순서에 따라 순서를 정하는 단계이다.
- 등간단계 : 순서가 정해진 활동들을 언제 수행할 것인지, 각 활동들이 얼마나 많은 시간을 필요로 하는지 정하는 단계이다.
- 비율단계 : 활동들을 누가, 어떻게 수행할 것인지 정하는 단계이다.

10 다음 중 계획과 조직을 통합하는 네 단계 모델에서 정교화 수준이 가장 낮은 단계는?

① 비율단계
② 등간단계
③ 서열단계
④ 명목단계

정답 1.❶ 2.❸ 3.❷ 4.❶ 5.❸ 6.❹ 7.❹ 8.❹ 9.❷ 10.❹

해설 문제 9번 해설 참조

11 다음 중 계획과 조직을 통합하는 네 단계 모델에서 실천해야 할 활동의 이름만으로 활동의 선택이 이루어지는 단계는?

① 명목단계   ② 서열단계   ③ 등간단계   ④ 비율단계

해설 문제 9번 해설 참조

12 다음 중 계획과 조직을 통합하는 네 단계 모델에서 수행해야 할 활동들의 중요성이나 시간 순서에 따라 순서를 정하는 단계는?

① 명목단계   ② 서열단계   ③ 등간단계   ④ 비율단계

해설 문제 9번 해설 참조

13 다음 중 계획과 조직을 통합하는 네 단계 모델에서 순서가 정해진 활동들을 언제 수행할 것이며, 각 활동이 필요로 하는 시간을 정하는 단계는?

① 비율단계   ② 등간단계   ③ 서열단계   ④ 명목단계

해설 문제 9번 해설 참조

14 다음 중 계획과 조직을 통합하는 네 단계 모델에서 활동들을 누가, 어떻게 수행할 것인지를 결정하는 단계는?

① 비율단계   ② 서열단계   ③ 등간단계   ④ 명목단계

해설 문제 9번 해설 참조

15 다음의 〈보기〉는 어떤 계획에 대한 설명인가?

> **보기** 한번의 사용으로는 생활에 큰 영향을 미치지 않을 수도 있으나 반복 사용하면 큰 영향을 미치게 되는 계획이다.

① 반복사용계획   ② 단기계획
③ 장기계획   ④ 1회사용계획

해설 반복사용계획(상례계획) : 반복해서 사용하도록 고안된 계획으로, 일상적 습관이나 메타 플랜과 유사하다. 반복사용 계획이나 일상적인 습관 또는 메타 플랜은 한번의 사용으로 생활에 큰 영향을 미치지 않을 수도 있으나 반복 사용하게 되면 큰 영향을 미치게 된다.

16 일종의 일반계획으로서 적절한 상황이 전개되면 환기되도록 인간의 기억 속에 저장되어 있는 것을 칭하는 용어는?

① 단기계획　　② 장기계획　　③ 메타 플랜　　④ 특수 플랜

해설 메타 플랜 : 일종의 일반계획으로서 적절한 상황이 전개되면 환기되도록 인간의 기억 속에 저장되어 있는 것이다.

17 그로스 등은 계획 차원을 9가지로 분류하였다. 여기에 속하지 않는 것은?

① 복잡성　　② 기간　　③ 포괄성　　④ 불완전성

해설 그로스 등이 제시한 가정관리의 계획 차원 : 중요성, 포괄성, 기간, 복잡성, 크기, 상세성, 완전성, 융통성, 밀집성

18 이연숙은 계획의 차원을 5차원으로 분류하였다. 여기에 속하는 것은?

① 완전성　　② 크기　　③ 복잡성　　④ 참여 형태

해설 이연숙이 제시한 가정관리의 계획 차원 : 중요성, 상세성, 참여 형태, 기간, 융통성

19 일반적인 장기계획과 단기계획의 기준으로 보는 기간은?

① 3개월 이상~6개월 미만　　② 6개월 이상~1년 미만
③ 1년　　④ 2년

해설 장 · 단기 구분에 통일적인 기준이 있는 것은 아니지만, 일반적으로 1년을 그 기준으로 보고 있다.

20 다음 중 계획적인 행동을 취하는 데 성공적인 가족의 특성에 해당하는 것은?

① 직업적 지위가 낮다.　　② 역할 배분에 융통성이 없다.
③ 아내가 전업주부이다.　　④ 부부의 교육수준이 높다.

해설 계획적인 행동을 취하는 데 성공적인 가족의 특성
　• 부부의 높은 교육수준　　• 높은 직업적 · 사회적 지위

정답 11.❶ 12.❷ 13.❷ 14.❶ 15.❶ 16.❸ 17.❹ 18.❹ 19.❸ 20.❹

- 아내가 취업하고 있음
- 부부간 커뮤니케이션이 원활함
- 가족생활주기상 확대기에 있음
- 역할 배분에 융통성이 있음
- 바람직하지 않은 역할 부과가 적음

21 다음 중 계획과 관련된 능력으로 거리가 먼 것은?

① 서열화　　　② 선견　　　③ 독창력　　　④ 지속화

해설 계획과 관련된 능력 : 서열화, 정교함, 선견, 독창력, 판단력, 관념화의 유창함

22 다음 중 계획에 영향을 미치는 요소에 대한 설명으로 옳은 것은?

① 현재지향적인 사람이 미래지향적인 사람보다 계획을 잘 한다.
② 내적 통제를 갖는 사람이 외적 통제를 갖는 사람보다 계획을 잘 한다.
③ 친척과 접촉이 많은 주부일수록 계획을 많이 한다.
④ 도시 주부보다 농촌 주부가 계획을 더 잘 한다.

해설 계획에 영향을 미치는 요소
- 내적 통제를 갖는 사람이 외적 통제를 갖는 사람보다 계획을 잘 한다.
- 농촌 주부에 비하여 도시 주부가 계획을 더 많이 한다.
- 친척과 접촉이 많은 주부일수록 계획을 적게 한다.
- 시간지향에 있어서 미래지향적인 사람이 계획을 잘한다.

23 다음 중 계획에 영향을 미치는 요인에 대한 설명으로 옳은 것은?

① 외적 통제를 가진 사람이 내적 통제를 가진 사람보다 계획을 더 많이 한다.
② 과거지향적인 사람이 미래지향적인 사람보다 계획을 더 많이 한다.
③ 선견이란 계획을 세울 때 선택 가능한 범위를 밝히고 세밀한 계획을 세우는 능력이다.
④ 서열화와 정교함은 계획 작성과 밀접한 관련을 갖는 능력이다.

해설 문제 21, 22번 해설 참조

24 다음 중 계획을 잘하는 개인의 성향이나 능력을 갖는 사람으로 옳은 것은?

① 정교하지 않은 사람
② 과거지향적인 사람
③ 외적 통제를 갖는 사람
④ 서열화 능력이 높은 사람

해설 문제 21, 22번 해설 참조

25 다음 중 수행의 구성 요소만으로 묶인 것은?

① 실천, 통제 ② 표준설정, 평가 ③ 계획, 활동배열 ④ 평가, 활동배열

해설 수행의 구성 요소 : 실천, 통제, 촉진조건

26 다음 중 통제에 포함되는 활동끼리 나열된 것은?

① 점검, 조절 ② 점검, 조건촉진 ③ 실천, 조절 ④ 표준설정, 활동배열

해설 통제에 포함되는 활동 : 점검, 조절

27 다음 중 통제가 가능하기 위한 조건에 해당되지 않는 것은?

① 표준과 측정된 결과의 차이점이 조절되어야 한다.
② 수행이 측정되어야 한다.
③ 촉진조건이 완비되어야 한다.
④ 표준이 있어야 한다.

해설 통제가 가능하기 위한 조건
- 표준이 있어야 한다.
- 수행 또는 결과가 측정되어야 한다.
- 표준과 측정된 결과가 비교되고, 차이점이 밝혀졌을 때 이 차이점이 조절되어야 한다.

28 수행 과정 중 계획과 실제 수행 사이에 차이가 있을 경우 계획을 변경하는 기능을 무엇이라 하는가?

① 계획 ② 조직 ③ 조절 ④ 평가

해설 통제에 포함되는 활동
- 점검 : 진행 중에 있는 활동에 관한 정보를 수집하여 계획과 어떠한 관계가 있는지 밝히는 활동이다.
- 조절 : 계획과 실제 활동 사이에 편차가 확인될 경우 계획을 변경하거나 활동을 변경하는 것을 말한다.

29 다음 중 다른 구성 요소와 성격은 다르지만 수행에 포함되는 활동으로서 활동의 진행을 조력하는 것은?

① 촉진조건 ② 점검 ③ 통제 ④ 실천

해설 촉진조건 : 계획에서는 고려되지 않았지만 활동의 진행을 조력하는 것으로서, 주로 환경조건의 측면을 말한다.

정답 21.④ 22.❷ 23.④ 24.④ 25.❶ 26.❶ 27.❸ 28.❸ 29.❶

30 수행에 영향을 미치는 요인으로 볼 수 없는 것은?

① 주부의 취업 여부
② 가족 크기
③ 자녀 연령
④ 주부의 아버지의 직업

해설 수행에 영향을 미치는 요인 : 개인의 능력, 성격, 성향, 건강, 취업 여부가 수행에 영향을 미치고, 가족생활주기, 자녀 연령, 가족 크기, 부부의 취업상태 등 가족 관련 요인도 영향을 미치며, 환경 및 작업의 특성도 수행에 영향을 미치는 요인이다.

정답 30. ❹

제2부 가정관리의 개념

10 산출과 피드백

단원 개요

체계의 효용성을 판단하기 위해서는 기대했던 결과, 즉 실제의 산출을 요구와 비교할 필요가 있다. 산출이 기대했던 것과 일치하면 할수록 관리체계가 더 효율적이었다고 판단할 수 있다.

그런데 가족원은 관리를 할 때 자극에 대하여 기계적으로 반응하는 이상의 행동을 한다. 즉, 각 과정에 끊임없는 피드백이 작용한다. 따라서 목표지향적인 관리체계의 효율성을 이해하기 위해서는 산출뿐만 아니라 피드백도 살펴보아야 한다. 가정관리에 체계적 접근법을 사용하게 되면서 관리행동의 결과를 밝히고, 이러한 행동이 가족과 사회에 미치는 영향을 산정하는 데 관심을 갖게 되었다.

출제 경향 및 수험 대책

이 단원에서는 산출과 피드백의 개념, 관리활동에 따른 자원의 변화, 긍정적 피드백과 부정적 피드백이 무엇인지에 대한 내용이 출제될 수 있는 바, 이에 대한 자세하고 철저한 학습이 요구된다.

10

01 산출

1 산출의 개념
① 산출이란 한 체계가 환경에 대하여 미치는 효과 또는 영향이다.
② 요구의 충족과 자원의 변화가 가정관리체계의 산출에 해당한다.

2 산출의 영역

(1) 요구의 충족
관리과정을 통하여 목표가 달성되고 사건에 대한 활동이 완결되는 결과가 나타난다.

(2) 자원의 변화
① 자원의 변화와 관리활동의 관계 : 관리활동은 자원 사용을 통하여 이루어지므로 그 결과 자원이 변화한다.
② 관리활동에 따른 자원의 변화
　㉠ 생산 : 현존하는 자원으로부터 자원의 양이나 효용을 증가시키는 활동으로, 자원의 양은 증가한다.
　㉡ 저축이나 투자 : 시간 폭에 따른 자원의 유용성을 조절하는 것이 가능하며, 자원의 양은 증가한다.
　㉢ 소비 : 가족의 욕구를 충족시키기 위하여 재화 및 용역을 직접적으로 사용하는 것으로서, 일반적으로 자원의 양과 효용이 감소한다.
　㉣ 보호 : 예측하지 못하는 사고에 대비하여 자원을 지불하는 것으로, 자원의 양은 감소한다.
　㉤ 이전 : 가계 외부의 사용자에게 일방적으로 자원을 제공하는 것으로, 자원의 양은 감소한다.
　㉥ 교환 : 총자원의 가치에서는 변화가 없이 자원의 종류를 바꾸는 활동으로, 자원의 양은 변화가 없다.

| 표 10-1 | 관리활동에 따른 자원의 변화

관리활동	유용한 자원량의 변화
생산	증가
저축-투자	증가
소비	감소
보호	감소
이전	감소
교환	변화 없음

추가 설명
산출의 영역
요구의 충족, 자원의 변화가 있고, 만족감, 가치·목표·표준의 변화도 포함시킬 수 있다.

추가 설명
관리활동에 따른 자원의 변화
- 교환 : 변화 없음
- 소비 : 감소
- 보호 : 감소
- 이전 : 감소
- 생산 : 증가
- 저축-투자 : 증가

③ 자원의 종류에 따른 관리활동의 결과 나타나는 자원의 변화
  ㉠ 인적 자원 : 사용함에 따라 증가하는 경향이 있다. **예** 지식 · 태도 등
  ㉡ 비인적 자원 : 사용함에 따라 감소하는 경향이 있다.

(3) 만족감과 가치·목표·표준의 변화
① 만족감 : 관리의 결과 나타나는 만족감 또는 불만족감은 가족원의 정서적 · 주관적 반응으로서, 관리 전체와 관련하여 경험할 수도 있고 특정 부분과 관련하여 경험할 수도 있다.
② 가치 · 목표 · 표준의 변화 : 관리의 결과 나타나는 가치 · 목표 · 표준의 변화는 일반적으로 많고 다양한 경험의 결과로 완만히 일어나지만, 특별한 경우에는 단 하나의 사건이 변화를 주기에 충분할 수도 있다.

02 피드백(Feedback)

1 피드백의 정의
피드백은 한 체계의 산출이 투입으로서 그 체계로 되돌아가는 것으로, 긍정적 피드백과 부정적 피드백의 두 유형이 있다.

2 긍정적 피드백과 부정적 피드백
① 긍정적 피드백
  ㉠ 예상한 효과로부터의 편차를 반영하고 변화를 증진시키는 것이다.
  ㉡ 목표와 수행 사이에 편차가 있을 경우 이를 받아들여 변화를 증진시키며, 본질상 개방적이다.
② 부정적 피드백
  ㉠ 체계가 바라던 상태를 유지하도록 고정하는 영향력으로서, 목표와 수행 사이에 편차가 있을 경우 이를 감소시킨다.
  ㉡ 비평적으로나 방어적으로 사용될 감시기능이다.
③ 피드백 유형에 따른 변화의 정도 : 두 가지 피드백의 유형은 한쪽 끝에 부정적 피드백이, 반대편 끝에 긍정적 피드백이 위치하는 연속체로 표시가 가능하며, 중간의 중립점 주위는 변화가 적으며, 양극으로 갈수록 변화가 크다.

추가 설명

피드백의 종류
- 긍정적 피드백 : 기대한 산출과 실제 산출 사이의 차이와 그 차이를 지지하는 요인을 인정하고, 실제상 목표의 변화라 할 수 있는 차이가 증가되거나 지속되도록 돕는다.
- 부정적 피드백 : 바라던 산출과 실제 산출 사이의 차이를 지적하고, 체계가 그 차이를 감소시켜 산출이 목표에 의하여 설정된 한계 내에 머물도록 영향을 준다.

실전예상문제

1 가정관리체계 중 산출(outcome)에 해당하는 것은?

① 사용된 자원의 변화　② 욕구　③ 정보　④ 의사결정

해설 산출의 영역에 속하는 항목 : 요구의 충족, 자원의 변화

2 다음 중 관리활동과 그 결과 나타나는 자원의 변화가 바르게 짝지어진 것은?

① 이전 — 증가
② 교환 — 변화없음
③ 보호 — 증가
④ 생산 — 변화없음

해설 관리활동에 따른 자원의 변화

관리활동	유용한 자원량의 변화	관리활동	유용한 자원량의 변화
생산	증가	보호	감소
저축-투자	증가	이전	감소
소비	감소	교환	변화 없음

3 관리활동의 결과 자원이 변화할 수 있는데, 이러한 관리활동의 결과로 나타나는 유용한 자원량의 변화를 옳게 짝지은 것은?

① 교환 — 감소　② 소비 — 감소　③ 투자 — 변화없음　④ 보호 — 증가

해설 문제 2번 해설 참조

4 관리활동의 결과 자원이 변화할 수 있는데, 유용한 자원량에 변화를 일으키지 않는 관리활동은?

① 생산　② 이전　③ 교환　④ 소비

해설 관리활동에 따른 자원의 변화 : 관리활동은 자원 사용을 통하여 이루어지므로 그 결과 자원이 변화한다.
- 소비·보호·이전 활동 : 자원의 양을 감소시킨다.
- 생산·저축-투자 활동 : 증가시키는 결과를 나타낸다.
- 교환 활동 : 자원의 형태만 변경시킬 뿐 자원의 양에는 영향을 미치지 않는다.

5 다음 중 관리활동과 그 결과 나타나는 자원량의 변화가 옳게 연결된 것은?

① 교환 — 증가　② 생산 — 감소　③ 이전 — 감소　④ 소비 — 증가

해설 문제 2번 해설 참조

6 다음 중 관리활동과 그 결과 나타나는 유용한 자원량의 변화를 바르게 짝지은 것은?
① 교환 — 증가　　② 소비 — 변화없음　　③ 이전 — 증가　　④ 생산 — 증가

해설 문제 2번 해설 참조

7 다음 중 관리활동의 결과 자원의 양은 변화할 수 있는데, 이 중 사용할수록 오히려 증가할 수 있는 특성을 갖는 자원은?
① 공간자원　　② 환경자원　　③ 인적 자원　　④ 경제적 자원

해설 일반적으로 비인적 자원은 사용함에 따라 감소하는 경향이 있지만, 지식·태도 등과 같은 인적 자원은 사용함에 따라 오히려 증가하게 된다.

8 다음 중 부정적 피드백에 대한 설명으로 옳은 것은?
① 체계가 바라던 상태를 유지하도록 고정하는 영향력
② 변화지향적 피드백
③ 기대한 산출보다 실제 산출이 더 좋을 때
④ 예상한 효과로부터 편차를 인정하는 것

해설 부정적 피드백 : 체계가 바라던 상태를 유지하도록 고정하는 영향력이다.

9 다음 중 기대한 산출과 실제 산출 사이의 차이를 지지하고 변화를 받아들이는 피드백은?
① 안정지향 피드백　　② 계획지향 피드백　　③ 부정적 피드백　　④ 긍정적 피드백

해설 긍정적 피드백 : 예상한 효과로부터의 편차를 반영하고 변화를 증진시키는 것으로, 기대한 산출과 실제 산출 사이의 차이와 그 차이를 지지하는 요인을 인정하고, 실제상 목표의 변화라 할 수 있는 차이가 증가하거나 지속되도록 돕는다.

10 피드백의 유형 중 긍정적 피드백(positive feedback)에 대한 설명으로 옳은 것은?
① 기대한 산출과 실제 산출 사이의 편차를 인정하는 피드백
② 산출이 기대했던 대로 나타났을 때의 피드백
③ 실제 산출이 기대했던 산출과 차이가 있을 때 기대했던 산출을 다시 도모하는 피드백

정답 1.❶　2.❷　3.❷　4.❸　5.❸　6.❹　7.❸　8.❶　9.❹　10.❶

④ 결과가 좋은 피드백

해설 문제 9번 해설 참조

11 다음 중 부정적 피드백에 대한 설명으로 옳은 것은?
① 피드백을 부정한다는 의미이다.
② 기대한 산출과 실제 산출 사이의 차이를 지지하는 요인을 인정한다.
③ 체계가 바라던 상태를 유지하도록 고정하는 영향력이다.
④ 바라던 산출과 실제 산출 사이의 차이를 인정한다.

해설 부정적 피드백 : 체계가 바라던 상태를 유지하도록 고정하는 영향력으로서, 목표와 수행 사이에 편차가 있을 경우 이를 감소시킨다.

12 다음 중 피드백에 대한 설명으로 옳은 것은?
① 피드백이란 계획을 실제로 적용하는 것을 의미한다.
② 예상한 효과로부터의 편차를 반영하고 변화를 증진시키는 영향력을 부정적 피드백이라고 한다.
③ 체계가 바라던 상태를 유지하도록 고정하는 영향력을 긍정적 피드백이라고 한다.
④ 변화의 정도를 기준으로 부정적 피드백과 긍정적 피드백의 위치를 연속체로 표시할 수 있다.

해설 긍정적 피드백과 부정적 피드백의 두 유형은 한쪽 끝에 부정적 피드백이, 반대편 끝에 긍정적 피드백이 위치하는 연속체로 표시 가능하다.

13 피드백(feedback)에 대한 설명으로 옳지 않은 것은?
① 피드백이란 한 체계의 산출이 투입으로서 그 체계에 되돌아가는 것을 말한다.
② 긍정적 피드백이란 목표와 수행 사이에 편차가 있을 경우 이를 받아들여 변화를 증진시키며, 본질상 개방적이다.
③ 부정적 피드백이란 체계가 바라던 상태를 유지하도록 하는 영향력으로서 목표와 수행 사이에 편차가 있을 경우 이를 감소시킨다.
④ 긍정적 피드백과 부정적 피드백은 독립적이다.

해설 긍정적 피드백과 부정적 피드백은 연속체로 표시할 수 있으며, 중간의 중립점 주위는 변화가 적으며, 양극은 변화가 크다.

정답 11.❸ 12.❹ 13.❹

제3부 가족 상황에 따른 가정관리

11 형성기 가족의 가정관리

 단원 개요

가족생활주기는 인간이 가족생활에서 경험하는 결혼·출산·육아·노후의 각 단계에 걸친 시간의 연속으로 가족생활주기의 단계에 따라 가정관리체계를 구성하는 요소의 속성이 변화한다. 가족생활주기 단계별로 가족의 자원과 요구가 변하고, 이에 따라 관리과정의 내용이 달라지며, 산출 결과에도 차이가 나게 되기 때문이다.

 출제 경향 및 수험 대책

이 단원에서는 가족생활주기의 개념과 단계 구분, 형성기 가족의 관리과정 단계의 특성, 신혼기 부부의 갈등을 일으키는 주요 요인, 자녀계획에 영향을 미치는 요인, 부부의 결혼 만족도 등에 대해 출제될 수 있으므로 이에 대해 자세히 학습하도록 한다.

11

01 가족생활주기의 개념

1 가족생활주기의 개념과 중요성

① 가족생활주기의 개념
  ㉠ 가족의 형성·발전·소멸 등 특징적인 발전단계를 경과하면서 세대간의 교체가 일어나는 현상을 가족생활주기라고 한다.
  ㉡ 가족의 발달단계에 대응해서 일어나는 생활구조의 변용과정이다.
② 가족생활주기의 중요성 : 가족생활주기별로 변화하는 요구와 자원 등을 파악함으로써 장기적 생활의 통찰 내지 계획수립이 가능하고, 이를 통한 바람직한 생활양식을 창조할 수 있다.

2 가족생활주기의 단계

① 가족생활주기의 단계를 구분하는 기준 : 자녀의 연령과 부모와의 동거 여부, 가장의 연령, 결혼지속연수, 맏자녀의 출생과 같은 가정의 획기적인 사건의 발생시기, 결혼상태 등 여러 요인 중에서 하나 혹은 둘 이상을 기준으로 하여 구분된다.
② 올손과 매큐빈의 가족생활주기 단계
  ㉠ 1단계 : 자녀가 없는 신혼기 부부
  ㉡ 2단계 : 미취학자녀(0~5세)를 가진 가족
  ㉢ 3단계 : 취학자녀(6~12세)를 가진 가족
  ㉣ 4단계 : 청소년자녀(13~18세)를 가진 가족
  ㉤ 5단계 : 진수기 가족(청소년자녀 연령이 19세 이상)
  ㉥ 6단계 : 빈둥우리 가족(모든 자녀가 집을 떠남)
  ㉦ 7단계 : 은퇴기 가족(남편 연령 65세 전후)
③ 각 주기단계별 지속연수
  ㉠ 형성기 가족(9년) : 결혼해서 취학 전 자녀가 있기까지의 시기
  ㉡ 중년기 가족(20~23년) : 막내의 초등학교 입학부터 집을 떠나기까지의 시기
  ㉢ 노년기 가족(19~22년) : 막내 결혼 이후부터 본인이 사망하기까지의 시기
④ 우리나라 가족생활주기의 특징 : 평균 결혼연령이 늦어짐에 따라 남편의 연령이 58~61세가 되어서야 막내자녀까지 결혼을 하게 됨에 따라 노후의 경제적 회복기간이 짧거나 거의 없게 된다.

추가 설명

형성기 가족에 직면하는 가장 큰 도전
새로운 가정의 형성과 부모됨이다. 두 배우자가 결혼을 하여 새로운 가정을 이루고, 자녀를 갖게 됨에 따라 부모로서의 책임감이 증대된다.

추가 설명

유영주의 가족생활주기 단계
- 1단계 : 형성기
- 2단계 : 자녀 출산 및 양육기
- 3단계 : 자녀교육기
- 4단계 : 자녀성숙기
- 5단계 : 자녀결혼기
- 6단계 : 노년기

02 형성기 가족의 가정관리

1 형성기 가족의 개념과 발달과업
① 형성기 가족의 개념 : 결혼에서부터 취학 전 자녀를 가진 가족
② 형성기 주부가 직면하는 발달과업 : 상호 만족스러운 결혼의 성립, 임신 및 부모됨에 대한 적응, 친족관계망에의 적응, 자녀 출산 및 양육, 부모와 자녀에게 만족스러운 가정의 성립, 취학 전 자녀의 흥미와 욕구 수용, 부모의 개인생활 부족에 대한 대처 등

2 형성기 가족의 투입요소

(1) 가치와 목표
① 중요한 투입요소 : 부부됨과 부모됨에 따른 가치와 목표의 조화 내지 창출이다.
② 남녀가 부부라는 새로운 관계를 형성하기 위한 요건 : 기본적으로 가치관이나 목표의 조화, 일치 또는 타협이 요구된다. 즉, 두 배우자가 상호간의 가치관과 목표의 일치를 이루고 공동으로 추구하는 새로운 가치관과 목표를 수립해야 한다.
③ 부부가 가장 신중하게 의사결정을 해야 하는 사항 : 자녀를 가질 것인가 아닌가, 자녀를 가질 경우 몇 명의 자녀를 언제, 어느 정도의 터울로 가질 것인가 등이다.
④ 자녀에 대한 가치관 변화 양상 : 오늘날 젊은 부부들은 자녀를 키우는 데 드는 비용을 고려하여 자녀수와 터울을 조절하는 경향이 있다. 자녀수와 터울을 조절하는 문제는 부부 간 의사결정의 중요한 부분이 되고 있다.
⑤ 자녀수의 변화
  ㉠ 출생 자녀수의 감소는 여성의 교육 수준 향상과 사회 참여의 증가와 밀접한 관련을 가진다.
  ㉡ 오늘날 개인의 의지나 합리적 사고를 존중하는 방향으로 가치관이 변모함에 따라 남아선호 가치의 지양과 더불어 이상 자녀수의 감소가 보다 보편화될 것이다.

(2) 사건
① 신혼기 계획되지 않은 임신 등의 예기치 않았던 사건의 발생은 관리상의 문제를 초래하거나 이전의 목표나 계획의 변경을 불가피하게 한다.
② 결혼 초에 장기목표에 준해 출산 계획을 세워 실천하는 것이 중요하다.

(3) 자원
① 소득
  ㉠ 형성기 가족은 낮은 소득으로 가정생활을 시작한다.
  ㉡ 결혼 초기는 재정상의 요구가 크므로(예 주택 마련, 자녀출산에 따른 비용, 장래를 위한 저축 등) 부부가 맞벌이로 경제적 안정을 달성할 수 있다.

추가 설명

형성기 가족의 목표
만족스러운 부부관계의 성립, 부모됨에의 적응, 자녀 출산과 양육, 두 배우자의 방위가족과의 원만한 관계 유지 등이다.

추가 설명

형성기 가족이 경제적 안정을 달성하기 위한 방법
맞벌이를 하거나 첫 임신의 시기를 늦추거나 자녀수나 임신 터울을 조정하는 것이 중요하다.

ⓒ 형성기 가족에서는 부모됨의 시기를 조정하여 재정상의 요구를 경감시키거나 주부의 취업이나 부업을 통해 자원을 증가시켜 요구와 자원의 조화를 이룰 수 있도록 해야 한다.

② 친척으로부터의 도움
  ㉠ 친척 특히 양가 부모로부터 많은 도움이 필요하게 된다.
  ㉡ 신혼기 부부는 부모됨으로 전이될 때 친정어머니나 시어머니와의 관계가 매우 밀접해지고 왕래가 빈번해진다.
  ㉢ 취업주부의 경우 시모나 친정어머니와의 동거비율이 높고 이들로부터 자녀 양육이나 가사에 많은 도움을 받는다. 이는 우리 문화적 특성에 기인한다.

> **추가 설명**
> 애덤스(Bert N. Adams)의 고부 간 갈등을 완화시키는 방안
> - 고부가 서로 친자식, 친어머니처럼 대할 것
> - 시어머니 신화를 깨려고 노력할 것
> - 평등주의를 수용할 것

3 형성기 가족의 관리과정

(1) 부부간 적응 및 의사결정 유형

① 부부 갈등의 주요 요인 : 성적 문제, 경제적 문제, 배우자 가족과의 문제, 성격부조화 등에서 나타나는데, 주로 성장환경, 연령, 종교, 학력, 양가의 사회경제적 배경의 차이 등이 갈등의 주요 요인이 된다.

② 부부 갈등을 극복하기 위한 방안
  ㉠ 상호신뢰와 깊은 애정을 기반으로 하여 보다 높은 차원의 목표나 이상을 설정하고 실천하는 생활태도가 중요하다.
  ㉡ 두 사람이 서로의 차이를 인정하면서 조화와 적응을 하고자 하는 노력이 필요하다.

③ 고부 갈등을 원만하게 조정하기 위한 방안
  ㉠ 고부간의 갈등조정자로서 남편의 중재 능력이 필요하다.
  ㉡ 가족원 모두가 서로 대화하고 이해하고자 노력하는 가운데 상호 인격체로서 존중한다.
  ㉢ 주부가 직업을 갖는 경우 고부간의 역할 분담을 통해 상호 보완 관계가 될 수 있도록 한다.

④ 신혼기에는 역할 분담이 아직 명확치 않은 시기이므로 상대방의 의견을 존중하는 의사결정유형의 토대를 형성하여야 한다.

⑤ 가족공동의 문제에 대한 결정을 할 때는 가족 구성원이 공동의 의사결정을 하도록 한다.

> **추가 설명**
> 형성기 가족의 관리과정에 있어서 역점을 두어야 할 사항
> 부부간의 적응, 배우자의 부모 및 배우자 가족과의 원만한 관계 형성, 자녀수와 자녀 터울의 계획, 부모 역할의 수행, 장기적인 생활 설계의 수립 등에 특히 역점을 두어야 한다.

(2) 자녀계획과 자녀양육의 수행

① 형성기 가족에 있어서 자녀수와 자녀의 터울을 계획하는 일은 중요한 의사결정이다.

② 부모됨으로의 전이 : 부모가 됨으로써 새로운 가족원이 생기는데 따른 가족관계의 변화에의 적응, 관리상에 있어서의 자원의 조정을 의미한다.

③ 부모 역할 적응을 도와주는 효과적인 전략
  ㉠ 표준을 적절한 수준에서 조절할 것
  ㉡ 역할을 구획화할 것

ⓒ 부모의 상황에 대해 긍정적 태도를 가질 것

ⓔ 역할 갈등 시에 결정을 수월하게 할 수 있도록 지배적인 역할을 분명히 할 것

④ 자녀양육 시 아버지의 자녀양육 역할 참여 폭을 넓히도록 부부 각자가 상호 노력해야 한다.

(3) 재정계획

① 신혼기에는 장기적인 재정계획(생활계획)을 수립하고 이를 바탕으로 단기적인 재정계획을 세워야 한다.

② 아오키의 도시근로자의 생활설계의 과제 : 주택 취득, 자녀의 교육, 노후

③ 형성기에 장기적으로 세밀한 계획을 세워야 할 대상은 주택 마련이며, 이 외에도 가구 집기의 구입, 자녀출산에 따른 제반 경비의 마련 등을 계획하는 것이 좋다.

4 형성기 가족의 산출

(1) 요구에 대한 반응

① 부부의 결혼만족도

ⓐ 결혼 초에 가장 큰 만족을 보이다가 첫 자녀 출산 후 만족이 감소한다.

ⓑ 신혼기의 만족도 : 신혼기는 부부가 신뢰를 구축하는 시기인 데다 관리에 대한 요구나 사건도 적으므로 만족도가 높다.

ⓒ 만족도가 낮아지는 이유 : 첫 자녀의 출산으로 가족자원에 대한 요구가 급증, 생활의 변화나 스트레스 야기

ⓓ 자녀의 출생은 만족과 불만의 반대 감정을 병존케 한다. 즉, 긍정적 영향을 주기도 하지만 부정적인 영향을 줄 수도 있다.

② 부모 역할 전환 시에 겪는 어려움

ⓐ 어머니 쪽이 더 큰 것으로 나타나고 있는데, 이는 부모됨에 있어서 남녀간의 역할에 차이가 있기 때문이다.

ⓑ 부부 적응도가 높은 부부일수록 어머니가 됨으로써 겪는 어려움은 낮다.

③ 첫 자녀 출산 이후 경제활동을 지속하는 주부

ⓐ 자녀양육의 책임 때문에 많은 부담을 갖게 되고 스트레스를 경험하게 된다.

ⓑ 어머니가 가정 밖에 고용될 경우 : 우리의 경우 탁아시설이 양적·질적으로 크게 뒤떨어져 있으므로 자녀양육은 주로 시가나 친가의 어머니에게 위임된다.

ⓒ 전문직 취업주부 : 파출부나 가정부를 고용하여 자녀양육을 대행한다.

ⓓ 저소득층의 취업 주부 : 파출부나 가정부를 고용할 경제적 여유가 없기 때문에 자녀양육에 더 큰 어려움을 겪는다.

(2) 자원의 변화

① 형성기의 부부들은 자녀양육에 투입하는 많은 시간과 노력으로 인해 피로를 느끼게 된다.

② 가사와 육아에서 오는 피로 : 아버지보다 어머니, 집에 있는 어머니보다 직장에 다니는

추가 설명

형성기 가족의 관리과정

- 자녀출산 후에는 부부간에 전통적인 성 역할 부담이 강화되는 경향이다.
- 형성기에 재정적으로 세밀한 계획을 세워야 할 대상은 주택 마련이다.
- 형성기 가족은 소득과 지출이 낮아 평균소비성향이 낮은 시기이다.
- 일반적으로 주부의 취업은 고부 갈등을 완화시킨다.

추가 설명

프롬(Fromm)의 부모 역할

- 어머니의 과업 : 자녀의 자아 수용과 내적 안전감의 발달을 위해 필수적인 무조건적인 사랑을 제공한다.
- 아버지의 과업 : 외부세계에서의 성취와 자아를 일깨우는, 일종의 조건적 사랑을 제공한다.

> **추가 설명**
>
> **형성기 가족의 결혼만족도**
> - 두 배우자는 결혼 초에 가장 큰 만족을 보이고 출산 후에는 감소한다.
> - 부모 역할 전환 시에 겪는 어려움은 어머니 쪽이 더 크다.
> - 자녀양육 후 주부가 취업을 중단하게 되면 이 또한 불만족의 원인이 된다.
> - 첫아이의 출산은 부모에게 어려움과 만족을 동시에 주는 사건이다.

어머니의 경우에 더 크다.

③ 자녀출산 후 생활시간의 변화 : 아버지의 생활시간에는 큰 변화가 없는 반면 어머니의 생활시간은 가사 및 자녀양육에 배분되는 시간이 증가한다.

④ 형성기 가족은 물적 자원의 부족, 특히 저축이나 자금의 부족에 불만을 많이 느낀다.

⑤ 형성기 가족은 전세나 월세에서 살림을 시작해서 소비욕구의 절제 등을 통해 금전자원을 저축하여 주택 마련을 위한 기금을 축적한다.

실전예상문제

1 다음 중 가족생활주기의 개념이 중요한 이유로 적합한 것은?

① 변화를 예측함으로써 장기적인 계획수립이 가능하다.
② 가족자원의 양을 증가시킬 수 있다.
③ 결혼 적정 연령을 계산할 수 있다.
④ 생활의 단계를 구분할 수 있다.

> **해설** 가족생활주기별로 변화하는 요구나 자원 등을 파악함으로써 생애에 걸친 장기적 생활의 통찰 내지 계획수립이 가능해지며, 이를 통해 바람직한 생활양식을 창조할 수 있다.

2 보통 가족생활주기의 단계를 구분하는 기준이 아닌 것은?

① 맏자녀의 출생 ② 결혼상태 ③ 가장의 연령 ④ 가계의 소득

> **해설** 가족생활주기의 단계를 구분하는 기준 : 결혼지속연수, 맏자녀의 출생과 같은 가정의 획기적인 사건의 발생시기, 자녀의 연령, 부모와의 동거 여부, 가장의 연령, 결혼 상태 등

3 다음 중 가족생활주기에 대한 설명으로 옳지 않은 것은?

① 우리나라의 가족생활주기는 노후의 경제적 회복기간이 짧거나 없는 것이 특징이다.
② 자녀의 출생과 연령은 가족생활주기를 구분하는 대표적인 기준이다.
③ 가족생활주기는 출생부터 사망까지를 나타낸 것으로 직선으로 파악된다.
④ 가족생활주기에 따라 가족체계에 주어지는 요구와 자원이 변화한다.

> **해설** 가정생활주기의 개념 : 가족의 형성·발전·소멸 등 특징적인 발전단계를 경과하면서 하나의 세대에서 다음 세대로 세대간의 교체가 일어나는 현상을 지칭하며, 보다 넓게는 가족의 발달단계에 대응해서 일어나는 생활구조의 변용과정을 의미하기도 한다.

4 다음의 〈보기〉와 관계가 깊은 가족 유형은?

> **보기** 상호 만족스러운 결혼의 성립, 부모됨에 대한 적응, 자녀 출산과 양육, 부모와 자녀에게 만족스러운 가정의 성립 등을 발달과업으로 하고 있다.

① 취업주부 가족 ② 노년기 가족 ③ 중년기 가족 ④ 형성기 가족

정답 1.❶ 2.❹ 3.❸ 4.❹

해설 형성기 가족 : 결혼에서부터 취학 전 자녀를 가진 가족으로서, 이 시기에 주부가 직면하는 발달과업은 상호 만족스러운 결혼의 성립, 임신 및 부모됨에 대한 적응, 친족관계망에의 적응, 자녀 출산·양육, 부모와 자녀에게 만족스러운 가정의 성립, 취학 전 자녀의 흥미와 욕구 수용, 부모의 개인생활 부족에 대한 대처 등이다.

5 다음 중 가족생활주기를 형성기, 중년기, 노년기로 나누어 볼 때, 형성기 가족의 목표로서 가장 중요한 것은?

① 여가시간의 활용
② 경제생활의 안정
③ 자녀의 교육
④ 만족스러운 부부관계의 성립

해설 형성기 가족의 목표 : 만족스러운 부부관계의 성립, 부모됨에의 적응, 자녀 출산과 양육, 두 배우자의 방위가족과의 원만한 관계 유지 등이다.

6 두 배우자가 상호간의 가치관을 조화시키고 공동의 목표를 설정하는 것이 특히 중요한 가족은?

① 형성기 가족   ② 성인전기 가족   ③ 중년기 가족   ④ 노년기 가족

해설 형성기 가족의 경우 새로운 가정의 토대를 굳건히 하기 위해서는 두 배우자가 상호간의 가치관과 목표의 일치를 이루고 더 나아가 공동으로 추구하는 새로운 가치관과 목표를 수립하는 것이 중요하다.

7 다음 중 형성기 가족의 중요한 투입요소라고 볼 수 있는 것은?

① 자녀의 자립에 대응한 가치 창출
② 부모됨에 따른 가치와 목표의 조화
③ 자녀 결혼에 대한 준비
④ 배우자의 사망에 대한 준비

해설 형성기 가족의 투입요소 : 부부됨과 부모됨에 따른 가치와 목표의 조화 내지 창출

8 다음 중 형성기 가족의 투입요소라고 볼 수 없는 것은?

① 유교적 가족가치관의 확립
② 부모됨에 따른 가치와 목표의 조화
③ 부모됨에 따른 가치와 목표의 창출
④ 부부됨에 따른 가치와 목표의 조화

해설 문제 7번 해설 참조

9 다음 중 형성기 가족에 대한 설명으로 옳은 것은?

① 우리나라의 출생성비를 볼 때 남아선호사상은 1980년대 이후 완전히 사라졌다.
② 여성의 사회참여 증가는 자녀수를 감소시키는 한 원인이다.

③ 가정의 경제적 수준이 향상하면서 결혼하여 자녀를 갖는 부부가 당연히 늘어나고 있다.
④ 형성기에는 새로운 가정의 확립을 위해 남편이나 부인 중 한 사람이 의사결정을 주도하는 것이 바람직하다.

해설 출생 자녀수의 감소는 여성의 교육 수준 향상과 사회 참여의 증가와 밀접한 관련을 가진다.

10 가족생활주기 중 계획하지 않은 임신이 중요한 사건이 되는 경우는?
① 형성기 가족   ② 중년전기 가족   ③ 중년후기 가족   ④ 노년기 가족

해설 형성기 가족의 사건으로는 계획되지 않은 임신이 있을 수 있다.

11 가족 소득 이외에 형성기 가족의 자원으로서 중요한 것은?
① 시댁으로부터의 물질적 지원   ② 정부로부터의 재정지원
③ 친정으로부터의 정서적 지원   ④ 이웃으로부터의 물질적 지원

해설 형성기 가족의 자원 : 가족 소득 외에 부인의 경우 친정으로부터 받는 정서적 지원이 큰 역할을 한다.

12 신혼기 부부의 갈등을 일으키는 주요 요인으로서 일반적이지 않은 것은?
① 성장환경   ② 부부의 직업의 종류
③ 양가의 사회경제적 배경   ④ 종교

해설 신혼기 부부의 갈등의 주요 요인 : 성장환경, 종교, 학력, 연령, 양가의 사회경제적 배경의 차이 등

13 형성기 부부가 적응하는 과정에서 부딪치는 갈등을 해결하는 방법 중 일반적으로 바람직하다고 볼 수 없는 것은?
① 서로의 차이를 인정한다.
② 조화와 적응을 위하여 노력한다.
③ 높은 차원의 목표나 이상보다 서로에게 직접 이로운 활동에 주된 관심을 둔다.
④ 상호 신뢰와 깊은 애정을 기반으로 한다.

해설 형성기 부부 갈등을 극복하기 위해서는 두 사람이 서로의 차이를 인정하면서 조화와 적응을 하고자 하는 노력이 필요하다. 또한 상호신뢰와 깊은 애정을 기반으로 하여 보다 높은 차원의 목표나 이상을 설정하고 이를 향해 실천하는 생활태도가 중요하다.

정답 5.④ 6.❶ 7.❷ 8.❶ 9.❷ 10.❶ 11.❸ 12.❷ 13.❸

14 신혼기는 배우자 간의 관계뿐만 아니라 배우자의 부모나 친척과의 관계도 올바로 형성해야 하는 중요한 시기이다. 고부 관계를 원만하게 하기 위한 방안으로 적합하지 않은 것은?

① 상호인격체로서 존중한다.
② 아들 또는 남편이 중재자로서의 역할을 잘 수행한다.
③ 상호 역할 분담을 통해 상호 보완관계가 될 수 있도록 한다.
④ 시가와 동거하지 않고 시모로부터 도움을 받지 않는다.

해설 전문직 취업 주부의 경우 시가와 동거하는 비율이 높고 또한 실제로 시모로부터 많은 도움을 받는 경향이 있는데, 이는 역할 상충의 해소를 통한 관계 개선의 가능성을 보여준다.

15 다음 중 형성기 가족의 관리과정에 대한 설명으로 옳지 않은 것은?

① 형성기 가족은 소득과 지출이 낮아 평균소비성향이 낮은 시기이다.
② 형성기에 재정적으로 세밀한 계획을 세워야 할 대상은 주택 마련이다.
③ 자녀출산 후에는 부부간에 전통적인 성 역할 부담이 강화되는 경향이다.
④ 일반적으로 주부의 취업은 고부갈등을 악화시킨다.

해설 주부가 직업을 갖는 경우에는 고부간의 역할 분담을 통해 상호 보완이 가능하므로 고부간의 대립이 줄어들고 갈등이 완화될 수 있다.

16 배우자 사이에 역할분담이 명확하지 않은 시기이므로 상대방의 의견을 존중하는 의사결정유형의 토대를 형성해야 하는 가족은?

① 노년기 가족   ② 중년후기 가족   ③ 중년전기 가족   ④ 형성기 가족

해설 신혼기(형성기 가족)에는 모든 의사결정이 새롭게 시작되고, 의사결정 과정이 누군가의 한 사람에게 일임되기에는 역할 분담이 아직 명확하지 않은 시기이므로 상대방의 의견을 존중하는 의사결정 유형의 토대를 형성하여야 한다.

17 자녀를 양육하는 데 많은 경제적 자원과 인적 자원이 필요할 뿐만 아니라 부모역할에 적응해야 하는 심리적 부담도 크다. 다음 중 부모 역할에 적응하도록 도와주는 전략에 해당하는 것은?

① 역할 갈등은 피할 수 없다고 생각하고 갈등을 받아들일 것
② 부모로서의 역할 표준을 높게 정하고 그것을 달성하기 위하여 노력할 것
③ 부모됨의 상황에 대하여 긍정적인 태도를 가질 것
④ 항상 다양한 역할을 동시에 할 수 있도록 준비할 것

해설 부모 역할 적응을 도와주는 효과적인 전략
• 부모됨의 상황에 대해 긍정적 태도를 가질 것

- 역할 갈등 시에 결정을 수월하게 할 수 있도록 지배적인 역할을 분명히 할 것
- 역할을 구획화할 것
- 표준을 적절한 수준에서 조절할 것

18 다음 중 아오키의 도시 근로자의 생활설계 과제에 속하지 않는 것은?

① 주택 취득 ② 자녀의 교육 ③ 가계생산시간 ④ 노후

해설 아오키의 도시근로자의 생활설계의 과제 : 주택 취득, 자녀의 교육, 노후

19 형성기에 장기적 재정계획에 있어서 세밀한 계획을 세워야 할 대상은?

① 주거 마련 ② 교육 ③ 출산계획 ④ 가족의 결속

해설 주택 마련은 형성기에 장기적 재정계획에 있어서 세밀한 계획을 세워야 할 대상이다.

20 가사노동을 위한 가족원의 시간자원에 대한 요구가 가장 낮은 시기는?

① 신혼기 ② 자녀가 유치원 다니기 이전 시기
③ 자녀가 10대인 시기 ④ 노년기

해설 신혼기 : 결혼 이후 첫 자녀 출산 이전이므로 자녀양육과 관련된 시간 요구가 없기 때문에 가사노동시간이 적다.

21 다음 중 형성기 가족에 대한 설명으로 옳지 않은 것은?

① 자녀의 출생은 항상 부모에게 만족감을 제공한다.
② 저소득층 취업모의 자녀양육 문제에 큰 어려움이 있다.
③ 부부적응도가 높은 부부일수록 어머니가 됨으로써 겪는 어려움은 낮다.
④ 부모 역할 전환 시에 어머니가 아버지보다 더 큰 어려움을 겪는 경향이 있다.

해설 자녀의 출생은 만족과 불만의 반대감정을 병존케 한다. 즉, 긍정적 영향을 주기도 하지만 부정적인 영향을 줄 수도 있는 존재이다.

22 다음 중 형성기 가족의 결혼만족도에 대한 설명으로 옳은 것은?

① 첫 자녀 출산은 부모에게 만족감보다는 어려움만 제공한다.
② 첫 자녀 출산 후 결혼만족도가 감소하는 경향이다.

정답 14.④ 15.④ 16.④ 17.③ 18.③ 19.① 20.① 21.① 22.②

③ 첫 자녀 출산 후 자원에 대한 요구의 감소로 결혼만족도가 증가한다.
④ 부모 역할 전환 시에 겪는 어려움은 아버지 쪽이 더 크다.

해설 두 배우자는 결혼 초에 가장 큰 만족을 보이다가 첫 자녀의 출산 후에 만족이 감소하며, 첫 자녀 출산 후 어머니는 아버지보다 부모 역할로 전환하는 데 더 많은 어려움을 느끼며, 부모들은 첫 자녀와 적응하는 데 특히 많은 어려움을 겪는다.

23 다음 중 형성기 가족의 결혼만족에 대한 설명으로 옳지 않은 것은?

① 첫 아이의 출산은 부모에게 어려움과 만족을 동시에 주는 사건이다.
② 자녀양육 후 주부가 취업을 중단하게 되면 이 또한 불만족의 원인이 된다.
③ 부모 역할 전환 시에 겪는 어려움은 아버지 쪽이 더 크다.
④ 두 배우자는 결혼 초에 가장 큰 만족을 보이고 출산 후에는 감소한다.

해설 어머니는 아버지보다 부모 역할 전환에 더 많은 어려움을 느끼는데, 이는 부모됨에 있어서 남녀간의 역할에 차이가 있기 때문으로 보인다.

24 다음 중 형성기 가족의 일반적 특징에 대한 설명으로 옳은 것은?

① 첫 자녀 출산 후 생활만족도가 증가한다.
② 아버지가 어머니보다 부모 역할로의 전환에 더 어려움을 겪는다.
③ 부모들은 첫 자녀와 적응하는 데 특히 많은 어려움을 겪는다.
④ 취업주부는 일에 의한 만족감 덕분에 자녀양육에 스트레스를 덜 받는다.

해설 문제 22번 해설 참조

정답 23. ③ 24. ③

제3부 가족 상황에 따른 가정관리

12 중년기 가족의 가정관리

단원 개요

중년기는 자녀교육기와 자녀성숙기를 거쳐 자녀결혼기까지 이르는 기간으로, 중년기 가족의 목표인 자녀의 사회화, 경제적 안정의 실현, 노후생활에 대한 대비, 중년기의 위기 극복을 위한 사회적·심리적 적응 등이 달성되어야 하는 시기이다.

출제 경향 및 수험 대책

이 단원에서는 중년기 가족의 목표와 일반적인 재정상태 등 중년기 가족만이 갖고 있는 특성, 중년기 가족의 계획 유형, 우리나라 중년기 가족의 가사 참여, 생활주기별로 일반적인 결혼만족도 수준 등에 대해 출제될 수 있으므로 이에 대해 자세히 학습하도록 한다.

12

01 중년기 가족의 의미

1 중년기 가족의 개념과 발달과업

① 중년기 가족의 개념 : 막내가 초등학교에 입학하고부터 결혼을 해서 집을 떠나기까지의 가족을 말한다.
② 중년기 가족의 발달과업 : 학령기 자녀의 교육문제와 부모로서의 성숙, 자녀의 진수 등을 들 수 있다.

2 중년기의 위기

① 중년기의 스트레스 : 가정과 직장에서의 의존적 관계로부터의 탈피, 성공의 한계 지각, 신체적인 노쇠현상, 시간을 다 써버린 듯한 허탈감 등에 기인한다.
② 중년의 위기를 겪는 시기나 정도 : 결혼시기, 자녀를 갖는 시기, 성별, 혼인상 지위, 직업상 지위, 직업변동의 정도 등에 따라 다르다.
③ 중년기 가족의 위기 대처 : 중년기 가족은 중년기의 위기에 잘 대처해야 한다.

> **추가 설명**
> 중년기 가족 구성원의 변화
> • 핵가족 : 확대된 가족 구성원을 유지하다 자녀의 결혼 후 두 사람만이 남는 빈둥우리가족으로 축소된다.
> • 확대가족 : 결혼한 자녀와 동거함으로써 가족구성원에는 변동이 있어도 가족원 수는 오히려 증가되기도 한다.

02 투입요소

1 가치와 목표

① 중년기 가족의 목표
  ㉠ 두 배우자의 직업상 경력의 축적
  ㉡ 자녀의 교육과 사회화
  ㉢ 청소년 자녀로 하여금 자립할 수 있는 조건을 마련
  ㉣ 주거의 안정
  ㉤ 재정적 안정
② 중년기 가족의 발달과업
  ㉠ 학동기 자녀가족의 발달과업 : 재정적인 지급능력의 유지, 가족 구성원의 사회화, 자녀의 활동영역과 부모의 사생활영역의 보장, 가족 내 의사소통의 원활, 가족 밖 생활과의 연결 확립, 도덕성 함양과 가족윤리의 확립 등
  ㉡ 청소년기 자녀가족의 발달과업 : 증가하는 재정자원 요구의 충족, 가족생활 책임감의 공유, 가정 내의 다양한 욕구를 만족시키는 설비의 제공, 세대간 의사소통의 차이 축소, 자녀와 부모의 관점의 확대, 가족의 확고한 윤리성과 도덕성의 유지 등
  ㉢ 성년기 자녀가족의 발달과업 : 자녀의 독립을 위한 재정적 지원, 자녀간의 책임감의 재분배, 물리적 설비와 자원의 재정비, 부부의 자아 재발견, 가족간 의사소통의 개방

> **추가 설명**
> 중년기 가족의 발달과업의 달성
> 남편과 아내, 자녀 모두의 협력과 이해로 달성될 수 있다.

체계 유지 등
③ 중년기 가족에게 필요한 재정
　　㉠ 생활비 : 자녀수가 많을수록 증대, 적절한 생활표준을 구체적으로 설정하는 것이 가계관리에 있어서 중요
　　㉡ 자녀의 교육비 : 중년기 가계가 우선적으로 충당해야 할 비목(자녀수뿐 아니라 자녀의 터울에 따라 차이)
　　㉢ 자녀의 결혼자금 : 중년기 후반의 가계관리에 목돈 요구
　　㉣ 노후를 위한 준비 : 우리나라의 경우 자녀의 교육과 결혼에 대한 과다한 지출로 노후 준비가 매우 미흡한 실정
④ 중년기의 중요 목표 : 두 배우자가 직업상 경력을 쌓아가는 시기로 상대방의 직업상 성공을 위해 서로 배려하고 협조하는 것이다.

2 사건

① 이혼이나 사망에 의한 한 배우자의 떠남 : 한 배우자의 떠남이 부인이든 남편이든 가족 내에서의 재정비를 불가피하게 한다.
② 가장의 실직 : 일시적인 경우에는 가계지출의 절약 등 소극적인 대처방안이, 장기적·영구적인 경우에는 다른 가족원의 취업, 자영업이나 부업의 모색 등 적극적인 대처방안이 요구된다.

3 자원

① 가계소득의 확보, 축적이 필요 : 생활비의 증가, 교육비의 증대, 자녀의 결혼비용 마련, 노후 준비 등에 따른 금전자원에 대한 요구를 충족시키기 위해서이다.
② 가계소득이 가장 높은 시기 : 중년기에 해당되는 가구주의 연령 45~54세에 가장 높으나, 물적 자원의 요구가 많다.
③ 중년기 중반 이후의 가장의 소득
　　㉠ 가장의 소득이 모든 계층에서 높은 수준을 유지하는 것이 아니고 사회계층에 따라 차이가 있다.
　　㉡ 사회경제적 지위가 낮은 저소득 가계는 가장의 소득 감소에 대비해서 다른 가족원의 취업이나 부업이 필요하다.
④ 중년기에는 실직이나 배우자와의 결별 등으로 인해 때때로 물적 자원의 감소를 경험하며, 이러한 상황이 장기적으로 갈 경우 일하지 않던 가족원은 일자리를 찾아야 하고, 이미 고용된 가족원은 소득 증대를 위해 부가적인 일자리를 구하거나 직업을 바꾸거나 해야 한다.
⑤ 중년기의 초기단계에는 친정으로부터 물적·도구적 지지를 많이 받고, 말기단계에서는 출가한 자녀로부터 도움을 받기도 한다.

> **추가 설명**
> 중년기 가족의 재정적 요구
> 재정상의 안정이 중요한데, 이 시기의 가족은 자녀의 성장에 따라 증가하는 일상적인 생활비의 충족, 자녀의 학교교육비 준비, 자녀의 결혼비용 마련, 노후 생활자금의 준비, 주거의 소유와 확대를 통한 주거안정 등과 같은 요구에 직면한다.

03 관리과정

1 계획의 유형

① 정적인 생활계획과 동적인 생활계획
  ㉠ 정적인 생활계획(안정지향적 체계)을 추구할 경우 : 계획 수립 시 고려하는 대안이 감소되고, 계획이 정확하게 수행되지 않을 때에는 불만족이 커지게 된다.
  ㉡ 동적인 생활계획(변화지향적 체계)을 추구할 경우 : 변화를 예측하고 대책을 구체화함으로써 다양한 목표와 계획을 수용할 수 있게 된다. 즉, 보다 개방적이고 적응력이 강하며 폭이 넓은 견해를 가짐으로써 새로운 대안을 제시할 수 있다.
② 중년기 가족의 생활안정을 위한 요건 : 정적인 계획과 더불어 변화지향적 체계를 추구함으로써 생활의 안정과 발전을 동시에 꾀할 수 있다.

> **추가 설명**
> 중년기 가족의 계획의 유형
> 관리과정을 통해 형성기에 세워 놓은 목표를 지향해 가므로 정적인 생활계획을 추구한다. 그러나 때에 따라서 변화지향적 체계를 추구함으로써 생활의 안정과 발전을 동시에 꾀할 수 있다.

2 의사결정과 의사소통

① 중년기의 가족원들은 금전관리·시간관리·권리의 위임, 의사결정 등을 잘할 수 있는 방법을 터득하게 된다.
② 주부는 가정관리의 주체자로서 의사결정에 보다 주도적인 위치를 차지하게 된다.
③ 의사결정이나 수행과정에 가족원의 의사를 반영하기 위해서는 가족원 간의 개방적이고 폭넓은 의사소통이 중요하다.

3 중년기 가족의 역할 변화와 대응

① 가사노동시간의 감소
  ㉠ 중년기는 가족형성기에 비해 주부의 가사노동시간이 크게 줄어든다.
  ㉡ 가사노동시간 감소가 미치는 영향
    • 전업주부인 경우 : 심리적으로 여성의 잠재된 능력이 새로운 방향으로 전환될 수 있으나 새로운 역할을 찾지 못할 경우에는 중년기의 정체감과 역할 상실과 같은 부정적인 변화로 인식되기 쉽다.
    • 취업주부의 경우 : 가족생활의 부담에서 벗어나 자신의 직업경력에 몰두할 수 있다.
② 여가시간의 증가
  ㉠ 전업주부의 경우 중년기는 시간적인 면에서만 보면 풍요로운 여가생활이 가능한 시기이다.
  ㉡ 자원봉사활동은 중년여성의 여가가 소비적인 차원에서 벗어날 수 있게 하는 새로운 대안으로 제시되고 있다.
  ㉢ 여성의 자원봉사활동에 대한 평가
    • 사회 참여의 욕구를 충족시킨다.
    • 지역 사회 발전에 기여한다.

- 자녀에게는 모범을 보임으로써 긍정적인 사회화를 경험하게 한다.
- 자신의 노후와 미래의 삶을 준비하는 창조적인 사회활동이자 자기개발활동으로 긍정적으로 평가된다.

③ 재취업
  ㉠ 재취업의 유형화
   - 학동기 자녀가 있는 경우 : 자녀의 교육비를 벌기 위해
   - 이혼 혹은 사별한 여성의 경우 : 선택에 의해서라기보다는 필요에 의해서 일을 해야만 하므로
   - 안정된 직업군에 속한 여성의 경우 : 자기 자신을 위해 더 많은 투자(시간·금전)를 하고 싶어서
   - 강제로 실직당한 경우 : 새로운 다른 직업을 구하기 위해서
  ㉡ 취업은 대부분의 중년여성에게 매우 긍정적인 변화를 일으킨다.

④ 은퇴
  ㉠ 정년퇴직 : 한 개인의 일생에 있어서 중년기에서 노년기로 진입하는 중요한 분기점으로서, 특히 직업지향적인 산업 사회에서 큰 의미를 지닌다.
  ㉡ 은퇴를 보는 관점
   - 은퇴를 위기로 보는 관점 : 자아정체감의 상실, 지위의 상실, 비생산적인 여가 시간, 무능력하다는 사회적 낙인 등으로 본다.
   - 은퇴를 인생의 한 부분으로 보는 관점 : 인생주기에 있어서 오래 전부터 예견할 수 있는 한 단계로 본다.
  ㉢ 퇴직에 대해 긍정적인 태도를 가질수록, 퇴직 후 생활에 대비한 계획 정도가 높을수록 퇴직 후 생활적응이 용이하다.

> **추가 설명**
> 은퇴의 정의
> 직업 중심 사회에서 대부분의 중년기 남성이 경험하게 되는 가장 큰 역할의 변화이다.

4 재정계획

① 중년기가 되면 자녀가 성장함에 따라 피복비, 음식물비, 자녀를 위한 내구재 구입비, 교육비 등 필수적인 생활비가 많이 든다.
② 중년기에는 장기적인 재정계획과 더불어 1년 단위와 한달 단위의 예산을 철저하게 세우는 것이 필요하다.
③ 우리나라 중년기의 지출구조
  ㉠ 교육비
   - 교육비는 지출구조에서 가장 부담이 되는 항목이다.
   - 교육비는 가족생활주기 이외에도 자녀수에 따라 차이가 크고, 특히 대학에 재학하고 있는 자녀수가 많을수록 지출액이 크다.
   - 교육 기회의 차이는 공교육보다는 사교육에서 더욱 심각하다.
   - 교육비의 문제는 어느 한 소득계층에 국한된 문제가 아니다.

> **추가 설명**
> 중년기 가족의 재정(지출)상 요구
> 증가된 생활비, 자녀 교육비, 주택의 마련 또는 확대, 자녀의 결혼자금, 노후의 생활대책 등과 같은 지출 요구가 많으므로 구체적인 재정계획을 세워야 한다.

ⓒ 자녀의 결혼자금 : 중년기 말기에는 자녀 결혼자금으로 목돈이 들어가는데, 혼수는 가정경제 형편에 맞게 마련하여야 하며, 앞으로 건전한 혼인풍속을 지향하는 생활자세를 갖추도록 하여야 한다.

ⓓ 노후의 생활자금
- 노년기의 생활 만족을 결정하는 데 경제적인 요인이 가장 크므로 노후의 생활자금에 대한 계획과 준비는 중년기 초기부터 이루어져야 한다.
- 노후준비금을 결정하는 데 영향을 미치는 변수 : 주택가격, 노후퇴직금, 월평균소득, 자산 등의 경제적 변수
- 소득과 자산 수준이 낮은 빈곤 가계의 노후대책을 위하여 정책적 지원이 필요하다.
- 자신이 노후에 받게 될 연금을 미리 알아두고 노후계획에 반영하는 것이 필요하다.

04 산출

1 부부의 결혼만족도

① 만족도의 추이 : 신혼초 가장 큰 만족을 보이다가, 첫 자녀 출산 후 만족이 감소하며, 중년기에 들어서서도 계속 감소한다.

② 부부간의 결혼만족도의 차이
   ⓐ 부인의 경우 : 자녀가 성장하는 데 따른 심리적 불안과 재정적 부담, 심리적·신체적인 변화에 기인하여 중년기 초반·중반에 만족도가 낮으며, 중년기의 심리적 위기를 극복하지 못하면 무력감에 빠지고 생활만족도가 낮아지게 된다.
   ⓑ 남편의 경우 : 심리적 불안을 느끼는 시기가 부인보다 늦게 나타난다.

> **추가 설명**
> 중년기 부부의 결혼만족도
> 가족생활주기 중 결혼만족도는 낮은 수준이다. 부인과 남편은 결혼만족도에서 상이한 양상을 보여, 중년기 초반과 중반에는 부인의 불만족이 높으며, 중년기 후반이 되면 남편의 불만족이 높아진다.

2 부부의 불안 극복

① 생활 만족도를 높이기 위한 방안 : 중년기 여성이 자녀양육 등의 가정에서의 역할 요구가 줄어들 경우 심리적 위기에 빠질 수 있으므로 취미활동, 문화활동, 자원봉사활동 등에 참여함으로써 생활만족도를 높일 수 있다.

② 중년기 후기에 부인보다 남편 쪽이 심리적으로 불안정하게 되는 이유
   ⓐ 남편은 은퇴에 대한 우려를 갖게 되고, 자식 특히 딸의 결혼은 아버지 쪽에 더 큰 심리적 적막감을 가져다 준다.
   ⓑ 손주의 출생 후 별 도움이 되지 못하므로 고독한 입장에 처하게 된다.

③ 중년기에 부부가 경험하게 되는 심리적 불안의 극복 : 부부간의 역할을 다양화하도록 노력함으로써 어려움을 극복하고 생활만족도를 높일 수 있다.

실전예상문제

1 다음 중 막내가 초등학교에 입학하고부터 결혼을 해서 집을 떠나기까지의 가족을 무엇이라고 하는가?

① 형성기 가족　② 중년기 가족　③ 노년기 가족　④ 학령기 가족

> 해설 중년기 가족의 정의 : 막내가 초등학교에 입학하고부터 결혼을 해서 집을 떠나기까지의 가족

2 다음 중 중년기 가족의 발달과업에 해당되지 않는 것은?

① 학령기 자녀의 교육문제
② 부모로서의 성숙
③ 부모됨의 적응
④ 자녀의 진수

> 해설 ③은 형성기 가족의 발달과업이다.

3 다음의 〈보기〉와 같은 목표를 갖는 가족 유형은?

> 보기　자녀의 교육과 사회화, 자녀의 자립조건의 마련, 남편 또는 부인의 직업상 경력의 축적, 경제생활의 안정, 주거안정, 경제적 · 심리적 위기의 극복 등이 중요한 목표이다.

① 형성기 가족　② 중년기 가족　③ 노인전기 가족　④ 노인후기 가족

> 해설 중년기 가족의 목표 : 자녀의 교육과 사회화, 청소년으로 하여금 자립할 수 있는 조건을 마련해 주는 것, 두 배우자의 직업상 경력의 축적, 재정적인 안정, 주거의 안정 등

4 다음 중 중년기 가족의 목표에 해당하는 것은?

① 배우자 가족과의 관계형성
② 가정생활에 대한 우선순위 부여
③ 자녀의 교육과 사회화
④ 부부됨에 따른 가치의 창출

> 해설 문제 3번 해설 참조

5 다음 중 중년기 가족의 목표에 대한 설명으로 틀린 것은?

① 직업상 경력이 안정된 시기이므로 직업보다는 가정생활에 주력하여야 한다.
② 주거의 소유와 확대 등 주거의 안정을 이루어야 한다.

정답　1.❷　2.❸　3.❷　4.❸　5.❶

③ 재정상의 요구가 많은 시기이므로 철저한 재정계획이 필요하다.
④ 청소년 자녀의 교육과 사회화에 힘써야 한다.

해설 문제 3번 해설 참조

6 가족생활주기 중 중요한 사건이 배우자의 이별, 실직 등이 되는 시기는?

① 신혼기 가족   ② 형성기 가족   ③ 중년기 가족   ④ 노년기 가족

해설 중년기 가족에게 일어날 수 있는 사건 : 이혼이나 사망에 의한 한 배우자의 갑작스런 떠남이나 실직을 들 수 있다.

7 다음 중 생활비의 증가, 교육비의 증대, 노후 준비 등을 위해 가계소득의 확보 내지 축적이 필요한 시기는?

① 형성기 가족   ② 중년기 가족   ③ 은퇴기 가족   ④ 노년기 가족

해설 중년기 가족에서 생활비의 증가, 교육비의 증대, 자녀의 결혼비용 마련, 노후준비 등에 따른 금전자원에 대한 요구를 충족시키기 위해 가계소득의 확보 내지 축적이 필요하다.

8 다음 중 중년기 가족에 대한 설명으로 옳은 것은?

① 자녀가 성인으로 성장하는 중년기에는 가족원간의 의사소통을 통한 합의보다는 각자의 자율적인 의사결정이 더욱 바람직하다.
② 청소년 자녀의 교육을 위하여 중년기 부인의 재취업은 바람직하지 않다.
③ 중년기에는 생활안정을 위해 정적인 생활계획보다 동적인 생활계획을 고수하는 것이 바람직하다.
④ 저소득가정의 경우 중년기 말기에 소득의 감소를 경험할 수 있다.

해설 중년기의 말기인 자녀결혼기가 되면 남편의 소득은 감소하고, 자녀의 결혼자금 등 목돈의 지출이 많이 요구되기 때문에 일부 고소득층이나 맞벌이하는 중산층을 제외하고는 대부분의 가족이 물적 자원의 부족을 경험하게 된다.

9 다음 중 중년기 가족의 계획 유형에 대한 설명으로 옳은 것은?

① 변화에 대응하기 위해 상례적 계획을 사용한다.   ② 정적인 생활계획을 통해 가족의 성장에 적응한다.
③ 동적인 생활계획은 생활에 안정감을 제공한다.   ④ 안정지향적 체계를 추구하면 대안이 감소된다.

해설 중년기에 정적인 생활계획 또는 안정지향적 체계를 추구할 경우 계획수립 시 고려하는 대안이 감소되고, 또한 계획이 정확하게 수행되지 않을 때에는 불만족이 커지게 된다.

10 다음 중 중년기 가족의 계획 유형으로 옳은 것은?

① 탐색적 체계 ② 동적인 생활계획 ③ 변화지향적 체계 ④ 안정지향적 체계

> 해설 중년기 가족은 관리과정을 통해 형성기에 세워놓은 목표를 지향해 가므로 대부분이 정적인 생활계획을 추구한다.

11 다음 중 중년기 가족의 역할 변화와 이에 대한 대응으로 옳은 것은?

① 증가한 여가시간에 봉사활동을 함으로써 사회참여욕구를 충족시킨다.
② 중년 남성의 은퇴는 위기로 볼 수밖에 없으므로 무조건 일을 해야 한다.
③ 중년 여성의 취업은 역할갈등을 일으키므로 바람직하지 않다.
④ 자녀양육시간이 감소하므로 이때부터 가사에 전념하는 것이 좋다.

> 해설 중년 여성의 자원봉사활동은 사회 참여의 욕구를 충족시키고 지역사회 발전에 기여하며, 자녀에게는 모범을 보임으로써 긍정적인 사회화를 경험하게 하고, 자신의 노후와 미래의 삶을 준비하는 창조적인 사회활동이자 자기개발활동으로 긍정적으로 평가되고 있다.

12 다음 중 중년기 가족의 역할 변화와 이에 대한 대응으로 옳은 것은?

① 중년기 남성에게 은퇴는 사회적 역할로부터 벗어날 수 있다는 점에서 긍정적인 체험이다.
② 중년기 취업주부는 가족생활의 부담에서 벗어나 자신의 직업경력에 몰두할 수 있다.
③ 중년기 여성의 사회활동 참여는 중·고등학교 자녀의 교육을 위해서 바람직하지 않다.
④ 중년기 말기에 남편이 은퇴를 하게 되면 노후의 생활을 함께 하기 위하여 부인도 함께 은퇴를 하는 것이 좋다.

> 해설 중년기 취업주부의 경우 자녀가 상급학교에 진학하면서 학교에 머무르는 시간이 늘어나 가족형성기에 비해 가사노동 시간이 크게 줄어들어 가족생활의 부담에서 벗어나 자신의 직업경력에 몰두할 수 있다.

13 다음 중 중년기 여성의 여가가 소비적인 차원에서 벗어날 수 있게 하는 새로운 대안으로 제시되고 있는 것은?

① 취업 ② 자원봉사활동 ③ 저축 ④ 여행

> 해설 자원봉사활동은 중년기 여성의 여가가 소비적인 차원에서 벗어날 수 있게 하는 새로운 대안으로 제시되고 있다.

14 다음 중 중년기 남성이 경험하게 되는 가장 큰 역할의 변화는 무엇인가?

정답 6.❸ 7.❷ 8.❹ 9.❹ 10.❹ 11.❶ 12.❷ 13.❷ 14.❶

① 은퇴　　　　② 죽음　　　　③ 질병　　　　④ 이혼

해설 은퇴는 중년기 남성이 경험하게 되는 가장 큰 역할의 변화이다.

15 다음 중 은퇴에 대한 관점이 다른 하나는?

① 계속적인 인생의 한 부분　　　② 자아정체감의 상실
③ 무능력하다는 사회적 낙인　　　④ 지위의 상실

해설 은퇴에 대한 두 가지 관점
- 위기로 보는 관점 : 은퇴를 지위의 상실, 자아정체감의 상실, 비생산적인 여가 시간, 무능력하다는 사회적 낙인 등으로 본다.
- 인생의 한 부분으로 보는 관점 : 은퇴란 인생주기에 있어서 예견된 단계이며, 은퇴에 대하여 너무 지나치게 비통해 하거나 부적응상태에 빠질 필요가 없다고 주장하는 것이다.

16 중년기 가족이 직면하는 재정상의 요구와 거리가 먼 것은?

① 자녀의 성장에 따른 생활비 증가　　　② 자녀의 학교교육비의 준비
③ 자녀의 결혼비용 마련　　　　　　　　④ 여가시간의 활용

해설 중년기 가족의 재정(지출)상 요구 : 증가된 생활비, 자녀교육비, 주택의 마련 또는 확대, 자녀의 결혼자금, 노후의 생활대책 등과 같은 지출 요구가 많으므로 구체적인 재정 계획을 세워야 한다.

17 다음 중 우리나라 중년기의 지출구조에서 가장 부담이 되는 항목은 무엇인가?

① 생활비　　　② 교육비　　　③ 주택 마련　　　④ 결혼 비용

해설 교육비의 경우 우리나라 중년기의 지출구조에서 가장 부담이 되는 항목이다.

18 다음 중 중년기 가족의 재정계획과 수행에 대한 설명으로 옳은 것은?

① 결혼 후 자녀의 자립을 위하여 혼수를 될 수 있는 한 충분히 마련하도록 해야 한다.
② 노후생활에는 상당한 자금이 소요되므로 중년기 초기부터 준비를 하는 것이 바람직하다.
③ 교육기회의 차이는 공교육과 사교육 모두에서 심각하다.
④ 가족생활주기 중 가장 소득이 높은 시기이므로 저축보다는 여행이나 내구재 구입 등 선택적 지출을 우선적으로 하는 것이 좋다.

해설 중년기에는 노후 생활에 대한 준비를 초기부터 하는 것이 바람직하다.

19 다음 중 노후준비금을 결정하는 데 영향을 미치는 변수가 아닌 것은?

① 주택가격 ② 노후퇴직금 ③ 자녀수 ④ 월평균소득

해설 노후준비금 결정에 영향을 미치는 변수 : 주택가격, 노후퇴직금, 월평균소득, 자산 등

20 중년기 부부의 결혼만족도 수준을 바르게 설명한 것은?

① 중년기 부부의 결혼만족도는 형성기 부부보다 낮다.
② 중년기 초반에는 부인보다 남편의 불만족이 높다.
③ 중년기 중반에는 부인이 남편보다 만족한다.
④ 중년기 후반에는 남편보다 부인의 불만족이 높다.

해설 중년기 부부의 결혼만족도 : 가족생활주기 중 결혼만족도는 낮은 수준이다. 중년기 초반과 중반에는 부인의 불만족이 높고, 후반이 되면 남편의 불만족이 높아진다.

21 다음 중 중년기 부부의 결혼만족도에 대한 설명으로 옳은 것은?

① 은퇴와 함께 남편의 결혼만족도는 증가한다.
② 중년기 후기에는 부인의 결혼만족도가 남편보다 낮다.
③ 중년기 초기에는 부인의 결혼만족도가 남편보다 낮다.
④ 자녀양육의 역할로부터 자유로워지면서 중년기에 부인의 결혼만족도는 증가한다.

해설 문제 20번 해설 참조

22 다음 중 중년기 후기가 되면 부인보다 남편 쪽이 심리적으로 불안정하게 되는 경향이 나타나는데 그 이유라고 볼 수 없는 것은?

① 사회적 역할이 강화되므로 가족과의 관계가 악화된다.
② 손주의 출생 후 중년기 남편은 별 도움이 되지 못하므로 고독한 입장에 처하게 된다.
③ 자식 특히 딸의 결혼은 아버지 쪽에 더 큰 심리적 적막감을 가져온다.
④ 남편은 나이가 듦에 따라 은퇴에 대한 우려를 갖게 된다.

해설 중년기 후기에 부인보다 남편 쪽이 심리적으로 불안정하게 되는 이유
• 남편은 나이가 듦에 따라 은퇴에 대한 우려를 갖게 된다.
• 자식 특히 딸의 결혼은 아버지 쪽에 더 큰 심리적 적막감을 가져다 준다.
• 손주가 출생한 후 남편은 별 도움이 안되므로 점점 고독한 입장에 처하게 된다.

정답 15.❶ 16.❹ 17.❷ 18.❷ 19.❸ 20.❶ 21.❸ 22.❶

MEMO

제3부 가족 상황에 따른 가정관리

13 노년기 가족의 가정관리

 단원 개요

노년기 가족은 막내자녀의 결혼으로 인해 두 부부만이 남는 빈둥우리 가족을 말하는데, 일반적으로 '가장의 은퇴'가 가장 중요한 특성이 된다. 노년기 가족에서는 가장의 은퇴로 인해 감소된 소득의 제약 아래서 노인의 욕구를 어떻게 잘 충족시킬 수 있는가라는 문제와 관련하여 가정관리에 대한 체계적 접근이 요구된다.

 출제 경향 및 수험 대책

이 단원에서는 노년기 가족의 재정상태의 특징인 수입의 감소, 노년기 가족의 주된 요구인 부과된 여가시간 · 사회적 역할 상실 · 수입의 감소, 종교의 기능, 노년기 가족의 관리적 욕구, 우리나라에서 노인을 위하여 제공되고 있는 공적인 지원제도 등에 대하여 출제될 수 있으므로 이에 대해 자세히 학습하도록 한다.

13

01 노년기 가족의 의미

① 노년기 가족의 정의 : 빈둥우리 가족이라고도 하며, 막내자녀 결혼으로부터 배우자가 사망하고 본인이 사망하기까지의 가족을 말한다.
② 노년기 가족의 시작 : 가족에 따라서는 가장의 은퇴를 노년기 가족의 시작으로 보기도 한다.
③ 노년기 가족이 달성해야 할 발달과업
  ㉠ 경제적 회복기의 발달과업 : 현재와 미래의 욕구에의 자원배분, 적절한 사회적 역할의 담당, 안락하고 건강한 복지에의 대비, 결혼 만족의 확인, 가족 테두리의 확장, 인생의 중심적 가치의 확인 등
  ㉡ 은퇴기의 발달과업 : 은퇴소득에의 적응, 신체적·정신적 건강의 유지, 만족스러운 주거의 확보, 가족과의 지속적인 접촉, 인생 의미의 발견 등
④ 노년기 가족의 관리문제 : 수명의 연장으로 노년층이 전 인구에서 차지하는 비율이 증가하면서 노년층의 생계문제, 신체적·정신적 건강 문제, 사회적 적응문제 등의 빈도가 높아지고 있다.

> **추가 설명**
> 노년기 가족의 정의와 특성
> 막내자녀의 결혼으로 인해 두 부부만이 남는 빈둥우리 가족을 말하는데, 일반적으로 가장의 은퇴가 가장 중요한 특성이 된다.

02 투입요소

1 목표

① 개요 : 노인들은 노년기를 인생의 모든 것을 상실하는 시기로 간주하고 고립·소외·불안을 느끼면서 살아가는데, 오늘날 노인 중에는 개인의 지속적인 성장과 발달을 도모하기 위해 노년기를 충실하게 보내는 사람들이 늘어나고 있다.
② 노년기에 관심을 가져야 할 목표
  ㉠ 심리적 영역 : 자신의 노화과정에 적응, 임박한 죽음에 대처
  ㉡ 경제생활 영역 : 생활수준 유지, 재산상속문제 해결
  ㉢ 가족관계 영역 : 배우자의 죽음에 적응, 자녀에 대한 의존에 대처
③ 노년기의 은퇴 : 은퇴는 개인의 사회적 역할과 개인생활, 가정관리에 큰 변화를 가져온다.
④ 노년기에 대처를 필요로 하는 요구
  ㉠ 수입의 감소
    • 퇴직 후에는 정기적 수입원이 단절되고 연금이나 퇴직금, 재산소득 등으로 수입이 대체된다.
    • 자녀가 부양의 책임을 지는 경우 : 자녀가족이 빈곤한 경우 노부모의 부양은 기혼자

녀의 곤궁함을 가중시킨다.
ⓒ 부과된 여가시간
- 노년기의 중요한 목표는 여가능력의 개발이다.
- 여가능력의 개발 효과 : 신체적 발달, 지적인 성장, 사회적 관계의 확대 등
ⓒ 신체적 쇠약에 따른 건강문제
- 신체적으로 쇠약해지므로 식이에 유의하고 적당한 운동을 하여 건강을 유지하여야 한다.
- 노인들은 발병률이 높으므로 의료비 지출이 많아지게 되고 노인의 간호를 위해 가족들의 에너지나 시간이 많이 요구된다.
ⓔ 사회적 역할 상실
- 은퇴 후 뚜렷한 역할을 부여받을 수 있는 활동이나 여가활동이 없으면 자아상실감은 더욱 커지게 된다.
- 은퇴로 인한 노인의 역할 상실 문제 : 노인의 소외 및 고독 문제와 연결된다.
- 노인의 고독감 : 가족과의 관계뿐 아니라 조기퇴직과 사회적 참여 프로그램의 미비로 인한 사회로부터의 소외에 의해 더욱 가중된다.
- 역할 상실로 인한 심리적 고독감을 줄이기 위해 사회적 관계를 확대한다.
ⓜ 가족 · 친구 관계
- 공통의 관심사를 가진 친구나 이웃과의 친밀한 관계를 유지하는 것이 중요하다.
- 은퇴 후에는 부모자녀관계와 부부관계의 재조정이 요구된다.
ⓗ 주택문제
- 주택을 소유한 경우 노인의 신체적 조건이나 가족구성의 변화에 따라 주거구조나 주택 규모, 주택 환경의 조정이 필요하다.
- 은퇴할 때까지 자가를 소유하지 못한 노년기 가족에 있어서 주택문제는 아주 심각하다.

⑤ 노년기 가족이 가정관리 수행 시 추구해야 할 목표 : 적절한 생활수준의 유지, 건강의 유지, 편안한 주거환경의 확보, 여가시간의 활용, 사회적 역할 상실의 극복, 원만한 가족관계 등이 있다.

2 사건

① 노년기 가족이 직면하는 중대한 사건 : 배우자의 사망을 들 수 있다.
ⓐ 여자 노인에게 남편의 사망 : 아내로서의 역할 상실, 경제적 위협, 남편을 통한 사회적 지위의 상실 등의 의미를 갖는다.
ⓑ 남자 노인에게 부인의 사망 : 심리적 · 정서적 타격을 더 많이 주게 되며, 주변 가족에게도 더 큰 심리적 부담을 주게 된다.
② 신체적 노쇠로 인한 질병이나 갑작스러운 사고 : 당사자뿐 아니라 자녀가족에게 많은 영

추가 설명
노년기 여가능력 개발 효과
- 신체적 발달 : 운동 · 영양 · 휴식 등에 관심을 갖는다.
- 지적인 성장 : 대학의 교육과정, 도서관 이용, 취미생활의 추구 등을 통해서 가능하다.
- 사회적 관계의 확대 : 새로운 친구를 사귀고 가족원 외의 사람들과 가까운 관계를 유지함으로써 가능하다.

추가 설명
노년기 가족에 나타나는 사건
배우자의 사망, 노쇠로 인한 질병, 갑작스러운 사고 등

향을 준다.

3 자원

① 자녀·친척·친구의 지원
　㉠ 노인들은 일상적인 돌봄이나 정서적 원조를 구함에 있어서 자녀나 친척에게 훨씬 더 빈번하게 의존한다.
　㉡ 노년기에 세대간의 자원 원조 : 일방적 수혜보다는 호혜성에 근거하여 이루어지는 경우가 많다.

② 재정적 자원
　㉠ 경제적 안정과 보장 : 노인의 지위와 자아를 유지시켜 줌으로써 노년기의 삶을 성공적으로 영위하도록 하는 데 가장 큰 영향을 준다.
　㉡ 노인가족의 소득 : 취업 여부와 세대 유형에 따라 많은 차이를 보이는데, 비취업 가구와 노인독신가구의 소득이 특히 낮으며, 노인독신가구 중 비취업가구는 소득이 지출에도 미치지 못하고 있다.

③ 건강 및 신체적·정신적 제기능
　㉠ 좋은 건강을 유지하는 것은 노인에게 가장 중요한 인적 자원이며, 노인에게 건강은 생리적인 적응력을 의미하므로 노인의 생활 전반에 영향을 미친다.
　㉡ 신체적·정신적 기능의 저하 : 노년기 가족이 각종 요구나 사건에 직면하였을 때의 대처능력을 저하시킨다.

④ 종교
　㉠ 노년기에 은퇴를 하게 되면 금전자원의 감소, 사회적 지위의 상실, 신체적 쇠약 등에서 오는 소외감과 불안감 등을 갖게 된다.
　㉡ 종교는 심리적 불안감을 극복하고 정신적 위안을 얻는 계기를 마련해 준다.
　㉢ 종교는 노년기 가족에게 아주 중요한 심리적 자원이 된다.

⑤ 사회 공공 부문의 자원
　㉠ 노인이 혼자 독립된 생활을 유지할 경우에 특히 공공 서비스가 필요하다.
　㉡ 노인을 위하여 제공되고 있는 공적인 자원 제도
　　• 사회 공공 부문의 지원 : 노후의 소득 보장을 위하여 기초연금 지급, 노인 취업알선센터와 노인공동작업장을 설치·운영 등
　　• 노인의 건강 증진 지원 : 치매상담센터 운용, 노인건강진단 실시 등
　　• 노인의 생활만족을 위한 지원 : 여가활동을 지원하기 위하여 경로당 운영 지원, 노인복지회관 운영 등
　㉢ 우리나라의 경우 노인을 위한 공공 부문의 지원이 확충되고 있긴 하나 기초연금 지급액이 생활을 보장한다기보다는 보조적인 차원에 머무르고 있다.

추가 설명

노년기 가족의 자원
경제적 지불능력, 건강, 가족·친구·친척 등의 사회적 관계망으로부터의 정신적 또는 물리적 자원, 사회 공동 부문으로부터의 지원, 종교 등이 있다.

03 관리과정

1 계획

① 은퇴 후의 상황이 불확실하므로 은퇴에 대비하여 계획을 미리 세우는 것은 어려운 일이다.
② 노후에 대비한 저축 : 가족생활단계 중 특히 중년기 후반이나 노년기 초반에 부과되는 중요한 과제이다.
③ 은퇴기의 경제적인 자립을 위해 고려해야 할 사항 : 은퇴 시기, 은퇴 후 받을 수 있는 연금이나 퇴직금 등의 자원, 현직업의 특성 등을 고려하여 미리 생활계획을 세우는 것이 중요하다.
④ 우리나라의 경우 사회보장 혜택은 최저생활비의 수준에서 설정되기 때문에 노후생활 계획 시 큰 어려움을 겪는다.
⑤ 은퇴기 가족은 가계소득이 감소하므로 상승되는 요구를 충족시키기 위해서는 구체적이고 세밀한 지출계획이 필요하다.
⑥ 노년기 가족의 생활표준을 설정하기 위해서는 경제체제의 변화를 미리 예상하여 반영하는 것이 필요하다.

> **추가 설명**
> 노년기 가족의 관리과정
> 은퇴를 계기로 하여 소득은 격감되는 데 반해 노인의 특별한 요구-의료비나 여가비용 등-는 증가하고 또한 이전의 생활 수준을 유지해야 하므로, 세밀한 재정계획을 수립해야 한다.

2 수행

① 노년기의 가족관계
  ㉠ 부부관계
   • 제2의 신혼기를 경험하는 경우도 있고, 남편의 가부장적 권위를 기초로 이루어진 부부관계일 때 부인의 불만이 더욱 증가하여 황혼 이혼을 하는 경우도 있다.
   • 노부부들은 일반 부부와 마찬가지로 친밀감과 함께 갈등이 공존한다.
   • 노년기에 배우자를 상실한 노인들은 생활만족이나 사기가 저하된다.
   • 노년기 재혼은 홀로 남는 사람이 겪는 여러 가지 문제에 대한 욕구를 충족시키며, 삶에 대한 동반감 및 자신감을 느끼게 함으로써 성공적인 노후를 마감하도록 할 수 있다.
   • 노인들이 자녀와의 별거를 원하는 이유 : 자녀와의 동거 시 가사결정권을 갖지 못하기 때문이다. 자녀와의 별거가 노인에게 집안의 가장으로서의 자존감과 권위를 지킬 수 있다.
  ㉡ 부모자녀관계
   • 노인 스스로 단독가구를 형성한 경우 : 배우자 한쪽이 사망한 후에도 혼자 살기를 희망하는 비율이 높게 나타났다.
   • 노인들은 전체적으로는 노인단독가구를 선호하지만, 경제력과 건강에 문제가 있을 때는 자녀의 부양을 원하고 있다.
   • 유배우 노인은 무배우 노인보다 기혼자녀와의 관계가 좋은 것으로 나타났다.

> **추가 설명**
> 노년기 재혼의 성공 비결
> 쌍방의 결혼 만족도나 소득 등 경제적 요인도 중요하나 가족, 특히 자녀와의 관계가 좋고 자녀가 재혼을 승인하는 것이 중요하다.

② 노년기의 가사노동 수행
　㉠ 노인들은 신체적·심리적인 쇠약으로 가사노동의 수행에 있어 여러 가지 어려움에 직면하기 쉽다.
　㉡ 단독가구노인들도 생활 유지를 위해서 반드시 일정한 가사노동을 수행해야 한다.
　㉢ 가정기기의 활용 : 가사노동을 경감시켜 주므로 필수적인 기구이다.
③ 노년기의 여가생활
　㉠ 노인 자신에게 부여된 남는 시간을 충실하게 사용하는 것이 생활만족에 중요한 영향을 미치게 된다.
　㉡ 노년기의 여가 유형
　　• 사회 참여형 : 지역사회 봉사활동, 동창회·향유회·친목회, 정치단체 참여 등으로 시간을 보낸다.
　　• 가족충실형 : 가옥의 미화작업, 정원 손질, 살림용구를 수시로 옮겨 놓아 보는 일, 가족 동반의 외식 또는 가족 단위의 소풍 등으로 시간을 보낸다.
　　• 독서형 : 독서, 문집 정리, 신문 잡지의 기사 스크랩, 새로운 문헌 수집 등으로 시간을 보낸다.
　　• 우인교류형 : 친구들과 어울리는 일에 많은 시간을 보낸다.
　　• 단독충실형 : 서예, 다도, 사진 촬영, 미술이나 음악감상, 우표나 오래된 동전 수집 등으로 시간을 보낸다.
　㉢ 노인들의 여가활동을 위한 방안
　　• 공적인 차원 : 다양한 프로그램이나 지원이 필요하다.
　　• 개인적인 차원 : 자신의 인생에 대한 긍정적 평가와 자신감, 가족과의 원만한 관계를 형성하는 일이 병행되어야 한다.

추가 설명

노인의 여가활동을 제약하는 요인

돈이 없어서, 건강이 나빠서, 나이가 많아서 등의 순으로 나타나 경제적 여건이 중요했지만, 최근의 연구에서는 노인들이 주관적으로 인지하는 가족관계에 대한 만족감, 자아존중감, 내외 통제성 등 심리적인 변수들이 중요한 영향을 미치고 있다.

04 산출

1 노인 가족의 생활만족도

① 배우자가 있는 노인이 그렇지 않은 노인보다 높은 생활 만족도와 행복감을 가진다.
② 노인의 사회관계(특히 친구와의 친밀한 관계)는 자아존중감과 사교적 능력을 제고하여 노인에게 심리적 안정감을 부여해 준다.
③ 직업적 지위와 교육 정도, 소득 수준이 높을수록 생활만족도가 커진다.
④ 가정경영에서의 의사결정이 노인 중심으로 이루어지고 자녀 유대 관계가 좋을수록 생활만족도가 높다.
⑤ 노인의 전반적인 생활만족도는 가족생활의 만족 여부에 의해 결정된다.

2 노년기에 나타나는 상실

① 경제적 결핍, 대인적 고립, 역할 긴장 등 노년기의 역할 변화와 부적응 상태, 노인들이 경험하는 배우자와의 사별, 은퇴 등의 생활사건, 노인과 노화에 관한 그릇된 신화 등은 노인의 자존심에 지대한 손상을 가져온다.
② 노년기에 나타나는 여러 가지 상실은 노인들의 자아존중감과 생활만족도 유지에 방해요인으로 작용한다.

05 환경

① 노년기 가족은 노인의 신체적·심리적 특성을 고려하여 주거계획을 세워야 한다.
② 3세대 동거가족 : 상호 프라이버시를 존중하면서 가족간의 위화감이 생기지 않도록 주택계획이나 방의 배치에 있어서 세심한 배려를 해야 한다.
③ 노후에 요구되는 주거환경
    ㉠ 내부환경
        - 안전시설 : 비상시 긴급연락시설, 문턱의 설치 제한, 바닥재료의 미끄럼 방지, 욕실 내의 손잡이
        - 내부공간 구성 : 충분한 수납공간, 붙박이장, 욕조
    ㉡ 외부환경
        - 자녀·친척 거주근접성 : 친구 및 자녀와의 근접성, 형제나 친척과의 근접성
        - 서비스 시설 : 의료 서비스, 가사보조 서비스, 간호·간병 서비스, 상담 서비스
        - 정원시설 : 공원·산책로·정원의 필요성 요구
        - 교통 및 주변환경 : 교통시설, 교양오락시설, 병원, 운동시설, 종교기관의 근접성

> **추가 설명**
>
> 노년기 주거환경
> - 노인을 위한 안전시설을 설치하여야 한다.
> - 자녀나 친척과의 근접성을 고려하여야 한다.
> - 지역사회와의 교류를 위한 노인정이나 노인학교가 갖추어져 있는 것이 좋다.
> - 3세대 동거가족은 주택계획이나 방의 배치에 있어서 상호 프라이버시를 존중하면서 가족간의 위화감이 생기지 않도록 세심한 배려를 해야 한다.

실전예상문제

1 막내자녀의 결혼으로부터 배우자가 사망하고 본인이 사망하기까지의 가족으로 빈둥우리 가족이라고도 말하는 가족은 무엇인가?

① 형성기 가족　　② 학령기 가족　　③ 중년기 가족　　④ 노년기 가족

> **해설** 노년기 가족의 개념 : 막내자녀의 결혼으로부터 배우자가 사망하고 본인이 사망하기까지의 가족으로서 두 부부만이 남는 빈둥우리 가족을 말한다.

2 노년기 가족의 시작으로 보는 사건은?

① 첫 자녀의 결혼　　② 가장의 은퇴　　③ 한 배우자의 사망　　④ 손자녀의 출생

> **해설** 가족에 따라서는 '가장의 은퇴'가 막내의 결혼보다 시기적으로 앞서기도 하는데, 이런 경우에는 '가장의 은퇴'를 노년기 가족의 시작으로 보는 것이 타당하다.

3 다음 중 노년기 가족의 발달과업을 살펴보았을 때 경제적 회복기에 해당되는 발달과업은 무엇인가?

① 만족스러운 주거의 확보
② 은퇴소득에의 적응
③ 결혼 만족의 확인
④ 인생 의미의 발견

> **해설** 노년기 가족의 발달과업
> - 경제적 회복기의 발달과업 : 현재와 미래의 욕구에의 자원배분, 적절한 사회적 역할의 담당, 안락하고 건강한 복지에의 대비, 결혼 만족의 확인, 가족 테두리의 확장, 인생의 중심적 가치의 확인 등
> - 은퇴기의 발달과업 : 은퇴소득에의 적응, 신체적·정신적 건강의 유지, 만족스러운 주거의 확보, 가족과의 지속적인 접촉, 인생 의미의 발견 등

4 다음 중 노년기 가족이 가정관리를 수행함에 있어서 추구해야 할 목표에 해당하는 것은?

① 직업상 경력의 축적　　② 자녀출산과 양육　　③ 부모됨에의 적응　　④ 사회적 역할 상실 극복

> **해설** 노년기 가족이 가정관리 수행 시 추구해야 할 목표(노년기 가족의 관리적 요구) : 적절한 생활수준의 유지, 건강의 유지, 편안한 주거환경의 확보, 여가시간의 활용, 사회적 역할 상실의 극복, 원만한 가족관계 등

5 다음 중 노년기 가족이 가정관리의 수행 시 추구해야 할 목표라고 볼 수 있는 것은?

① 사회적 관계망의 축소　　② 직업 생활의 충실　　③ 부모됨의 준비　　④ 여가시간의 활용

> **해설** 문제 4번 해설 참조

6 다음 중 노년기 가족이 가정관리의 수행 시 추구해야 할 목표에 해당되지 않는 것은?

① 원만한 가족관계 ② 적절한 생활수준 유지 ③ 사회적 관계망의 축소 ④ 여가시간의 활용

해설 문제 4번 해설 참조

7 노년기 가족의 목표에 대해 가장 바르게 설명한 것은?

① 역할 상실로 인한 심리적 고독감을 줄이기 위해 사회적 관계를 확대한다.
② 신체적으로 쇠약해지므로 지적 성장에 초점을 두고 여가 능력을 개발한다.
③ 발병률이 높아지고 의료비 지출이 증가하므로 자녀들과의 동거를 준비한다.
④ 주거의 구조나 규모, 환경 등은 생활에 큰 영향을 미치므로 자가주택을 확보한다.

해설 노년기 가족은 사회적 역할 상실로 인한 심리적 고독감을 줄이기 위해 사회적 관계를 확대한다.

8 다음 중 노년기 가족이 직면하는 중대한 사건으로 옳은 것은?

① 계획하지 않은 임신 ② 자녀의 결혼 ③ 배우자의 실직 ④ 배우자의 사망

해설 노년기 가족에게 나타나는 사건 : 노년기 가족이 직면하는 중대한 사건으로는 배우자의 사망을 들 수 있으며, 이 외에 신체적 노쇠로 인한 질병이나 갑작스러운 사고도 나이가 들어갈수록 빈번하게 일어나는 사건이다.

9 노년기 가족이 이용할 수 있는 자원에 관한 설명으로서 옳은 것은?

① 우리나라의 경우 경로연금 지급액으로 생활을 보장할 수 있다.
② 동년배의 친척이 제일 중요한 자원으로 작용하고 있다.
③ 건강의 유지는 노인에게 가장 중요한 인적 자원이다.
④ 청소년기부터 내면화된 종교만 중요한 자원으로 작용한다.

해설 좋은 건강을 유지하는 것은 노인에게 가장 중요한 인적 자원이다.

10 현재 우리나라에서 노인을 위해 제공되고 있는 사회 공공 부문의 지원 제도라고 볼 수 없는 것은?

① 노인공동작업장 ② 가사보조자 ③ 노인 취업알선센터 ④ 기초노령연금

해설 우리나라에서 노인에게 주어지는 사회 공공 부문의 지원제도 : 기초연금 지급, 노인 취업알선센터와 노인공동작업장 설치·운영 등

정답 1.❹ 2.❷ 3.❸ 4.❹ 5.❹ 6.❸ 7.❶ 8.❹ 9.❸ 10.❷

11 다음 중 노인 가족의 재정적 자원에 대한 설명으로 옳은 것은?

① 일상적인 돌봄이나 정서적 원조를 받을 수 있다.　② 심리적 불안감 극복과 정신적 위안을 마련해 준다.
③ 지위와 자아를 유지시켜 준다.　④ 생리적 적응력을 의미한다.

> 해설　노년기 가족에게 경제적 안정과 보장은 노인의 지위와 자아를 유지시켜 줌으로써 노년기의 삶을 성공적으로 영위하도록 하는 데 가장 큰 영향을 준다.

12 다음 중 노년기 가족에게 특히 중요한 심리적 자원에 해당되는 것은?

① 부모　　　② 종교　　　③ 이웃　　　④ 사회 공공 부문

> 해설　노년기 가족에 있어서 종교는 심리적 불안감을 극복하고 정신적 위안을 얻는 계기를 마련해 준다. 따라서 종교는 노년기 가족에게 아주 중요한 심리적 자원이 된다.

13 다음 중 은퇴기에 경제적으로 자립할 수 있기 위해서 고려해야 할 사항에 해당되지 않는 것은?

① 자녀의 결혼 여부　　　② 현직업의 특성
③ 은퇴 후 받을 수 있는 연금　　　④ 은퇴 시기

> 해설　은퇴기 경제적 자립을 위해 고려해야 할 사항 : 은퇴 시기, 은퇴 후 받을 수 있는 연금이나 퇴직금 등 사용 가능한 자원, 현직업의 특성 등

14 다음 여가생활을 보내는 노인들의 유형 중 미술이나 음악감상, 서예, 다도, 사진 촬영 등으로 시간을 보내는 유형은?

① 단독충실형　　　② 우인교류형　　　③ 독서형　　　④ 가족충실형

> 해설　단독충실형 : 미술이나 음악감상, 서예, 다도, 사진 촬영, 우표나 오래된 동전 수집 등으로 시간을 보낸다.

15 노인들의 여가활동을 지원하기 위한 방안으로 볼 수 없는 것은?

① 다양한 여가활동 프로그램이 필요하다.
② 노인 자신의 인생에 대한 긍정적 평가와 자신감이 있어야 한다.
③ 손자녀의 육아를 전적으로 책임져야 한다.
④ 가족과의 원만한 관계 형성이 병행되어야 한다.

> 해설　노인들의 여가활동을 위한 방안
> ・공적인 차원 : 다양한 프로그램이나 지원이 필요하다.

- 개인적 차원 : 자신의 인생에 대한 긍정적 평가와 자신감, 가족과의 원만한 관계 형성이 병행되어야 한다.

16 다음 중 노인 가족의 가족관계에 대한 설명으로 옳은 것은?

① 황혼 이혼은 경제문제 때문이다.
② 한국의 노인부부는 90% 이상이 자녀와 동거하기를 원한다.
③ 재혼의 성공 비결 중 자녀의 재혼 승인 여부는 중요하지 않다.
④ 남편의 가부장적 권위에 기초한 부부관계일 때 부인의 불만이 높아진다.

해설 부인이 젊은 시절부터 가부장의 권위를 내세웠던 남편에게 불만스러워했다면 노년에 부부 불화가 더 심해지면서 황혼 이혼도 불사하게 된다.

17 다음 중 노년기 가족의 부모자녀관계에 대한 설명으로 옳은 것은?

① 무배우 노인은 유배우 노인보다 기혼자녀와의 관계가 좋다.
② 경제력과 건강에 문제가 없을 때에는 자녀의 부양을 원한다.
③ 노인들은 자녀와 동거할 때 가사결정권을 갖지 못하는 점 때문에 별거를 원하는 경향이다.
④ 모든 노인은 자녀와 동거하기를 원한다.

해설 노인들이 자녀와의 별거를 원하는 이유 : 자녀와 동거할 때 가사결정권을 갖지 못하기 때문이다. 자녀와의 별거가 노인에게 집안의 가장으로서의 자존감과 권위를 지켜 줄 수 있는 거주 형태임을 알 수 있다.

18 다음 중 노년기 가족의 일반적 경향에 대한 설명으로 옳은 것은?

① 가정기기의 활용으로 가사노동이 경감되지는 않는다.
② 무배우 노인이 유배우 노인보다 생활만족도가 높다.
③ 경제력과 건강에 문제가 있을 때 자녀의 부양을 원한다.
④ 대부분의 노인은 자녀와 동거하기를 원한다.

해설 노인들은 전체적으로는 노인단독가구를 선호하지만, 경제력과 건강에 문제가 있을 때는 자녀의 부양을 원하고 있다.

19 다음 중 노년기 가족의 생활만족도에 대한 설명으로 옳은 것은?

① 노인기의 배우자 사별은 만족도에 큰 영향을 미치지 않는다.
② 자녀와 동거하는 노인이 부부만 동거하는 노인보다 높은 만족도를 보인다.
③ 배우자 유무, 건강, 사회경제적 지위 등에 따라 차이가 있다.

정답 11.❸ 12.❷ 13.❶ 14.❶ 15.❸ 16.❹ 17.❸ 18.❸ 19.❸

④ 가족생활주기의 모든 단계 중 노년기 가족의 생활만족도가 가장 높다.

해설 노년기 가족의 생활만족도에 영향을 주는 요인 : 배우자의 유무, 건강, 사회경제적 계층, 은퇴 및 경제생활, 주거 및 물리적 환경, 사회관계, 가족관계 등

20 다음 중 노인 가족의 생활만족도에 대한 설명으로 옳은 것은?

① 노화를 부정적으로 보는 노인의 생활만족도가 높다.
② 의사결정권이 생활만족도를 좌우하는 요인으로 작용한다.
③ 자신의 건강보다 배우자의 건강이 만족도에 더 큰 영향을 미친다.
④ 자녀와 동거하는 노인의 만족도가 높다.

해설 가정경영에서의 의사결정이 노인 중심으로 이루어지고, 자녀 유대관계가 좋을수록 노인의 생활만족도가 높다.

21 다음 중 노년기 가족관계에 대한 설명으로 옳은 것은?

① 노년기에 재혼하는 가족은 자녀와는 일정한 정서적 거리를 유지할 때 만족도가 더 높다.
② 노인이 가정생활에서 결정권을 가지고 있을 때 만족도가 증가한다.
③ 대부분의 노부부는 자녀와 같이 살기를 원한다.
④ 유배우 노인보다는 무배우 노인의 생활만족도가 높다.

해설 노년기 가족관계
- 배우자가 있는 노인이 그렇지 않은 노인보다 사회심리적 적응을 잘하고 높은 생활만족도와 행복감을 가진다.
- 대부분의 노부부는 독립해서 살기를 원하고 있다.
- 노년기 재혼의 성공 비결은 가족 특히 자녀와의 관계가 좋고 자녀가 재혼을 승인하는 것이 중요한 요인이다.
- 노인이 가정생활에서 결정권을 가지고 있을 때 만족도가 증가한다.

22 다음 중 노년기 주거환경에 대한 설명으로 옳지 않은 것은?

① 3세대 동거가족은 노인을 위하여 노인과 다른 가족원이 방을 같이 사용하는 것이 좋다.
② 지역사회와의 교류를 위한 노인정이나 노인학교가 갖추어져 있는 것이 좋다.
③ 자녀나 친척과의 근접성을 고려하여야 한다.
④ 노인을 위한 안전시설을 설치하여야 한다.

해설 3세대 동거가족은 주택계획이나 방의 배치에 있어서 상호 프라이버시를 존중하면서 가족간의 위화감이 생기지 않도록 세심한 배려를 해야 한다.

정답 20.❷ 21.❷ 22.❶

제3부 가족 상황에 따른 가정관리

14 저소득 가족의 가정관리

 단원 개요

저소득 가족은 일반 소득층의 가족과 다른 특성을 지니고 있다. 저소득층은 그들 특유의 사회적·심리적 특성을 가지고 사회의 지배적인 문화와는 구별되는 하위문화를 형성하고 이것이 사회화를 통해 다음 세대에 전승된다는 주장도 있는 반면, 사회 전체의 지배적인 가치는 공유하고 현재의 빈곤에 대한 적응에서만 특유의 태도와 행동을 보인다는 주장도 있다.

 출제 경향 및 수험 대책

이 단원에서는 빈곤선을 설정할 수 있는 개념, 순수상대빈곤과 유사상대빈곤, 저소득 가족의 행동 특성, 저소득 가족의 가치와 목표, 저소득 가족의 자원, 매슬로의 욕구체계 단계를 묻는 문제가 출제될 수 있는 바, 이에 대한 자세하고 철저한 학습이 요구된다.

14

01 저소득 가족의 의미와 특성

1 저소득 가족의 의미

(1) 저소득 가족과 빈곤

① 저소득 가족의 개념 : 빈곤선 이하의 소득으로 생활하는 가족을 말한다.
② 빈곤의 개념 : 인간의 생존과 사회적 존엄성 유지에 필수적인 물질적 자원이 결핍된 상태와 사회적·문화적·심리적인 상대적 박탈감을 포함하는 광의의 개념이다.

(2) 빈곤선

① 빈곤선의 개념 : 최저 한도의 생활을 유지하는 데 필요한 수입 수준으로, 영국의 사회사업가 라운트리(Rowntree, D.S.)가 제기한 개념이다.
② 빈곤선의 세 가지 개념 : 저소득 가족을 규정하는 빈곤선은 사회의 상황에 맞게 빈곤을 정의하고 측정하여 빈곤의 기준을 만든 것이다.
  ㉠ 상대적 빈곤 : 다른 사람과 비교하여 소득이 낮은 상태로, 한 사회의 기준이 되는 생활 수준과의 비교에서 빈곤이 정의된다.
    • 순수상대빈곤 : 소득순으로 하위에 있는 일정 비율로 정의 예 하위 20% 또는 하위 40%
    • 유사상대빈곤 : 전체 평균소득 또는 소비의 일정 비율로 정의 예 평균소득의 1/3 또는 평균소득의 1/2
  ㉡ 절대적 빈곤 : 국가나 지역사회가 최저생활이 보장될 수 있도록 설정한 최소한의 소득 수준으로서의 빈곤이다.
    • 한 가계의 소득이 최저생활을 유지하는 데 필요한 생계비에 미달하였을 경우를 빈곤가계라고 한다.
    • 빈곤선에 미달되는 소득을 가진 개인 또는 가계를 절대적 빈곤층이라 한다.
  ㉢ 사회정책상의 빈곤 : 빈민을 돕기 위한 정부 또는 사회단체의 정책이나 프로그램에 반영되는 개념이다.
    • 가계소득보다 가구주의 노동력이나 생활능력을 기준으로 삼는 것이다.
    • 공적 부조의 대상자로 한정하여 빈곤선을 정하는 것이다.

2 저소득 가족의 특성

① 저소득 가족의 일반적인 특성
  ㉠ 실업률이 높다.   ㉡ 여성 가구주가 많다.
  ㉢ 가구주의 평균연령이 높다.   ㉣ 교육 수준이 매우 낮다.
  ㉤ 심각한 주거문제를 지니고 있다.   ㉥ 가구주의 학력이 낮다.

추가 설명

빈곤선의 세 가지 개념
저소득 가족을 규정하는 빈곤선은 절대적 빈곤, 상대적 빈곤, 가구주의 노동력이나 생활능력을 기준으로 하는 공적 부조 대상으로서 반영되는 사회정책상의 빈곤으로 설정될 수 있다.

추가 설명

빈곤의 의미
경제적인 부족 이외에 교육의 부족, 자신의 생활을 계획하고 관리하는 능력의 부족, 자신의 생활조건을 변화시키는 능력의 부족을 의미한다.

추가 설명

저소득 가족의 일반적인 특성
• 취업인 수의 부족
• 과다한 부양 가구원 수
• 높은 무직률 및 저생산성 노동
• 가구주의 고령화
• 높은 여성 가구주 비율
• 가구주의 저학력

ⓢ 다양한 사회문화적 경험의 기회가 제한되어 있다.
ⓞ 예기치 않은 재난을 경험할 가능성이 높다.
ⓩ 도시 빈곤가계의 가구주는 지방출신이거나 농촌출신이 지배적으로 많다.
ⓩ 직업은 주로 임금, 기술, 지위가 낮은 하위 직종에 집중되어 있다.

② 빈곤층의 생활형태의 특징 : 불확실한 직업, 교육 부족, 지속적인 저소득, 과밀하고 열악한 주거 상태 등으로 인해 무기력, 정서 고갈, 제한된 대안, 경제적 박탈감, 실패, 불안정 등을 보인다.

③ 빈곤층(저소득 가족)의 행동 특성
  ㉠ 추상적이고 정신적인 것보다 구체적이고 물질적인 것을 강조
  ㉡ 대인관계에 있어 권위주의적 태도
  ㉢ 미래보다는 현재 중심의 사고 경향
  ㉣ 숙명론적 체념 또는 낙관적일 경우는 '요행수'의 바람

④ 저소득 가족의 부부관계
  ㉠ 저소득 가계의 부인 : 물리적·경제적 결핍에 대한 두려움과 함께 감정의 결핍에 대한 고통도 참아내야 한다.
  ㉡ 저소득 가계의 남편 : 남편의 권위는 유명무실하며, 의사결정이나 많은 재정문제 등을 부인이 거의 책임을 지는 경우도 많다.

⑤ 저소득 가족의 자녀 양육 : 자녀를 열악한 환경에서 양육하므로 관대하고 정신적 발달 중심의 육아법을 발휘하기가 어려우며, 언어적·신체적 학대가 다른 계층에서보다 더 많이 일어난다.

⑥ 저소득 가족의 소비생활의 특징
  ㉠ 낮은 구매력과 소득 불안정성 때문에 다른 소득층보다 소비자 기능이 낮고 시장환경이 불량하여 더 비효율적인 소비를 하는 경향이 있다.
  ㉡ 상점, 상품의 질, 다양성 면에서 선택의 폭이 좁다.
  ㉢ 소유한 자원이 적으므로 소규모의 구멍가게나 노점상을 많이 이용하게 된다.
  ㉣ 대량 구매나 적기 구매를 통한 이득을 얻기가 어렵다.
  ㉤ 비교 구매보다는 친척이나 친구 등 인적 정보원에 의존한다.

> **추가 설명**
> 저소득 가족의 일반적인 생활 사항
> - 미래보다는 현재 중심의 사고 경향이 있다.
> - 구체적이고 물질적인 것을 강조한다.
> - 다양한 사회문화적 경험의 기회가 제한되어 있다.
> - 욕구 수준에 비해 상대적으로 부족한 자신의 상태로 인하여 위축되고 고립되기 쉬운 경향이 있다.

> **추가 설명**
> 투입요소로서의 저소득 가족의 가치
> 본질상 보통 가족과 같으나 그 가치를 실현하는 데에는 자원의 결핍과 불안정성, 반발하는 사건들로 인하여 많은 제한을 받는다.

02 저소득 가족의 가정관리

1 저소득 가족의 가정관리에 있어서의 투입요소

(1) 가치와 목표

① 저소득 가족의 가치지향의 특징 : 운명론적이고 권위주의적이고 소외적이며, 유형(有形)

의 구체적인 것을 지향한다.
② 우리나라 빈곤층의 특성에 대한 견해
　㉠ '건전한 빈자'라는 견해 : 열망 수준이 높다.
　㉡ '빈곤에 적응된 빈민'이라는 견해 : 숙명론, 절망, 무기력 등 빈곤문화적 태도가 빈곤층의 과반수 정도 형성되어 있다.
③ 매킨리(McKinley)에 의한 각 계층이 갖는 가치
　㉠ 하류 계층 : 최소한의 물질적 획득
　㉡ 노동자 계층 : 안정성 있는 알맞는 생활 수준에서 무사히 고비 넘기기
　㉢ 중하류 : 존경심, 전통적 윤리
　㉣ 중상류 : 생산성을 강조한 경력과 성공
　㉤ 상류 : 우아한 생활
④ 일반적인 가족이 갖는 목표의 우선순위 : 건강의 유지와 증진, 훌륭한 교육, 가족 부양, 성실한 삶, 원만한 가족관계의 유지 등의 순으로 되어 있다.
⑤ 저소득 가족이 갖는 중요한 목표 : 살기 좋은 장소를 갖는 것과 안정된 직업을 확보하는 일이다.

> **추가 설명**
> 저소득 가족의 주요 소득원
> 가구주의 근로소득(자녀 소득)과 공적·사적 부조를 통한 이전소득

(2) 사건

① 저소득 가족은 낮은 소득으로 인해 주거환경이 불량하고, 영양섭취가 불충분하며, 직업의 작업환경이 위험을 수반하는 경우가 많아, 질병과 사고의 발생률이 높다.
② 저소득 가족에게 일어나는 많은 사건, 즉 만성적인 저소득, 빈발하는 건강문제, 한정된 교육과 기술 수준 등은 서로 밀접하게 연결되어 있다.

(3) 자원

① 인적 자원
　㉠ 저소득 가족은 교육의 부족으로 인해 정보나 지식도 낮은 수준이며, 잠재적 자원을 개발하고 활용할 수 있는 기회도 제한되어 있다.
　㉡ 친척이나 친지, 이웃, 단체 등의 도움은 저소득 가족의 소득이나 기타 공적 부조가 불충분하거나 불안정할 때 중요한 자원이 된다.
　㉢ 저소득 가족에게 긴밀한 가족유대와 상호부조는 중요한 자원이 되고 있다.
　㉣ 저소득 가족에 있어서 부모가 경제적으로 전혀 아무 활동도 하지 않는 경우에 이들 가족의 가장 큰 소득원은 자녀 소득이다.
② 물적 자원
　㉠ 저소득 가족의 경우
　　• 대부분의 소득은 가구주의 근로소득과 이전소득, 즉 기초생활보장 대상자에게 지급되는 생활비와 같은 국가 보조금, 사회보장비 지불 등 공적·사적 이전 지출 등에서 얻는다.

> **추가 설명**
> 저소득 가족이 갖는 중요한 인적 자원
> 친척과 이웃 간에 이루어지는 재화와 용역의 교환, 협동, 심리적 탄력성 등을 포함하는 상호부조의 긴밀한 유대

- 소득의 양 자체가 적다는 것도 중요한 문제이지만, 소득의 불안정성은 가계관리를 더욱 어렵고 복잡하게 만든다.
  ⓒ 신용자산의 경우 : 저소득 가족은 신용 등급이 낮고 담보로 제공할 자산도 거의 없으므로 제도권의 신용 이용에 있어 커다란 제약을 받게 된다.

2 저소득 가족의 가정관리에 있어서의 관리과정

(1) 계획

① 저소득 가족 주부의 특징 : 중류 가족의 주부보다 관리활동에 소비하는 시간이 더 적고, 가사의 책임을 더 많이 갖고 있으며, 가사의 계획과 수행에 보내는 시간은 더 짧다. 즉, 미래에 대한 관심이 적다.
② 저소득 가족 중에도 매우 적극적이고 목표지향적이고 역동적인 사람들도 있지만, 운명론적인 관념을 가지고 폐쇄적인 체계 속에서 사는 사람들도 많다.
③ 저소득계층의 사람들은 계획하는 기술이나 능력이 부족하므로 교육, 상담, 지도사업을 적절히 개발·시행해야 한다.

(2) 수행

① 저소득 가족이 효율적인 가계관리를 실행하는 방안
  ㉠ 주로 기본 필수품만을 구매한다.
  ㉡ 가능하면 가계생산을 늘려서 지출을 줄인다.
  ㉢ 저축을 하여 불가피하게 발생하는 부채의 축적을 막도록 한다.
② 저소득 가족은 대체로 계획기능과 생활에 대한 통제기술과 능력이 부족하다.
③ 우리나라에서는 가구주의 연령이 높을수록, 교육 수준이나 소득 수준이 낮은 계층일수록 생활의 중요한 결정에서 남편이 더 강력한 영향력을 행사하는 반면에, 역할 수행에서는 부인이 더 많은 책임을 지는 경향이 있다.

3 저소득 가족의 가정관리에 있어서의 산출

(1) 욕구 충족

저소득 가족은 매슬로의 욕구체계를 지지하지 않는다. 즉, 사랑과 소속감의 욕구를 나타내는 수용과 소속에 대한 만족감이 안전욕구에 대한 만족감보다 더 크게 나타났으며, 자존감의 욕구에 대한 만족감은 생리적 욕구인 음식물에 대한 만족감과 같은 수준으로 나타났다.

매슬로의 욕구체계 단계
생리적인 욕구 → 안전의 욕구 → 사랑과 소속감의 욕구 → 자존감의 욕구 → 자아실현의 욕구

(2) 자원 변화

① 저소득 가족이 가족 목표를 성취하고 욕구 충족을 만족스럽게 하기 위해서는 욕구와 자원을 조화시켜야 한다.
② 저소득 가족은 부정적 피드백에 기초한, 상대적으로 폐쇄적인 체계에 의존해서 안정된 지위를 확보·회복하고자 한다.

③ 빈곤층 소비자들
　㉠ 상당수가 구매행동을 자신의 복지와 자아 정립에 크게 기여하는 중요한 사회적 행사로 여긴다.
　㉡ 보상적 소비욕구를 가지고 있다. 이러한 보상적 소비욕구를 충족시키려 할 때에는 비윤리적인 상인들의 기만적인 구매 충동에 현혹되기 쉽고, 지불능력 이상의 상품을 구매함으로써 부채를 가중시킨다. 자원의 낭비로 복지상태를 저하시키기 쉽다.

실전예상문제

1 다음 중 국가나 지역사회가 최저생활이 보장될 수 있도록 최소한의 소득수준으로 빈곤을 개념화한 것은?

① 정책적 빈곤 ② 절대적 빈곤 ③ 유사상대빈곤 ④ 순수상대빈곤

> 해설 절대적 빈곤 : 국가나 지역사회가 최저생활이 보장될 수 있도록 설정한 최소한의 소득수준으로서 빈곤을 개념화한 것이다.

2 다음 중 최저생활을 유지하는 데 필요한 소득이 결여된 상태로 빈곤선을 설정하는 것은?

① 사회정책상의 빈곤 ② 유사상대빈곤 ③ 순수상대빈곤 ④ 절대적 빈곤

> 해설 문제 1번 해설 참조

3 다음 중 순수상대빈곤에 대한 설명으로 가장 옳은 것은?

① 빈민을 돕기 위한 정부 또는 사회단체의 정책이나 프로그램에 반영된 빈곤 개념이다.
② 소득순으로 하위에 있는 일정 비율의 국민을 빈곤층으로 정의한 것이다.
③ 한 사회의 기준이 되는 생활수준과의 비교에서 빈곤을 정의한 것이다.
④ 국가나 지역사회가 최저생활이 보장될 수 있도록 설정한 최소한의 소득수준으로서의 빈곤이다.

> 해설 상대적 빈곤 : 한 사회의 기준이 되는 생활 수준과의 비교에서 빈곤이 정의되는 개념이다.
> • 순수상대빈곤 : 소득순으로 하위에 있는 일정 비율로 정의
> • 유사상대빈곤 : 전체 평균 소득이나 소비의 일정 비율로 정의

4 다음 중 빈곤선에 대한 설명으로 옳게 설명한 것은?

① 절대적 빈곤 개념으로 볼 때 국가 전체의 소득 수준으로 하위 15%에 속하는 점이 빈곤선이 된다.
② 공적 부조의 대상자로 한정하여 빈곤선을 정하는 방법이 상대적 빈곤선이다.
③ 전체 평균 소득이나 소비의 일정 비율로 빈곤선을 정하는 것이 유사상대빈곤선이다.
④ 최저생활을 유지하는 데 필요한 소득이 결여된 상태로 객관적 빈곤선을 정하는 방법이 순수상대빈곤선의 개념이다.

> 해설 유사상대빈곤 : 빈곤선을 전체 평균 소득 또는 소비의 일정 비율로 정의하는 방법이다.

정답 1.② 2.④ 3.② 4.③

5 다음 중 소득순으로 하위 20% 또는 40%로 빈곤선을 설정하는 방법은?

① 사회정책상 빈곤 ② 유사상대빈곤 ③ 순수상대빈곤 ④ 절대적 빈곤

해설 순수상대빈곤 : 소득순으로 하위에 있는 일정 비율의 국민을 빈곤층으로 정의한 것으로, 하위 20% 또는 하위 40%가 가장 보편적으로 사용되는 순수상대빈곤선이다.

6 다음 중 저소득 가족을 설명한 내용으로 적합하지 않은 것은?

① 일반가족보다 실업률이 높다. ② 일반가족보다 가구주의 평균연령이 낮다.
③ 다양한 사회문화적 경험의 기회가 제한되어 있다. ④ 예기치 않은 재난을 경험할 가능성이 높다.

해설 저소득 가족의 일반적인 특성
- 실업률이 높다.
- 가구주의 평균연령이 높다.
- 심각한 주거문제를 지니고 있다.
- 가구주의 학력이 낮다.
- 직업은 주로 임금, 기술, 지위가 낮은 하위 직종에 집중되어 있다.
- 도시 빈곤가계의 가구주는 지방출신이거나 농촌출신이 지배적으로 많다.
- 여성 가구주가 많다.
- 교육 수준이 매우 낮다.
- 예기치 않은 재난을 경험할 가능성이 높다.
- 다양한 사회문화적 경험의 기회가 제한되어 있다.

7 다음 중 저소득 가족의 특성으로 옳은 것은?

① 실업률이 낮다. ② 가구주의 교육 수준이 높다.
③ 가구주의 연령이 낮다. ④ 여성가구주의 비율이 높다.

해설 문제 6번 해설 참조

8 다음 중 저소득 가족의 일반적인 특성에 해당되지 않는 것은?

① 가구주의 교육 수준이 낮다. ② 부양 가구원 수가 작다.
③ 여성 가구주인 경우가 많다. ④ 가구주의 연령이 높다.

해설 저소득 가족의 일반적인 특성 : 취업인 수의 부족, 높은 무직률 및 저생산성 노동, 과다한 부양 가구원수, 가구주의 노령화, 높은 여성 가구주 비율, 가구주의 저학력 등을 들 수 있다.

9 빈곤층(저소득 가족)의 행동 특성을 바르게 설명한 것은?

① 현재보다 미래 중심의 사고 ② 물질적인 것보다는 정신적인 것의 강조
③ 숙명론적 체념 ④ 구체적인 것보다 추상적인 것의 강조

해설 빈곤층(저소득 가족)의 행동 특성
- 숙명론적 체념 또는 낙관적일 경우는 '요행수'를 바람
- 미래보다는 현재 중심의 사고 경향
- 대인관계에 있어 권위주의적 태도
- 추상적이고 정신적인 것보다 구체적이고 물질적인 것을 강조하는 태도

10 저소득 가족의 일반적인 생활사항을 바르게 나타낸 것은?

① 현재가 괴롭기 때문에 미래 중심적인 사고를 한다.
② 구체적이고 물질적인 것을 강조한다.
③ 사회문화적 경험의 기회가 다양하다.
④ 욕구 수준이 낮기 때문에 만족 수준은 높다.

해설 저소득 가족의 일반적인 생활사항
- 미래보다는 현재 중심의 사고경향이 있다.
- 구체적이고 물질적인 것을 강조한다.
- 다양한 사회문화적 경험의 기회가 제한되어 있다.
- 욕구 수준에 비해 상대적으로 부족한 자신의 상태로 인하여 위축되고 고립되기 쉬운 경향이 있다.

11 다음 중 저소득 가족의 소비생활의 특징이라 볼 수 없는 것은?

① 대량 구매의 이득을 얻기가 어렵다.
② 소비자 기능이 낮아 비효율적인 소비를 하는 경향이 있다.
③ 비교 구매보다는 친척이나 친구 등 인적 정보원에 의존한다.
④ 소유한 자원이 적으므로 저렴한 대규모 상점을 많이 이용한다.

해설 저소득층 지역의 시장은 전체적인 수요 수준이 낮기 때문에 대량 판매가 가능해야 존재할 수 있는 대규모 소매점이 위치하기 힘들며, 따라서 소규모의 구멍가게나 노점상을 이용하게 된다. 이에 따라 꼭 필요한 기본적인 것의 구입도 제한을 받으며, 대량 구매나 적기 구매를 통한 이득을 얻기 어렵게 된다.

12 다음 중 저소득 가족의 소비생활 특징에 대한 설명으로 옳은 것은?

① 대량 구매나 적기 구매를 통한 이익을 많이 얻는다.
② 소규모의 구멍가게나 노점상을 많이 이용한다.
③ 소득이 낮고 불안정하기 때문에 소비자로서의 능력이 높다.
④ 구매력이 낮으므로 매우 효율적인 소비를 한다.

정답 5.❸ 6.❷ 7.❹ 8.❷ 9.❸ 10.❷ 11.❹ 12.❷

해설 문제 11번 해설 참조

13 저소득 가족의 가치와 목표에 대한 설명으로 옳은 것은?

① 무형의 추상적인 것을 지향한다. ② 다른 계층보다 생산성을 더 중시한다.
③ 운명론적인 특성이 강하다. ④ 족보를 강조하는 경향이 강하다.

해설 저소득 가족의 가치지향 : 일반적으로 유형의 구체적인 것을 지향하며, 운명론적이고 권위주의적이며 소외적인 것 등으로 특정지워진다.

14 저소득 가족의 중요한 목표는?

① 건강의 유지와 증진 ② 살기 좋은 장소를 갖는 것
③ 원만한 가족관계의 유지 ④ 훌륭한 교육

해설 저소득 가족이 갖는 중요한 목표 : 살기 좋은 장소를 갖는 것과 안정된 직업을 확보하는 일이다.

15 저소득 가족이 갖는 대부분의 소득은?

① 가구주의 근로소득과 이전소득 ② 가족원의 근로소득과 재산소득
③ 부인의 근로소득과 재산소득 ④ 이전소득과 재산소득

해설 저소득 가족의 소득은 대부분 가구주 근로소득과 공적 · 사적 부조를 통한 이전소득이다.

16 저소득 가족의 자원에 대한 설명으로 옳은 것은?

① 신용자산을 얻기가 쉽다. ② 자녀의 소득은 큰 비중을 차지하지 못한다.
③ 소득은 적지만 안정성은 높다. ④ 이전소득이 중요한 소득원이다.

해설 문제 15번 해설 참조

17 다음 중 저소득 가족의 자원과 관련된 설명으로 옳은 것은?

① 소득은 안정적이나 그 금액이 적다는 것이 문제이다.
② 소득이 적기 때문에 친척과의 유대가 자원이 될 수 없다.
③ 최저소득계층의 경우 공적 부조는 별 의미가 없다.
④ 자녀소득이 가계소득의 주요 소득원이 되는 가족도 있다.

해설 저소득 가족에 있어서 부모가 경제적으로 전혀 아무 활동도 하지 않는 경우에 이들 가족의 가장 큰 소득원은 자녀소득이다.

18 다음 중 저소득 가족이 주로 이용하는 중요 자원에 해당되지 않는 것은?
① 유리한 조건의 금융부채
② 친척이나 이웃의 재화와 용역
③ 자녀소득
④ 공적·사적 부조를 통한 이전소득

해설 신용자산의 경우 저소득 가족은 접근하기가 쉽지 않다.

19 다음 중 저소득 가족의 자원에 대한 설명으로 옳은 것은?
① 친척이나 이웃, 사회단체는 심리적 자원을 제공할 뿐이다.
② 소득의 양은 적지만 소득을 효과적으로 사용하는 인적 자원이 많다.
③ 소득의 양은 많지만 불안정성이 높다.
④ 신용자산을 갖기 어렵다.

해설 신용자산의 경우, 저소득 가족은 접근하기가 쉽지 않다. 저소득 가족은 금융기관의 신용평가에서 낮은 등급을 받게 되며 담보로 제공할 자산도 거의 갖고 있지 못하기 때문에 제도권의 신용 이용에 있어 커다란 제약을 받게 된다.

20 다음 중 저소득 가족의 가정관리에 있어서의 관리과정과 산출에 대한 설명으로 옳은 것은?
① 저소득 가족의 주부는 미래에 대한 관심이 크다.
② 저소득 가족의 주부는 가사의 계획에 보내는 시간이 길다.
③ 욕구 충족 형태로 볼 때 매슬로의 욕구단계와 일치한다.
④ 저소득 가구의 주부는 관리활동에 소비하는 시간이 적다.

해설 저소득 가족의 주부는 중류 가족의 주부보다 관리활동에 소비하는 시간이 적다는 연구보고가 많다.

21 다음 중 저소득 주부의 관리행동에 대한 설명으로 옳은 것은?
① 자원이 부족하기 때문에 계획을 많이 한다.
② 중류 가족의 주부와 비교할 때 관리활동에 소비하는 시간이 많다.
③ 생활에 대한 통제 기술이 부족하다.
④ 역할 수행에서 남편보다 책임을 지지 않는 경향이 있다.

정답 13.❸ 14.❷ 15.❶ 16.❹ 17.❹ 18.❶ 19.❹ 20.❹ 21.❸

해설 저소득 가족은 대체로 계획기능뿐 아니라 생활에 대한 통제기술과 능력도 부족하다.

22 저소득 가족의 경우 매슬로의 욕구체계와 어떠한 다른 양상을 보이는가?

① 생리적 욕구보다 안전의 욕구가 더 강하다.
② 안전의 욕구보다 사랑과 소속감의 욕구가 더 강하다.
③ 자존감의 욕구가 생리적 욕구보다 더 강하다.
④ 매슬로의 욕구체계와 정반대의 방향으로 욕구의 서열이 나타난다.

해설 저소득 가족의 경우 매슬로의 욕구체계와 다른 점
  • 안전의 욕구보다 사랑과 소속감의 욕구가 강하다.
  • 자존감의 욕구는 생리적 욕구와 같은 수준이다.

23 저소득 가족의 관리에 대한 설명으로 옳은 것은?

① 안전의 욕구에 대한 만족감이 사랑과 소속감의 욕구에 대한 만족감보다 높다.
② 구매행동을 자신의 복지에 기여하는 중요한 일로 여긴다.
③ 긍정적 피드백에 의존해서 안정된 지위를 확보하고자 한다.
④ 보상적 소비욕구가 낮은 편이다.

해설 저소득 가족의 관리
  • 빈곤층 소비자들 중 상당수가 구매행동을 자신의 복지와 자아정립에 크게 기여하는 중요한 사회적 행사로 여긴다.
  • 빈곤층의 소비자들은 보상적 소비욕구를 가지고 있다.
  • 저소득 가족은 부정적 피드백에 의존해서 안정된 지위를 확보하고자 한다.
  • 사랑과 소속감의 욕구를 나타내는 수용과 소속에 대한 만족감이 안전의 욕구에 대한 만족보다 더 크게 나타난다.

정답 22. ② 23. ②

제3부 가족 상황에 따른 가정관리

15 취업주부 가족의 가정관리

 단원 개요

현대사회에서 여성의 경제활동참가율이 계속 증가하고 있으며, 특히 1990년대 들어 기혼여성취업률의 증가현상이 현저하다. 이에 따라 취업주부 가족은 여러 가지의 가정관리문제를 제기한다. 주부의 전통적 가정 역할과 직업 역할의 이중 역할로 시간제약을 크게 받고 있는 취업주부 가족은 다른 가족과 다른 갈등적 상황과 문제에 직면하게 되는 것이다.

 출제 경향 및 수험 대책

이 단원에서는 기혼여성의 취업의 유형인 동시적 유형·순차적 유형·전통형·자녀 양육 후 취업형, 우리나라에서 여성의 경제활동이 증가한 원인, 가사노동과 직업노동과의 상호관계, 가사노동 분담에 관한 가설, 주부 취업의 경제적 가치 측정을 묻는 문제가 출제될 수 있는 바, 이에 대한 자세하고 철저한 학습이 요구된다.

15

01 취업주부 가족의 의미

① 여성의 경제활동 증가 원인
  ㉠ 여성의 교육 수준 향상
  ㉡ 핵가족화
  ㉢ 여성이 참여할 수 있는 직종의 증가
  ㉣ 산업화정책에 따른 노동력의 수요 증가
  ㉤ 자녀 수 감소로 자녀 양육 부담의 감소
② 기혼의 취업여성들의 이중 부담 : 가정 내에서의 아내와 어머니의 역할과 사회에서의 직업인으로서의 역할 모두를 수행해야 한다.
③ 취업주부의 역할 과중과 정신적 부담이 선진국보다 더 큰 이유
  ㉠ 탁아시설과 같은 사회적 뒷받침이 제대로 되어 있지 않아서
  ㉡ 가부장제와 전통적 가치지향적인 성별 분업이 지배적인 사회제도와 의식 때문에

> **추가 설명**
> 여성의 취업이 늘어나고 있는 요인
> • 여성교육의 확대
> • 가족구조의 핵가족화
> • 여성이 참여할 수 있는 직종 증가

02 취업주부 가족의 가정관리

1 취업주부 가족의 가정관리에 있어서의 투입요소

(1) 가치와 목표

① 가족 역할과 직업 역할에 대한 요구
  ㉠ 취업주부 가족의 요구 : 가족적 역할과 직업적 역할의 상호관계 속에서 발생한다.
  ㉡ 사회변화에 따른 부부간의 역할 : 애덤스(Adams)
    • 전통주의 입장 : 부부간의 역할이 전통적으로 각각 분리되어 수행된다.
    • 신전통주의 입장 : 여성의 가정 내 역할 외에 직업적 역할은 생겼으나, 남편의 가정 내 역할 분담에 대한 협력은 일어나지 않는다.
    • 평등주의 입장 : 부부의 역할이 부부의 선택에 의하여 결정되고 명확히 분화되어 있지 않다.
  ㉢ 가사노동과 직업노동의 상호관계에 따른 부부의 역할 유형 : 디컨(Deacon)
    • 전통적 역할 유형 : 남편이 취업하고 가족부양에 대한 우선적 책임을 지며, 부인은 가계와 가사노동의 책임을 진다.
    • 추가적 역할 유형 : 부부가 각자 자신의 전통적 역할을 계속 하면서, 부부 중 한 사람 또는 둘 다 또 다른 일을 추가적으로 겸해서 병행한다. 예 부인이 취업한 경우 부인의 가정 내 역할이 그대로 유지되는 경우
    • 과도기적 역할 유형 : 노동 역할 분담이 성별 역할보다는 기술과 능력 및 흥미에 의해 결정된다.

> **추가 설명**
> 취업주부 가족의 중요한 목표
> • 가사노동 분담
> • 갈등의 해소
> • 취업의 시간적 조절

> **추가 설명**
> 디컨(Deacon)의 가사노동과 직업노동의 상호관계에 따른 부부의 역할 유형
> 전통적 역할 유형, 추가적 역할 유형, 과도기적 역할 유형, 반전통적 역할 유형

- 반전통적 역할 유형 : 부인이 취업하는 반면, 남편이 가족에 대한 책임을 수행한다.
  ㉣ 남성들의 여성취업에 대한 태도 : 여성의 직업가치가 중요하다는 인식이 증가하고 있다.
② 자녀의 양육과 교육
  ㉠ 취업주부 가족이 당면하고 있는 문제 : 자녀의 양육과 교육문제이다.
   - 25~34세 연령층 여성의 경제활동참가율 : 전후 연령층에 비해 현저하게 감소하는 M자형 곡선으로 나타난다.
   - 취업의 시간적 조절 : 취업주부는 자녀 양육을 위해 취업 시기나 기간에 대한 시간적 조절을 할 필요가 있다.
  ㉡ 주부의 취업 시간 유형
   - 순차적 유형 : 주부가 어머니 역할과 취업을 동시에 행하지 않고 번갈아 행하는 유형
     - 전통형 : 맏자녀 출산 직후 취업을 중단하고 어머니 역할만 수행하는 유형
     - 취업 중단형 : 취업 – 어머니 역할 – 취업의 순서로 진행하는 유형
     - 자녀 양육 후 취업형(중년기 취업형) : 어머니 역할만 수행하다 막내자녀 3세 이후 취업하는 유형
     - 자녀 출산기 취업형 : 자녀출산 전에 취업 경험 없이 자녀출산 기간중에 취업하는 유형
   - 동시적 유형 : 어머니 역할과 취업을 동시에 수행하는, 즉 직업과 가정일을 양립하는 유형
③ 가사노동 분담
  ㉠ 부부간의 가사노동에 대한 분담 유형 : 가사노동의 대부분을 여성이 담당하는 전통적 유형이 대부분이다.
  ㉡ 남편의 가사노동시간 : 예전이나 오늘날이나 거의 변화가 없이 적은 수준이며, 부인이 취업했을 경우에도 전업주부의 남편보다 약간 더 많을 뿐이다.
  ㉢ 가사노동 분담에 대한 가설
   - 가사선호 가설 : 가족노동의 분담은 가사에 대한 남편이나 부인의 선호와 관계된다.
   - 성 역할 가설 : 남편과 부인의 성 역할 태도가 가사노동 분담에 영향을 준다.
   - 가용시간 가설 : 이용 가능한 시간이 많은 사람이 가사노동을 분담한다. 예 취업한 부인이 취업하지 않은 경우보다 더 적은 가사 부담을 진다.
   - 자원/권력 가설 : 소득, 즉 자원을 많이 가진 사람이 가사노동을 다른 사람에게 부담시킬 수 있다. 예 부인의 소득이 많을수록 부인의 권력이 더 크다.
  ㉣ 가사노동 분담에 영향을 주는 요소 : 성별 및 취업의 중요성, 연령, 학력, 가족형태, 자녀 수, 결혼 지속년수, 직업 만족도, 경제적 만족도, 부부간 의사소통 만족도

(2) 사건
① 취업주부 가족에서 관리행동을 요구하는 주요 사건 : 출장·비상근무·전근·해임 등 직

> **추가 설명**
> 주부취업 가족의 특성
> - 자아 발전 욕망은 젊은 주부일수록 강하게 나타난다.
> - 최근 자녀 수의 감소, 생활구조의 간편화, 여성 교육 향상으로 인한 사회참여동기가 점점 취업의 중요한 요인으로 작용하고 있다.
> - 취업주부 가족은 부부의 가족 위치와 직업 위치의 동시 실현이 목표이다.
> - 주부취업에 대해서는 남성보다는 여성이, 그리고 젊은층일수록 긍정적으로 나타난다.

장에서의 변동 등
② 취업주부 가족에게 긴장과 갈등을 고조시키는 사건 : 가족의 질병 · 사고 등

(3) 인적 자원과 경제적 자원

① 인적 자원
  ㉠ 취업주부의 인적 자원 : 주부의 나이, 직업 지위, 교육 수준, 취업동기, 성 역할 태도 등
    • 취업주부의 직업 지위 : 지위가 높을수록 소득을 증가시킬 뿐 아니라 근무노동시간을 감소시키거나 융통성을 증가시키는 경향이 있다.
    • 취업주부의 교육 수준 : 교육 수준이 높을수록 직업노동과 가사노동을 보다 생산적이고 효율적으로 처리한다.
    • 취업주부의 시간자원 : 자녀양육은 주부에게 더 많은 시간을 요구하므로 주부의 근무시간이 길고 융통성이 없을 때 시간 부족과 시간 갈등을 더 크게 경험하게 된다.
  ㉡ 남편의 인적 자원 : 남편의 직업 지위, 교육 수준, 아내 취업에 대한 긍정적 태도와 지원 및 성 역할 태도 등
  ㉢ 기타 인적 자원 : 시어머니, 친정어머니의 가사 조력이 취업주부의 이중 역할 수행을 도와준다.

② 경제적 자원
  ㉠ 2인 취업가족의 평균소득 : 전통적인 1인 취업가족보다 높으나, 남편의 평균소득은 취업주부 가족이 비취업주부 가족보다 낮다.
  ㉡ 취업주부의 소득(임금) : 직종이나 직무상 지위에 따라 결정될 뿐 아니라 같은 직종의 경우에도 고용기간에 따라 크게 영향을 받는다.
  ㉢ 취업주부의 비화폐소득 : 특별급여 또는 피용자 편익 예 직장 할인 혜택, 직업 경험, 직원 휴양지, 직장이 제공하는 보험, 연금, 직장 여가시설, 식당, 통근버스, 각종 직장 교육과 훈련, 신용 이용의 용이성 및 장래에 대한 안정감 등

2 취업주부 가족의 가정관리에 있어서의 관리과정

(1) 표준설정과 활동배열의 계획

① 표준설정
  ㉠ 가사노동의 수행표준 : 취업주부 가족은 가사노동의 수행표준을 조정함으로써 자신들의 시간 갈등이나 역할 갈등을 완화시킬 수 있다.
  ㉡ 취업주부 가족은 부부간의 역할 분담, 자녀교육방법, 자원관리방법, 가족관계, 주거환경, 식생활 등에 대한 표준을 조정하여 설정할 필요가 있다.
  ㉢ 취업주부는 시간 부족으로 가사노동을 다른 가족의 도움을 받아서 함께 해야 할 필요성이 있다.

추가 설명

취업주부 가족의 목표 성취에 유용한 자원
• 인적 자원 : 부인의 자아존중감, 높은 직업 지위와 교육 수준, 남편의 부인 취업에 대한 긍정적인 태도와 지원, 가사 조력인, 가족의 건강 등
• 경제적 자원 : 남편과 부인의 소득과 직장에서 제공하는 각종 특별 급여 등

② 활동배열
  ㉠ 자녀의 등·하교시간, 남편과 부인의 출·퇴근시간, 근무시간과 같은 외부적 요인이 가사활동의 순서를 정하는 데 제약을 준다.
  ㉡ 취업주부의 가족적 책임 : 직업노동의 선택에서 시간적 특성을 비롯한 근무조건을 크게 고려해야 한다.
  ㉢ 취업주부에게 제공되는 다양한 대안 : 출산휴가제, 출산 후 근무시간 단축제, 근무장소에 대한 유동성, 직장 탁아사업, 퇴근 후 프로그램 등의 다양한 개발 등
  ㉣ 재택근무의 장·단점
    • 재택근무의 장점 : 시간의 융통성과 장소의 편이성
    • 재택근무의 단점 : 작업 방해로 생산성이 떨어지는 문제, 시간 사용 문제, 직업의 불안정 문제

> **추가 설명**
> 재택근무
> 시간의 융통성과 장소의 편이성으로 인해 최근 주부들이 선호하는 근무 형태이다.

(2) 가사노동의 수행

① 가사노동의 실행
  ㉠ 가사노동의 특성
    • 가사노동은 다양하고 반복적이며, 30분 이내의 시간을 소요하는 간단한 일들로 구성되나 하루 평균 7시간 내외의 많은 시간을 소비한다.
    • 가사노동은 가족구성원과 일의 성질상 매우 복잡하고 개인과 가족에 의해 수립되는 내부적 표준을 갖고 있다.
  ㉡ 취업주부의 가사노동 수행
    • 자녀 양육 : 개인별 가정 차원의 해결책에 의존하며, 주대리보육자는 시부모와 친정부모이다.
    • 가사노동 관리 : 취업주부는 직업노동과 가사노동의 이중 부담으로 가사노동을 줄이기 위해 타인으로부터 가사조력이 요구된다.

② 촉진조건
  ㉠ 환경조건 : 가사활동의 수행을 촉진하거나 저해하는 요인으로 작용한다.
  ㉡ 가사노동 수행에 영향을 주는 요인 : 주택형태, 가구의 공간 배치 및 기기 사용 등
  ㉢ 가정기기의 발달
    • 가정기기의 이용은 전형적인 업무 분담을 재강화하고, 타인의 조력을 줄이는 경향이 있다.
    • 가정기기의 이용으로 쉬워진 일이 있는 반면에 새로운 일이 추가되었기 때문에 주부의 평균가사노동시간은 별로 줄이지 못했다.

> **추가 설명**
> 취업주부의 시간제약을 극복하기 위한 방법
> • 가사 수행의 표준을 낮춤
> • 여가시간과 수면시간을 줄임
> • 가사노동의 상품대체를 하나의 방안으로 이용함

> **추가 설명**
> 취업주부의 계획 수행
> • 가사기술의 이용으로 실천을 쉽게 한다.
> • 계획된 활동을 점검 조절하는 가사노동의 통제를 중심으로 진행된다.
> • 표준의 점검은 문서상으로나 정신적으로 이루어진다.

3 취업주부 가족의 가정관리에 있어서의 산출
(1) 가사노동과 자녀 양육에 대한 취업주부의 만족감

① 가사노동에 대한 만족감
　㉠ 가정기기를 많이 사용하는 주부일수록, 가사 수행표준이 높은 주부일수록 신체적·심리적 부적응 증상이 적고 생활만족감이 컸다.
　㉡ 남편이나 가족원으로부터 가사 조력을 많이 받는 주부일수록 경제 갈등이나 신체적 부적응 증상을 적게 느끼며 생활만족도가 크다.
② 대리보육 행동에 대한 만족감 : 우리나라 맞벌이 가정의 주부는 대리보육에 대해 대체로 만족하고 있으나 부모, 친정부모의 대리보육 시 노인들의 특성으로 인한 생활훈련과 교육요구가 충족되지 않는 상태이다.

(2) 직업노동과의 상호작용 결과

① 취업주부의 생활만족감에 영향을 미치는 요인 : 취업에 대한 갈망과 실제 취업의 조화, 취업주부 자신의 가치 특성
② 전문직 여성의 직업생활과 가정생활에 대한 만족도
　㉠ 전문직 여성의 경우 : 직업생활과 가정생활에 대한 만족도에 있어 생애주기효과의 영향이 크다.
　㉡ 20~30대 젊은 세대 : 일에 대한 스트레스가 클 뿐 아니라, 어린 자녀의 양육 문제 등으로 심한 역할 갈등을 겪을 가능성이 있어 주관적 만족도가 낮다.
　㉢ 40~50대 나이 든 세대 : 경력이 안정되고 자녀 양육의 어려움을 벗어나면서 역할 갈등이 해소되어 주관적 만족도가 상당히 높다.

(3) 부인 취업의 경제적 기여

① 주부의 취업은 남편이 주소득원을 제공하지 못할 때 부인의 소득은 가족의 생계 유지에 필수적이다.
② 맞벌이가 자녀의 사교육비나 대학교육비 마련을 위해 중요한 역할을 한다.

(4) 부인 취업의 경제적 가치 측정

① 취업주부의 가치 측정 : 취업주부의 경제적 가치는 취업으로 인하여 발생하는 비용을 제하고 얼마나 순소득을 얻을 수 있느냐로 측정된다.
② 주부가 취업 지속 여부를 결정할 때 고려사항 : 경제적인 측면뿐만 아니라 취업으로 인한 성취감과 만족감을 고려한다.
③ 주부 취업의 긍정적 효과와 부정적 효과
　㉠ 주부 취업의 긍정적 효과 : 가계소득의 실직소득 수준을 높이고 경제적 안정감과 장래에 대한 안정감을 제공한다.
　㉡ 주부 취업의 부정적 효과 : 시간상의 융통성, 개인적 흥미, 능력개발의 기회, 지역사회 참여 등의 손실을 감수해야 한다.

추가 설명

부인 취업의 경제적 기여
- 재정적 생존의 유지
- 자녀를 위한 계획(사교육비나 대학교육비 마련)
- 주택 장만이나 주택 환경 개선
- 의료비 및 누적된 부채 해결
- 남편 소득이 불규칙할 때 보완적 기능
- 생활표준의 유지 및 향상

추가 설명

주부 취업의 경제적 가치를 측정할 때 비용에 포함되는 것
외식, 가사사용인 급료, 보육료, 피복 및 신발, 공공교통, 개인교통, 이미용 서비스, 장신구, 송금 및 보조 등

실전예상문제

1 다음 중 우리나라에서 여성의 경제활동이 증가한 원인이라고 볼 수 없는 것은?

① 산업화정책에 따라 노동력의 수요 증가
② 직종과 임금에서 여성과 남성이 동등해짐
③ 자녀 수 감소로 자녀 양육 부담 감소
④ 여성의 교육 수준 향상

해설 여성의 경제활동 참여가 증가하는 요인 : 여성이 참여할 수 있는 직종의 증가, 가족구조의 핵가족화, 자녀 수 감소로 자녀 양육 부담의 감소, 여성교육의 확대, 산업화 정책에 따라 노동력의 수요 증가 등

2 다음 중 여성의 경제활동 참여가 증가하는 주요 요인에 해당되지 않는 것은?

① 여성교육의 확대
② 핵가족화
③ 여성의 신체적 건강 증진
④ 여성이 참여할 수 있는 직종 증가

해설 문제 1번 해설 참조

3 부부간의 역할에 대한 애덤스의 설명 중 "여성이 직업적 역할의 기회가 생겨 전통적 역할 구분에서는 탈피하였으나 남편의 가정 내 역할 분담에 대한 협력은 일어나지 않는다."와 관련이 깊은 용어는?

① 반전통주의
② 평등주의
③ 신전통주의
④ 전통주의

해설 사회변화에 따른 부부간의 역할(애덤스)
- 전통주의 입장 : 부부간의 역할이 전통적으로 각각 분리되어 수행됨
- 신전통주의 입장 : 여성의 가정 내 역할 외에 직업적 역할이 생겼으나, 남편의 가정 내 역할 분담에 대한 협력이 일어나지 않은 상태
- 평등주의 입장 : 부부의 역할이 부부의 선택에 의하여 결정되고 명확히 분화되어 있지 않음.

4 애덤스(Adams)는 부부간의 역할을 전통주의, 신전통주의, 평등주의로 나누어 설명하고 있다. 평등주의에 대한 설명으로 옳은 것은?

① 부부간의 역할 분담이 성별보다 각자의 기술과 능력 및 흥미에 의해 결정된다.
② 부부의 역할이 부부의 선택에 의하여 결정되고 명확히 분화되어 있지 않다.
③ 여성이 전통적 역할 구분에서는 탈피하였으나 남편의 가정 내 역할 분담에 대한 협력은 일어나지 않은 상태이다.
④ 부부간의 역할이 전통에 의해 결정된다.

정답 1.② 2.③ 3.③ 4.②

해설 문제 3번 해설 참조

5 부부의 역할 유형에 대한 디컨(Deacon)의 설명 중 다음의 〈보기〉가 나타내는 것은?

> 보기 부부가 각각 자신의 전통적 역할을 계속 수행하면서, 부부 중 한 사람 또는 둘이 다른 역할을 추가적으로 겸해서 병행한다.

① 반전통적 유형 ② 과도기적 유형
③ 추가적 유형 ④ 전통적 유형

해설 가사노동과 직업노동의 상호관계에 따른 부부의 역할 유형 : 디컨(Deacon)
- 전통적 역할 유형 : 남편이 취업하고 가족부양에 대한 우선적 책임을 지며, 부인은 가계와 가사노동의 책임을 진다.
- 추가적 역할 유형 : 부부가 각각 자신의 전통적 역할을 계속 수행하면서, 부부 중 한 사람 또는 둘이 다른 일을 추가적으로 겸해서 병행한다.
- 과도기적 역할 유형 : 노동 역할 분담이 성별 역할보다는 기술과 능력 및 흥미에 의해 결정된다.
- 반전통적 역할 유형 : 부인이 취업하는 반면, 남편이 가족에 대한 책임을 수행한다.

6 디컨(Deacon)의 부부의 역할 유형에 해당하지 않는 것은?

① 추가적 역할 유형 ② 과도기적 역할 유형
③ 반전통적 역할 유형 ④ 사회적 역할 유형

해설 문제 5번 해설 참조

7 디컨(Deacon)의 가사노동과 직업노동의 상호관계에 따른 부부의 역할 유형 중 '과도기적 역할 유형'에 대한 설명으로 옳은 것은?

① 부인이 취업하고, 남편이 가족 역할을 수행하는 형태
② 남편이 가족부양의 책임을 지고, 부인은 가계와 가사노동의 책임을 지는 형태
③ 노동 역할 분담이 성별 역할 분담보다는 기술과 능력, 흥미에 의해 결정되는 형태
④ 부부가 각각 전통적 역할을 수행하면서, 또 다른 역할을 추가적으로 겸해서 병행하는 형태

해설 문제 5번 해설 참조

8 디컨(Deacon) 등이 분류한 부부의 역할 유형 중 애덤스(Adams)가 말하는 신전통주의와 유사한 것은?

① 반전통적 역할 유형 ② 과도기적 역할 유형
③ 추가적 역할 유형 ④ 전통적 역할 유형

해설 애덤스가 제시한 신전통주의 입장은 디컨 등이 구분한 부부의 역할 유형 중 추가적 역할 유형과 유사한데, 추가적 역할 유형은 부부가 각각 자신의 전통적 역할을 계속 수행하면서, 부부 중 한 사람 또는 둘이 다른 일을 추가적으로 겸해서 병행한다는 것이다.

9 다음 중 디컨(Deacon) 등이 분류한 부부의 역할 중 애덤스(Adams)가 말한 평등주의 유형과 유사한 것은?

① 추가적 역할 유형　　　　　　　② 반전통적 역할 유형
③ 과도기적 역할 유형　　　　　　④ 전통적 역할 유형

해설 디컨의 과도기적 역할 유형은 애덤스가 설명한 평등주의와 유사한데, 평등주의에서는 부부의 역할이 부부의 선택에 의하여 결정되고 명확히 분화되어 있지 않다는 것이다.

10 주부취업에 관한 설명으로 옳지 않은 것은?

① 자아 발전 욕망은 젊은 주부일수록 강하게 나타난다.
② 최근 자녀 수의 감소, 생활구조의 간편화, 여성 교육 향상으로 인한 사회참여 동기가 점점 취업의 중요한 요인으로 작용하고 있다.
③ 주부취업에 대한 태도는 여성보다 남성이 더 긍정적으로 생각하고 있다.
④ 취업주부 가족은 부부의 가족 위치와 직업 위치의 동시 실현이 목표이다.

해설 주부취업에 대해서는 남성보다는 여성이, 그리고 젊은층일수록 긍정적으로 나타난다.

11 취업주부 가족이 당면하고 있는 문제 중 가장 심각한 것은?

① 고부 갈등　　　　　　　　　　② 자녀 양육과 교육문제
③ 부부관계의 소원　　　　　　　④ 경제 갈등

해설 취업주부 가족의 문제 중 가장 심각한 것 : 자녀의 양육과 교육문제

12 다음 중 여성의 경제참여가 자녀 출산 및 양육에 의해 큰 영향을 나타내는 통계를 나타낸 곡선은?

① L자형 곡선　　② B자형 곡선　　③ A자형 곡선　　④ M자형 곡선

해설 대체로 자녀를 출산하는 시기인 25~34세 연령층 여성의 경제활동참가율은 전후 연령층에 비해 현저하게 감소하는 M자형 곡선으로 나타난다.

정답 5.❸　6.❹　7.❸　8.❸　9.❸　10.❸　11.❷　12.❹

13 다음 중 가족생활주기 단계별 기혼여성의 취업을 시간적 조절과 관련하여 유형화할 때 순차적 유형에 해당하는 것은?

① 다역할형　　② 계속형　　③ 취업 중단형　　④ 동시형

해설 주부의 취업시간 유형
- 순차적 유형 : 주부가 어머니의 역할과 취업을 번갈아 행하는 유형이다.
  - 전통형 : 맏자녀 출산 직후 취업을 중단하고 어머니 역할만 수행하는 유형
  - 취업 중단형 : 취업-어머니 역할-취업의 순으로 진행하는 유형
  - 자녀 양육 후 취업형(중년기 취업형) : 어머니 역할만 하다가 막내자녀 3세 이후 취업하는 유형
  - 자녀 출산기 취업형 : 자녀 출산 전에 취업 경험 없이 자녀출산 기간 중에 취업하는 유형
- 동시적 유형 : 순차적 유형에 대조되며, 가족생활주기를 통해 어머니 역할과 취업을 동시에 수행하는, 즉 직업과 가정일을 양립하는 유형으로 취업 기간이 가장 길다.

14 기혼여성의 취업 시간 유형을 분류할 때 순차적 유형에 해당하지 않는 것은?

① 동시적 유형　　　　　　　② 자녀 출산기 취업형
③ 중년기 취업형　　　　　　④ 취업 중단형

해설 문제 13번 해설 참조

15 다음 중 맏자녀 출산 직후 취업을 중단하고 어머니 역할만 수행하는 기혼여성의 취업 유형은?

① 자녀 출산기 취업형　　　　② 자녀 양육 후 취업형
③ 취업 중단형　　　　　　　④ 전통형

해설 문제 13번 해설 참조

16 다음 중 자녀 출산 후 취업을 중단하고 막내자녀가 3세가 된 이후 다시 취업하는 기혼여성의 취업 유형으로 옳은 것은?

① 동시적 유형　　　　　　　② 자녀 양육 후 취업형
③ 취업 중단형　　　　　　　④ 전통형

해설 문제 21번 해설 참조

17 기혼여성의 취업 시기 유형 중 취업 기간이 가장 긴 것은?

① 자녀 양육 후 취업형　　　　② 자녀 출산기 취업형
③ 동시적 유형　　　　　　　④ 전통형

해설 문제 13번 해설 참조

18 가사노동 분담에 대한 가설에 해당되지 않는 것은?

① 자원/권력 가설 ② 가용시간 가설 ③ 가사선호 가설 ④ 기본역할 가설

해설 가사노동 분담에 대한 가설 : 자원/권력 가설, 가용시간 가설, 성역할 가설, 가사선호 가설

19 다음 중 소득을 많이 갖는 사람이 가사노동을 다른 사람에게 부담시킬 수 있다고 보는 부부간의 가사 분담을 설명하는 가설은?

① 가사선호 가설 ② 성 역할 가설 ③ 가용시간 가설 ④ 자원/권력 가설

해설 가사노동 분담에 대한 가설
- 자원/권력 가설 : 소득, 즉 자원을 많이 가진 사람이 가사노동을 다른 사람에게 부담시킬 수 있다. 예 부인의 소득이 많을수록 부인의 권력이 더 크고, 다른 가족원들로부터의 조력이 더 크다.
- 가용시간 가설 : 이용 가능한 시간이 많은 사람이 가사노동을 분담한다. 예 부인의 취업은 가사에 이용가능한 시간을 감소시키고, 취업하지 않은 경우보다 더 적은 가사부담을 지게 한다.
- 성 역할 가설 : 남편과 부인의 성역할 태도가 노동 분담에 영향을 준다는 것으로, 남편의 태도가 노동 분담에 더 강력하게 영향을 미친다는 것이다.
- 가사선호 가설 : 가족노동의 분담은 가사에 대한 남편이나 부인의 선호와 관계된다는 것이다.

20 부부간의 가사노동 분담을 설명하는 가설 중 가용시간 가설에 대한 설명으로 옳은 것은?

① 가사를 좋아하는 사람이 가사를 많이 한다.
② 성 역할 태도가 가사노동 분담에 영향을 준다.
③ 이용 가능한 시간이 많은 사람이 가사노동을 분담한다.
④ 소득을 많이 가진 사람이 가사노동을 배우자에게 부담시킨다.

해설 문제 19번 해설 참조

21 다음 중 가사노동 분담에 대한 가설을 설명한 내용으로 옳지 않은 것은?

① 가사선호 가설 — 가족간 노동 분담은 가사에 대한 남편이나 부인의 선호에 따라 결정된다.
② 가용시간 가설 — 부인의 취업은 가사에 이용할 수 있는 시간을 감소시켜 비취업 주부보다 더 적은 가사 부담을 지게 한다.
③ 성 역할 가설 — 남편과 부인의 성 역할 태도가 노동 분담에 영향을 주며, 특히 부인의 태도가 더 강력

정답 13.③ 14.① 15.④ 16.③ 17.③ 18.④ 19.④ 20.③ 21.③

하게 영향을 미친다.
④ 자원/권력 가설 — 부인의 소득이 많을수록 권력이 더 크고, 다른 가족원의 조력이 더 크다.

해설 문제 19번 해설 참조

22 가사노동 분담에 대한 가설 중 성별 역할에 대하여 전통적인 태도를 가지는 남편이 가사 분담을 적게 한다고 설명하는 것은?

① 가사선호 가설   ② 성 역할 가설   ③ 가용시간 가설   ④ 자원/권력 가설

해설 문제 19번 해설 참조

23 부부간의 가사노동 분담을 설명하는 가설 중 "철수씨는 요리하기를 즐긴다. 따라서 주말이면 부인 대신 요리하는 때가 많다."와 같은 현상을 가장 잘 설명하는 것은?

① 가사선호 가설   ② 성역할 가설   ③ 가용시간 가설   ④ 자원/권력 가설

해설 문제 19번 해설 참조

24 다음 중 가사노동 분담에 영향을 주는 요소에 해당되지 않는 것은?

① 자녀수   ② 직업 만족도
③ 부부간 의사소통 만족도   ④ 주택 크기

해설 가사노동 분담에 영향을 주는 요소 : 성별 및 취업의 중요성, 연령, 학력, 가족형태, 자녀 수, 결혼 지속년수, 직업 만족도, 경제적 만족도, 부부간 의사소통 만족도 등

25 취업주부 가족에 있어 관리행동을 요구하는 주요 사건에 해당하지 않는 것은?

① 출장(국내외)   ② 외출   ③ 전근   ④ 비상근무

해설 취업주부 가족에 있어 관리행동을 요구하는 주요 사건 : 출장(국내외), 비상근무, 전근, 해임 등 직장에서의 변동

26 다음 중 취업주부 가족의 목표 성취에 있어서 유용한 인적 자원에 속하는 것은?

① 주택   ② 자아존중감   ③ 특별급여   ④ 소득

해설 취업주부의 인적 자원 : 주부의 나이, 직업 지위, 교육 수준, 취업동기, 성 역할 태도 등을 들 수 있다. 주부의 자아존중감과 직장에서의 높은 지위는 역할 갈등을 감소시키고 갈등의 극복 효과를 더 높여 준다.

27 다음 중 취업주부 가족의 가정관리에 대한 설명으로서 옳은 것은?

① 취업주부의 근로시간의 융통성이 자녀 양육에 큰 영향을 미친다.
② 취업주부는 취업으로 화폐소득은 취득 가능하나 비화폐소득은 취득할 수 없다.
③ 취업주부의 경우 남편의 가사 분담 덕분에 역할갈등 수준이 낮다.
④ 주부가 취업한 경우 취업 관련 비용이 크기 때문에 가계경제에 대한 실제 기여도는 낮다.

해설 취업주부의 시간자원 : 자녀양육은 주부에게 더 많은 시간을 요구하므로 주부의 근무 시간이 길고 융통성이 없을 때 시간 부족과 시간 갈등을 더 크게 경험하게 된다.

28 취업주부 가족의 인적 자원에 해당되지 않는 것은?

① 남편의 부인 취업에 대한 긍정적 태도와 지원　② 가사 조력인
③ 주부의 직업 지위　　　　　　　　　　　　　　④ 특별급여

해설 취업주부가 이용할 수 있는 경제적 자원에는 소득(임금), 특별급여 또는 피용자 편익과 같은 비화폐소득이 있다.

29 다음 중 가사노동에 대한 수행표준을 조정함으로써 시간갈등이나 역할갈등을 해결하는 전략이 가장 효과적인 가족은?

① 고소득 가족　　② 취업주부 가족　　③ 중년기 가족　　④ 형성기 가족

해설 취업주부 가족은 이중 역할로 인한 시간 갈등과 역할 갈등을 해결하는 전략의 하나로 가사노동의 수행표준을 조정하는 경우가 많다.

30 다음 중 전문직 여성의 직업생활과 가정생활에 대한 만족도에 관한 설명으로 옳은 것은?

① 40~50대의 만족도가 20~30대보다 더 높다.
② 주관적 만족도에 가족생활주기에 따른 차이는 없다.
③ 30대의 만족도가 가장 높다.
④ 직업생활 만족도가 가정생활 만족도보다 항상 더 높다.

해설 전문직 여성의 직업생활과 가정생활에 대한 만족도
- 20~30대 젊은 세대의 경우 : 전문직 경력 초기에 가질 수 있는 일에 대한 스트레스가 클 뿐 아니라, 어린 자녀의 양육 문제 등으로 심한 역할 갈등을 겪을 가능성이 있어 주관적 만족도가 낮다.
- 40~50대 나이 든 세대의 경우 : 경력이 안정되고 자녀 양육의 어려움을 벗어나면서 역할 갈등이 해소되어 주관적 만족도가 상당히 높다.

정답 22.❷ 23.❶ 24.❹ 25.❷ 26.❷ 27.❶ 28.❹ 29.❷ 30.❶

31 다음 중 부인 취업의 경제적 기여라고 볼 수 없는 것은?

① 재정적 생존의 유지
② 생활표준의 유지 및 향상
③ 주소득원
④ 의료비 및 누적된 부채 해결

해설 부인 취업의 경제적인 기여에 해당되는 것들 : 재정적 생존의 유지, 자녀를 위한 계획(사교육비나 대학교육비 마련), 주택 장만이나 주택환경 개선, 주요 의료비 및 누적된 부채 해결, 남편소득이 불규칙할 때 보완적 기능, 생활표준의 유지 및 향상

32 다음 중 주부 취업의 경제적 가치 측정 시 비용에 속하지 않는 것은?

① 저축 추가분
② 이미용 서비스
③ 보육료
④ 외식

해설 주부 취업의 경제적 가치를 측정할 때 비용에 포함되는 것 : 외식, 가사사용인 급료, 보육료, 피복 및 신발, 공공교통, 개인교통, 이미용 서비스, 장신구, 송금 및 보조 등

정답 31. ③ 32. ①

부록

최종모의고사

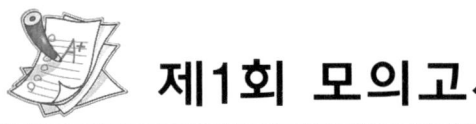

제1회 모의고사

1 가정관리학의 목적으로 옳지 않은 것은?

① 생활의 질을 향상시키고자 한다.
② 가족자원에 대한 통제력을 강화한다.
③ 가사처리가 가장 중요한 내용이다.
④ 가족의 목표를 명료화한다.

해설 가정관리학의 목적 : 가족의 목표를 명료화하고 가족자원에 대한 통제력을 강화함으로써 만족감을 높이고, 궁극적으로 생활의 질을 향상시키는 데 있다.

2 다음 중 가정관리가 실천적 학문이라고 할 때, 그 의미로서 옳지 않은 것은?

① 모든 가족에게 적용되는 일반적인 측도를 사용한다.
② 수단과 목적의 관계를 고려한다.
③ 결핍을 극복하고자 하는 관점에서 지식을 탐구한다.
④ 규범적 개념을 포함한다.

해설 실천적 학문의 조건
- 규범적인 개념 포함이 있다.
- 우수함과 결핍의 극복, 향상 등을 추구하고자 하는 관점에서 지식을 탐구한다.
- 수단과 목적의 관계를 고려한다.
- 가족과 사회의 우연적이고 변화하는 상황에 근거를 둔다.
- 개별 가족 상황에 조화되도록 융통성 있는 측도를 사용한다.

3 미국 가정관리학에 도입된 체계적 접근법에 대한 설명이라고 볼 수 없는 것은?

① 1970년대 이후 본격적으로 가정관리분야에 도입하게 되었다.
② 체계적 접근법은 과정관리를 환경과 독립된 개별적인 활동이라고 보지 않는다.
③ 체계적 접근법에서 가정관리는 하나의 생태적·사회적 체계로 간주된다.
④ 체계적 접근법에서는 환경이라는 요소가 고려되지 않는다.

해설 체계적 접근법은 가정관리와 그 환경적 요인들의 상호관계를 밀접하게 규정짓는다.

4 다음 중 조선시대 여성규범서에 나타난 가정관리에 관한 내용으로서 적절한 것은?

① 현명한 구매자가 되어라.
② 검소하고 절약하는 생활을 하라.
③ 인간관계에서 사리를 따져라.
④ 계획없이 일을 하라.

해설 조선시대의 여성규범서를 중심으로 가정관리교육

- 인간관계에서는 혼인의 예는 모든 예의 근본이라고 했다. 그러나 실생활에서는 부모자녀 관계를 우선했다.
- 생활계획에 대한 태도에서는 계획의 중요성을 강조하였다.
- 가사작업에 있어서 조선조 시대의 여성은 한 인간으로서보다는 근면한 노동제공자로서 인식되었고, 그 역할은 가정경제와 연결되어 더욱 중시되었다.
- 소비생활에 대한 태도에서는 절약을 강조하였다.
- 한 가정의 통솔자로서 노비를 다스림에 있어서는 많은 배려를 하도록 했다.

5 다음 중 체계적 접근법을 설명한 것으로 옳지 않은 것은?

① 가정관리학의 하나의 사고방법이다.
② 그 이전에 발전되어 온 가정관리학 내용을 조직적으로 묶어 체계에 초점을 두었다.
③ 하위체계, 환경, 하위체계·체계·환경 사이의 상호관계를 보다 정밀히 파악하는 방법이다.
④ 체계적 접근법은 1966년 베르탈란피에 의해 제시된 이래 계속적으로 사용되고 있다.

해설 체계적 접근법이란 가정관리학의 사고방법으로서, 그 이전에 발전되어 온 가정관리의 내용을 조직적으로 묶어 체계에 초점을 두고 체계의 구성요소인 하위체계, 체계에 영향을 미치는 환경, 하위체계·체계·환경 사이의 상호관계를 보다 정밀히 파악하는 방법이다.

6 인간생태학 관점에서 가정관리를 볼 때, 중요시하는 활동으로 적합하지 않은 것은?

① 인간의 환경에 대한 작용
② 환경과 환경의 상호작용
③ 환경의 인간에 대한 반작용
④ 인간과 인간 간의 상호작용

해설 인간생태학에서는 관계와 환경 개념이 중요한데, 이 개념을 가정관리에 적용할 때 인간의 환경에 대한 작용(act), 환경의 인간에 대한 반작용(react), 인간과 인간과의 상호작용(coact)의 관계를 생각해야 한다.

7 다음 중 가족생활주기의 각 단계에 대한 설명으로 옳은 것은?

① 가정확립기는 손님 초대 등으로 주부의 가사노동시간이 가장 많은 단계이다.
② 자녀의 고등교육기는 지출이 가장 많은 시기이므로 이에 대한 준비가 필요하다.
③ 초등교육기 부모의 중요한 과제는 자녀의 성격발달과 경제적 자립을 돕는 일이다.
④ 경제적 회복기는 자녀가 독립해 나가고 부모는 아직 활동하는 기간으로서 도시가족에게만 나타난다.

해설
- 고등교육기는 가족생활주기 중 지출이 가장 큰 시기이므로 경제적인 대책이 중요하며, 자녀의 이성교제 및 직업선택의 방향에 대한 깊은 관심과 이해가 필요하다.
- 초등교육기 부모의 중요한 과제는 자녀의 건강 및 교육적인 요구에 관심을 가지며 자녀가 소속감을 가질 수 있는 환경을 만들어주는 일이다.

정답 1.❸ 2.❶ 3.❹ 4.❷ 5.❹ 6.❷ 7.❷

- 가정확립기보다는 자녀출산 및 미취학아동기에 주부의 가사노동이 급증한다.
- 경제적 회복기는 도시·농촌별 차이라기보다 국가의 사회경제적 여건과 관련있는 것으로 우리나라의 경우 일반적으로 이 시기가 나타나지 않고 있다.

8 가족생활주기의 단계에 따라 변하는 중요한 요소만으로 묶인 것은?

① 목표, 가치, 자원, 책임
② 가치, 목표, 표준, 결속도
③ 가치, 목표, 역할, 결속도
④ 목표, 역할, 자원, 결속도

해설 가족생활주기에 따라 변하는 요소 : 가치, 목표, 표준, 책임, 요구 및 의사결정, 자원과 자원에 대한 요구, 가족원의 역할과 나이, 가족수 등

9 가정관리의 동기요소를 옳게 설명한 것은?

① 개인 및 집단이 어떤 것을 중요하다고 생각하는 데 영향을 미친다.
② 가족이 원하는 것을 충족시켜 줄 수 있는 수단이다.
③ 커뮤니케이션과 의사결정이 중요한 요소이다.
④ 가치, 목표, 자원을 포함한다.

해설 ② 가족이 원하는 것을 충족시켜 줄 수 있는 수단은 자원이다.
③ 커뮤니케이션과 의사결정은 관리과정의 중요한 요소이다.
④ 가정관리의 동기요소는 가치, 목표, 표준을 포함한다.

10 다음 중 가정관리의 동기요소에 대한 설명으로 옳은 것은?

① 표준은 문화의 산물로서 개인별 차이는 존재하지 않는다.
② 표준은 사회적·개인적 상황에 따라 변화할 수 없는 항상성을 가진다.
③ 가치는 타고난 것이 아니고 전달됨으로써 학습된다.
④ 목표란 가치의 하위개념으로서, 목표들 사이에는 계층 또는 서열이 없다.

해설 ① 표준은 문화의 산물이기는 하지만 개인에 따라 특정 표준을 수용하기도 하고 거부하기 때문에 개인별 표준의 차이가 존재한다.
② 표준은 사회적·개인적 상황에 따라 변화할 수 있는 상황성을 가진다.
④ 목표들 사이에도 계층 또는 서열이 있어서 한 목표가 그 위에 있는 목표에 대해서는 수단이 될 수 있고, 그 아래 있는 목표에 대해서는 목적이 될 수 있다.

11 가족자원을 학제적 방법에 의해 분류할 경우 인지적 자원, 정서적 자원, 작동적 자원 및 시간자원을 포괄하는 자원은?

① 인적 자원　　② 경제적 자원　　③ 사회적 환경자원　　④ 물리적 환경자원

> **해설** 가족자원의 학제적 분류
> - 인적 자원 : 인지적 자원, 정서적 자원, 작동적 자원, 시간자원
> - 경제적 자원 : 화폐소득, 탄력소득, 재산, 특별 급여
> - 환경자원 : 물리적 환경자원(유형, 무형), 사회적 환경자원(사회조직, 경제조직, 정치조직, 사회공공시설 및 서비스)

12 다음 중 자원 사용을 통하여 최대 만족을 얻기 위한 지침에 해당되지 않는 것은?

① 자원을 변경하거나 창조한다.　　② 자원을 최소한 사용한다.
③ 자원간의 선택을 조화시킨다.　　④ 자원의 총공급을 증대시킨다.

> **해설** 자원사용을 통하여 최대만족을 얻기 위한 지침
> - 자원의 총공급을 증대시킨다.　　• 자원을 변경시키거나 창조한다.
> - 대체적인 사용을 탐구한다.　　• 투자할 자원의 양을 고려한다.
> - 자원간의 선택을 조화시킨다.

13 다음 중 사회적 의사결정에 대한 설명으로 옳은 것은?

① 사회 전체의 자원을 어떻게 배분할 것인가에 관련된 의사결정이다.
② 여러 개의 목표를 달성하기 위하여 자원의 선택에 역점을 두는 의사결정이다.
③ 어떤 특정한 목표를 달성하는 것과 관련된 의사결정이다.
④ 역할 사이에 가치 갈등이 존재할 때 문제를 해결하려는 방법의 의사결정이다.

> **해설** 사회적 의사결정 : 역할 사이에 가치갈등이 존재할 때 문제를 해결하는 방법으로 결과는 가치 및 역할의 명료화와 목표설정이 되고, 개인적 가치나 인식과 갈등의 인정이 사회적 의사결정의 출발점이다. 사회적 의사결정은 생활의 질에 주된 영향을 미친다.

14 의사결정자가 상황을 객관적으로 분석한 후 이루어지는 결정으로 수단이 목적에 논리적으로 연결되어 있는 의사결정은?

① 초월적 의사결정　　② 합리적 의사결정
③ 초합리적 의사결정　　④ 비합리적 의사결정

> **해설** 니켈 등 의사결정이 이루어지는 상황에 따른 분류
> - 합리적 의사결정 : 의사결정자가 상황을 객관적으로 분석하여 한 결정
> - 비합리적 의사결정 : 의사결정자의 성격에 기반을 두고 나온 결정으로 감정적 성격을 띤다.

정답 8.① 9.① 10.③ 11.① 12.② 13.④ 14.②

15 커뮤니케이션의 장애 요소 중 기호 해독 불능의 문제가 나타날 수 있는 요소는?

① 송신자　　　　② 기호　　　　③ 회로　　　　④ 수신자

해설 수신자의 경우 장애 요인
- 회로의 장애로 인하여
- 다른 일에 몰두하고 있을 때
- 송신자의 메시지에 관심이 없어 보낸 메시지가 받아들여지지 않는 경우
- 메시지를 받아들인다 하더라도 잘못 해독하거나 생략할 때
- 해독 불능으로 인하여 송신자와 같은 내용으로 복원되지 못하는 경우

16 가정관리에서 커뮤니케이션에 관한 설명으로 옳지 않은 것은?

① 유아를 상대로 하는 가정의 일상적 회화는 매우 단순한 성질을 거쳐 이루어진다.
② 사회화는 그 집단의 유지 및 존속에 필수적인 것이다.
③ 가족 간에 의사소통이 제대로 되지 않을 경우 정서장애를 일으킬 수 있다.
④ 가족의 정서적 안정은 개인의 면에서만 중요하고 사회통합과는 관련이 없다.

해설 가족의 정서적 안정은 개인의 면에서는 물론이고 사회통합이라는 면에서도 중요한 의미를 가진다.

17 계획과 조직을 통합하는 4단계 모델을 가장 낮은 단계부터 정교화된 순서대로 연결한 것은?

① 명목단계 – 등간단계 – 서열단계 – 비율단계　　② 명목단계 – 서열단계 – 등간단계 – 비율단계
③ 서열단계 – 비율단계 – 명목단계 – 등간단계　　④ 서열단계 – 명목단계 – 등간단계 – 비율단계

해설 계획과 조직을 통합하는 네 단계 모델
- 명목단계 : 가장 낮은 단계로 이 단계에서는 실천해야 할 활동의 이름만으로 활동의 선택이 이루어진다.
- 서열단계 : 수행해야 할 활동의 목록을 중요성이나 시간 순서에 따라 순서를 정하는 단계이다.
- 등간단계 : 순서가 정해진 활동들을 언제 수행할 것인지, 각 활동들이 얼마나 많은 시간을 필요로 하는지 정하는 단계이다.
- 비율단계 : 활동들을 누가, 어떻게 수행할 것인지 정하는 단계이다.

18 일종의 일반계획으로서 적절한 상황이 전개되면 환기되도록 인간의 기억 속에 저장되어 있는 것을 칭하는 용어는?

① 단기계획　　　　② 장기계획　　　　③ 메타 플랜　　　　④ 특수 플랜

해설 메타 플랜 : 일종의 일반계획으로서 적절한 상황이 전개되면 환기되도록 인간의 기억 속에 저장되어 있는 것이다.

19 관리활동의 결과 자원이 변화할 수 있는데, 유용한 자원량에 변화를 일으키지 않는 관리활동은?

① 생산　　　　　② 이전　　　　　③ 교환　　　　　④ 소비

해설 관리활동에 따른 자원의 변화 : 관리활동은 자원 사용을 통하여 이루어지므로 그 결과 자원이 변화한다.
- 소비 · 보호 · 이전 활동 : 자원의 양을 감소시킨다.
- 생산 · 저축-투자 활동 : 증가시키는 결과를 나타낸다.
- 교환 활동 : 자원의 형태만 변경시킬 뿐 자원의 양에는 영향을 미치지 않는다.

20 피드백(feedback)에 대한 설명으로 옳지 않은 것은?

① 피드백이란 한 체계의 산출이 투입으로서 그 체계에 되돌아가는 것을 말한다.
② 긍정적 피드백이란 목표와 수행 사이에 편차가 있을 경우 이를 받아들여 변화를 증진시키며, 본질상 개방적이다.
③ 부정적 피드백이란 체계가 바라던 상태를 유지하도록 하는 영향력으로서 목표와 수행 사이에 편차가 있을 경우 이를 감소시킨다.
④ 긍정적 피드백과 부정적 피드백은 독립적이다.

해설 긍정적 피드백과 부정적 피드백은 연속체로 표시할 수 있으며, 중간의 중립점 주위는 변화가 적으며, 양극은 변화가 크다.

21 다음 중 가족생활주기에 대한 설명으로 옳지 않은 것은?

① 우리나라의 가족생활주기는 노후의 경제적 회복기간이 짧거나 없는 것이 특징이다.
② 자녀의 출생과 연령은 가족생활주기를 구분하는 대표적인 기준이다.
③ 가족생활주기는 출생부터 사망까지를 나타낸 것으로 직선으로 파악된다.
④ 가족생활주기에 따라 가족체계에 주어지는 요구와 자원이 변화한다.

해설 가정생활주기의 개념 : 가족의 형성 · 발전 · 소멸 등 특징적인 발전단계를 경과하면서 하나의 세대에서 다음 세대로 세대간의 교체가 일어나는 현상을 지칭하며, 보다 넓게는 가족의 발달단계에 대응해서 일어나는 생활구조의 변용과정을 의미하기도 한다.

22 다음 중 형성기 가족의 관리과정에 대한 설명으로 옳지 않은 것은?

① 형성기 가족은 소득과 지출이 낮아 평균소비성향이 낮은 시기이다.
② 형성기에 재정적으로 세밀한 계획을 세워야 할 대상은 주택 마련이다.
③ 자녀출산 후에는 부부간에 전통적인 성 역할 부담이 강화되는 경향이다.

④ 일반적으로 주부의 취업은 고부갈등을 악화시킨다.

해설 주부가 직업을 갖는 경우에는 고부간의 역할 분담을 통해 상호 보완이 가능하므로 고부간의 대립이 줄어들고 갈등이 완화될 수 있다.

23 다음 중 은퇴에 대한 관점이 다른 하나는?

① 계속적인 인생의 한 부분
② 자아정체감의 상실
③ 무능력하다는 사회적 낙인
④ 지위의 상실

해설 은퇴에 대한 두 가지 관점
- 위기로 보는 관점 : 은퇴를 지위의 상실, 자아정체감의 상실, 비생산적인 여가 시간, 무능력하다는 사회적 낙인 등으로 본다.
- 인생의 한 부분으로 보는 관점 : 은퇴란 인생주기에 있어서 예견된 단계이며, 은퇴에 대하여 너무 지나치게 비통해하거나 부적응상태에 빠질 필요가 없다고 주장하는 것이다.

24 중년기 부부의 결혼만족도 수준을 바르게 설명한 것은?

① 중년기 부부의 결혼만족도는 형성기 부부보다 낮다.
② 중녀기 초반에는 부인보다 남편의 불만족이 높다.
③ 중년기 중반에는 부인이 남편보다 만족한다.
④ 중년기 후반에는 남편보다 부인의 불만족이 높다.

해설 중년기 부부의 결혼만족도 : 가족생활주기 중 결혼만족도는 낮은 수준이다. 중년기 초반과 중반에는 부인의 불만족이 높고, 후반이 되면 남편의 불만족이 높아진다.

25 다음 중 노년기 가족의 발달과업을 살펴보았을 때 경제적 회복기에 해당되는 발달과업은 무엇인가?

① 만족스러운 주거의 확보
② 은퇴소득에의 적응
③ 결혼 만족의 확인
④ 인생 의미의 발견

해설 노년기 가족의 발달과업
- 경제적 회복기의 발달과업 : 현재와 미래의 욕구에의 자원배분, 적절한 사회적 역할의 담당, 안락하고 건강한 복지에의 대비, 결혼 만족의 확인, 가족 테두리의 확장, 인생의 중심적 가치의 확인 등
- 은퇴기의 발달과업 : 은퇴소득에의 적응, 신체적·정신적 건강의 유지, 만족스러운 주거의 확보, 가족과의 지속적인 접촉, 인생 의미의 발견 등

26 다음 중 은퇴기에 경제적으로 자립할 수 있기 위해서 고려해야 할 사항에 해당되지 않는 것은?

① 자녀의 결혼 여부
② 현직업의 특성

③ 은퇴 후 받을 수 있는 연금　　　　　　　④ 은퇴 시기

해설 은퇴기 경제적 자립을 위해 고려해야 할 사항 : 은퇴 시기, 은퇴 후 받을 수 있는 연금이나 퇴직금 등 사용 가능한 자원, 현직업의 특성 등

27 다음 중 저소득 가족을 설명한 내용으로 적합하지 않은 것은?

① 일반가족보다 실업률이 높다.　　　　　② 일반가족보다 가구주의 평균연령이 낮다.
③ 다양한 사회문화적 경험의 기회가 제한되어 있다.　④ 예기치 않은 재난을 경험할 가능성이 높다.

해설 저소득 가족의 일반적인 특성
- 실업률이 높다.
- 가구주의 평균연령이 높다.
- 심각한 주거문제를 지니고 있다.
- 가구주의 학력이 낮다.
- 여성 가구주가 많다.
- 교육 수준이 매우 낮다.
- 예기치 않은 재난을 경험할 가능성이 높다.
- 다양한 사회문화적 경험의 기회가 제한되어 있다.
- 직업은 주로 임금, 기술, 지위가 낮은 하위 직종에 집중되어 있다.
- 도시 빈곤가계의 가구주는 지방출신이거나 농촌출신이 지배적으로 많다.

28 다음 중 저소득 가족의 자원에 대한 설명으로 옳은 것은?

① 친척이나 이웃, 사회단체는 심리적 자원을 제공할 뿐이다.
② 소득의 양은 적지만 소득을 효과적으로 사용하는 인적 자원이 많다.
③ 소득의 양은 많지만 불안정성이 높다.
④ 신용자산을 갖기 어렵다.

해설 신용자산의 경우, 저소득 가족은 접근하기가 쉽지 않다. 저소득 가족은 금융기관의 신용평가에서 낮은 등급을 받게 되며 담보로 제공할 자산도 거의 갖고 있지 못하기 때문에 제도권의 신용 이용에 있어 커다란 제약을 받게 된다.

29 부부간의 역할에 대한 애덤스의 설명 중 "여성이 직업적 역할의 기회가 생겨 전통적 역할 구분에서는 탈피하였으나 남편의 가정 내 역할 분담에 대한 협력은 일어나지 않는다."와 관련이 깊은 용어는?

① 반전통주의　　② 평등주의　　③ 신전통주의　　④ 전통주의

해설 사회변화에 따른 부부간의 역할(애덤스)
- 전통주의 입장 : 부부간의 역할이 전통적으로 각각 분리되어 수행됨
- 신전통주의 입장 : 여성의 가정 내 역할 외에 직업적 역할이 생겼으나, 남편의 가정 내 역할 분담에 대한 협력이 일어나지 않은 상태
- 평등주의 입장 : 부부의 역할이 부부의 선택에 의하여 결정되고 명확히 분화되어 있지 않음.

정답 23.① 24.① 25.③ 26.① 27.② 28.④ 29.③

30 주부취업에 관한 설명으로 옳지 않은 것은?

① 자아 발전 욕망은 젊은 주부일수록 강하게 나타난다.
② 최근 자녀 수의 감소, 생활구조의 간편화, 여성 교육 향상으로 인한 사회참여 동기가 점점 취업의 중요한 요인으로 작용하고 있다.
③ 주부취업에 대한 태도는 여성보다 남성이 더 긍정적으로 생각하고 있다.
④ 취업주부 가족은 부부의 가족 위치와 직업 위치의 동시 실현이 목표이다.

해설 주부취업에 대해서는 남성보다는 여성이, 그리고 젊은층일수록 긍정적으로 나타난다.

31 다음 중 조선시대의 가정관리교육에 대한 설명으로 옳은 것은?

① 현명한 소비자의 역할을 강조하였다.
② 노동제공자로서의 여성의 역할을 강조하였다.
③ 여성규범서에는 생활 계획에 관한 내용이 없다.
④ 여성의 자아실현을 강조하였다.

해설 가사작업에 있어서 조선조 시대의 여성은 한 인간으로서보다는 근면한 노동제공자로서 인식되었고, 그 역할은 가정경제와 연결되어 더욱 중시되었다. 그런데 실학 사상가들은 과학적 사고에 의해 새로운 방법을 추구하도록 주장하였고, 합리적인 가사작업의 조건을 갖추는 것이 필요하다고 하였다.

32 가족을 둘러싸고 있는 환경 중 가정환경에 대한 설명이 아닌 것은?

① 가족은 대내외적 환경을 모두 통제할 수 있다.
② 가족이 일상적으로 상호작용하는 환경이다.
③ 가족을 둘러싼 환경 중에서 가장 즉각적이고 친밀한 환경이다.
④ 이 환경에 대해 가족이 갖는 통제 정도는 상대적으로 가장 크다.

해설 가족이 대부분의 가정환경을 통제할 수 있지만 주변 소음 등 더 큰 환경에서 작용하는 힘의 영향력 때문에 자유로울 수 없는 부분도 상당하다.

33 다음 중 학교교육을 통하여 획득하는 지식이나 기능이 한 개인의 사회적 지위를 결정해 주는 주된 요인이라고 보는 학교교육의 사회적 선별기능을 설명하는 이론은?

① 결정론   ② 지식론   ③ 갈등론   ④ 구조기능론

해설 학교교육의 사회적 선별기능을 설명하는 방식 : 구조·기능론과 갈등론이라는 상호 대립되는 두 입장이 있다.
- 구조·기능론 : 학교교육을 통하여 획득하는 지식이나 기능이 한 개인의 사회적 지위를 결정해 주는 주된 요인이다.
- 갈등론 : 지식이나 기능은 사회적 선택에 있어서 이차적인 고려사항에 불과하고 모든 조직에 있어서의 선택은 귀속집단들의 권력에 기초하여 이루어진다.

34 표준에 대한 설명으로 옳지 않은 것은?

① 표준은 집단, 국가, 시대에 따라 다르다.
② 표준은 개인적·집단적 특성을 함께 가진다.
③ 모든 문화에는 한 가지 표준만이 존재한다.
④ 개인에 따라 특정 표준을 수용 또는 거부한다.

해설 표준은 문화적 산물로서 집단 생활을 통해 발생하고 그 집단을 통해 전파된다고 일반적으로 받아들여진다.

35 다음 중 인적 자원 계발의 원리로서 적절한 것은?

① 변화는 개인적 안전을 위협할 수 있다.
② 항상 습관을 변화시켜야 한다.
③ 외부 자극보다 내부적 동기를 이용해야 한다.
④ 인적 자원 계발은 빨리 이루어진다.

해설 인적 자원의 계발의 원리
- 연령이 증가함에 따라 변화와 인적 계발에 요구되는 노력은 더 커진다.
- 변화는 개인적 안전을 위협할 수 있다.
- 인적 자원은 향상될 수 있다.
- 인적 자원은 환경의 영향을 받는다.
- 개인적 발달에는 개인적 몰입(commitment)이 필요하다.
- 인적 자원의 계발은 관계의 확대를 포함한다.
- 인적 계발은 느리고 시간비용이 많이 든다.
- 관습은 인적 자원 계발에 방해가 되기도 하고 도움이 되기도 한다.
- 한 개인이 인적 자원을 계발할수록 계속적 계발 가능성은 더욱 커진다.
- 외부자극으로 인한 변화가 내부적 동기로 인한 변화보다 더욱 힘이 있고 강제적인 경우가 많다.

36 다음 중 의사결정의 과정을 4단계로 나눌 때 가족의 목표달성이 고려되어야 하며, 가족 전체의 의견이 반영되도록 해야 하는 과정은?

① 행동과정의 선택
② 정보의 수집 및 행동과정의 설정
③ 문제의 규명
④ 대안의 고려

해설 정보의 수집 및 행동과정의 설정 : 가능한 행동과정을 명확히 하기 위해 정보를 수집한다. 여러 가지 방법을 통해 정보를 수집할 수 있으며 행동과정을 수립하는 데는 가족의 목표달성이 고려되어야 하며 가족 의견이 반영되도록 한다.

37 다음 중 커뮤니케이션 과정에서 송신자에게 나타날 수 있는 장애에 해당하지 않는 것은?

① 수신자에 대하여 비호의적일 때
② 소음 때문에 이야기를 할 수 없을 때
③ 자신이 보내고 싶은 내용에 대하여 명확하게 인식하지 못할 때
④ 자신이 보내고 싶은 내용에 대해 정확한 기호를 만들 수 없을 때

해설 송신자의 경우 장애 요인

정답 30.③ 31.② 32.① 33.④ 34.③ 35.① 36.② 37.②

- 송신자가 자신이 보내고 싶은 내용에 대하여 명확하게 인식하지 못할 때
- 내용은 인식하더라도 정확한 기호를 만들 수 없을 때
- 수신자에 대하여 비호의적이거나 불신·공포감을 가질 때
- 기호 자체는 알고 있어도 그것이 포함한 의미를 송신자와 수신자가 서로 다르게 이해하고 있을 때

38 수행에 영향을 미치는 요인으로 볼 수 없는 것은?

① 주부의 취업 여부　② 가족 크기　③ 자녀 연령　④ 주부의 아버지의 직업

해설 수행에 영향을 미치는 요인 : 개인의 능력, 성격, 성향, 건강, 취업 여부가 수행에 영향을 미치고, 가족생활주기, 자녀 연령, 가족 크기, 부부의 취업상태 등 가족 관련 요인도 영향을 미치며, 환경 및 작업의 특성도 수행에 영향을 미치는 요인이다.

39 다음의 〈보기〉와 관계가 깊은 가족 유형은?

> **보기** 상호 만족스러운 결혼의 성립, 부모됨에 대한 적응, 자녀 출산과 양육, 부모와 자녀에게 만족스러운 가정의 성립 등을 발달과업으로 하고 있다.

① 취업주부 가족　② 노년기 가족　③ 중년기 가족　④ 형성기 가족

해설 형성기 가족 : 결혼에서부터 취학 전 자녀를 가진 가족으로서, 이 시기에 주부가 직면하는 발달과업은 상호 만족스러운 결혼의 성립, 임신 및 부모됨에 대한 적응, 친족관계망에의 적응, 자녀 출산·양육, 부모와 자녀에게 만족스러운 가정의 성립, 취학 전 자녀의 흥미와 욕구 수용, 부모의 개인생활 부족에 대한 대처 등이다.

40 다음 중 소득을 많이 갖는 사람이 가사노동을 다른 사람에게 부담시킬 수 있다고 보는 부부간의 가사분담을 설명하는 가설은?

① 가사선호 가설　② 성 역할 가설　③ 가용시간 가설　④ 자원/권력 가설

해설 가사노동 분담에 대한 가설
- 자원/권력 가설 : 소득, 즉 자원을 많이 가진 사람이 가사노동을 다른 사람에게 부담시킬 수 있다. 예 부인의 소득이 많을수록 부인의 권력이 더 크고, 다른 가족원들로부터의 조력이 더 크다.
- 가용시간 가설 : 이용 가능한 시간이 많은 사람이 가사노동을 분담한다. 예 부인의 취업은 가사에 이용가능한 시간을 감소시키고, 취업하지 않은 경우보다 더 적은 가사부담을 지게 한다.
- 성 역할 가설 : 남편과 부인의 성역할 태도가 노동 분담에 영향을 준다는 것으로, 남편의 태도가 노동 분담에 더 강력하게 영향을 미친다는 것이다.
- 가사선호 가설 : 가족노동의 분담은 가사에 대한 남편이나 부인의 선호와 관계된다는 것이다.

정답 38.④　39.④　40.④

제2회 모의고사

1 다음 중 가정관리가 기본적으로 하고 있는 신념에 해당하는 것은?

① 가정관리는 관념적이다.
② 가정관리는 분석적이다.
③ 가정관리는 이론적 학문이다.
④ 가정관리는 도구적이다.

해설 가정관리가 기본적으로 하고 있는 신념
- 가정관리는 도구적이다.
- 가정관리는 실천적 학문이다.
- 가정관리는 통합적이다.

2 다음 중 가정관리자를 결정하는 상황 기준으로서 가장 중요한 것은?

① 가정생활에 필요한 가사노동을 타인의 도움 없이 수행할 수 있는지 여부
② 가족의 목표와 목표 달성의 방법에 관해 의사결정의 책임을 가지고 있는지 여부
③ 기혼자일 것
④ 여성일 것

해설 가정의 가정관리자를 결정하는 상황 기준
- 목표와 그 목표를 실현하는 방법에 관하여 의사결정을 하는 책임을 가지고 있는가
- 선택된 방법에 따른 결과를 예측하는 능력이 있는가
- 계획이 실천되고 있는 것을 보아서 분별할 수 있는 능력이 있는가

3 레이크 플래시드 회의(Lake Placid Conference)에 대한 설명으로서 가장 옳은 것은?

① 남녀 중고등학생에 대한 가정교과 선택을 규정하였다.
② 여성의 사회참여를 주장하여 여성학 발전에 크게 공헌하였다.
③ 미국 국유지무상교부대학 학장회의이다.
④ 미국 가정학회의 창립에 직접적인 역할을 담당하였다.

해설 레이크 플래시드 회의는 미국 가정학회의 선구 모임으로 이 회의에서 가정관리가 가정학의 극히 중요한 분야로서 인정되었다.

4 미국 가정관리학의 발달 과정에서 1950년대에 의사결정이 중시된 배경에 해당하는 것은?

① 경제사회에서 선택의 기회가 감소하였다.
② 기업에서 의사결정에 중점을 둔 관리 기능이 발전하였다.

정답 1.④ 2.② 3.④ 4.②

③ 관습이 효과적인 영역으로 확대되었다.
④ 비효율적인 지식이 증가하였다.

> **해설** 1950년대에 의사결정이 가정관리에 도입된 이유
> - 경제사회에 있어서 선택의 기회가 증대되었다.
> - 의사결정에 대한 강조와 함께 기업에서 의사결정에 중점을 둔 관리 기능이 발전되었다.
> - 전에는 관습이 효과적이던 영역에서 의사결정을 하도록 하는 지식이 증대하였다.

5 다음 중 체계적 접근법에 의한 가정관리의 성립 배경으로 적합한 것은?
① 과정 개념의 도입
② 전통적 가족제도의 부활
③ 기계론의 강화
④ 철학의 조류가 종합의 시대로 변화

> **해설** 가정관리학에서 체계적 접근법을 도입한 배경
> - 새로운 철학의 전개 : 20세기 분석시대에서 21세기 종합시대로의 변화
> - 기계론으로부터의 탈피 : 기계론은 생활이라는 유기체의 복잡한 사상을 감당할 수 없는 한계가 있다. 이에 생활 전체에 초점을 맞추고 피드백 개념으로 문제를 해결하는 일반 체계론이 나타났다.
> - 가족을 둘러싼 환경의 변화 : 가족을 둘러싼 환경이 급격하게 변화하고 있다.
> - 인간생태학의 전개 : 다원적인 가정관리의 전략변수의 전체를 인식시켜 주며, 가정관리에서는 역동적으로 파악되기 힘들었던 환경과 관계가 있는 측면을 인식시켜 준다.

6 다음 중 사회가 요구하는 가족의 기능이라고 볼 수 없는 것은?
① 출산 기능
② 치안 유지
③ 의식주생활의 제공
④ 자녀의 사회화

> **해설** 사회가 요구하는 가족의 기능
> - 재화와 용역생산 : 가족생활의 유지에 필요한 재화와 용역의 생산
> - 가족윤리 유지 : 가족 내, 기타 집단 내에서 과업달성을 위한 동기와 가족윤리의 유지
> - 질서유지 : 가족 내에서, 가족 구성원과 외부인과의 사이에서 질서유지
> - 자녀의 사회화 : 가족과 기타 사회집단에서의 성인 역할을 위한 자녀의 사회화
> - 가족수의 확대 : 출산 또는 입양과 자녀가 성장했을 때의 분가를 통한 가족수의 확대
> - 의식주생활 제공 : 각 개인의 신체적 유지

7 일반적으로 가족생활주기 단계 중 두 사람이 결혼을 통하여 가정의 기틀을 확립시키는 과정은?
① 가정형성기
② 자녀출산기
③ 확대기
④ 축소기

> **해설** 가족생활주기 3단계 분류
> - 가정형성기 : **결혼으로 가정을 형성해서 기틀을 확립시키는 과정**
> - 확대기 : 자녀를 낳아 양육해서 성장시키는 과정
> - 축소기 : 자녀들이 결혼하거나 성인이 되어 자립을 위해 가정을 떠나고 노부부만이 가정을 이루는 과정

8 다음의 〈보기〉는 가족생활주기의 어느 단계에 대한 특성인가?

> **보기** 자녀의 사춘기를 포함하는 시기로 자녀를 성인으로서 인격적인 대우를 해주며 독립적이고 자급자족할 수 있는 개인이 되도록 도와주어야 한다.

① 초등교육기　　② 중등교육기　　③ 고등교육기　　④ 직업적응기

해설 중등교육기 : 자녀가 12~18세, 즉 중고등학교에 다니는 시기이며, 이 시기 부모는 자녀를 어린이로 취급하지 말고 성인으로서 인격적인 대우를 해 주어 독립적이고 자급자족할 수 있는 개인이 되도록 도와주어야 한다. 특히 자녀가 사춘기를 잘 보낼 수 있도록 교우, 독서, 취미생활 지도 등에 관심을 두어야 한다.

9 다음의 〈보기〉는 무엇에 대한 설명인가?

> **보기** 비슷하게 중요한 목표에 대하여 서열이 정해지지 않을 때 어떤 특정기간에는 다른 중요한 목표는 없는 것처럼 한 가지 목표만 다루는 방법이다.

① 집중방법　　② 분리방법　　③ 역할수행방법　　④ 단일목표법

해설 분리방법 : 비슷하게 중요한 목표에 대하여 서열이 정해지지 않을 때 어떤 특정기간에는 다른 중요한 목표는 없는 것처럼 한 가지 목표만 다루는 방법이다.

10 사회적인 승인이나 완전주의 등이 높게 평가될 때 잘 받아들여지는 표준은?

① 전통적 표준　　② 유전적 표준　　③ 질적 표준　　④ 양적 표준

해설 전통적 표준과 유연적 표준
- 전통적 표준 : 사회적 승인이나 완전주의 등이 높게 평가되는 경우 받아들여지기 쉽다.
- 유연적 표준 : 상황에 적합한 가치를 따른다.

11 다음 중 자원의 성질에 대한 설명으로 옳은 것은?

① 효용성은 사람에 따라, 자원 소유의 관점에 따라 다를 수 있다.
② 상호 대체성이란 자원이 목표 달성에 기여하기 위해 준비되어 있어야 한다는 의미이다.
③ 접근 가능성이란 의식적인 자원 선택을 통하여 목표를 달성할 수 있다는 것이다.
④ 관리 가능성이란 자원을 완전히 통제할 수 있다는 의미이다.

해설 ② 상호 대체성 : 목표 달성을 위해 어떤 한 자원이 다른 자원으로 대체될 수 있을 정도로 상호관련이 깊다.

정답 5.④ 6.② 7.① 8.② 9.② 10.① 11.①

③ 접근 가능성 : 자원이 사용될 수 있도록 수중에 있거나 준비되어 있어야 한다.
④ 관리 가능성 : 모든 자원이 어느 정도까지 관리가 가능하다.

12 개인적 자원의 예만으로 묶여진 것은?

① 식료품, 저축, 정원, 전기
② 식료품, 태도, 창의성, 전기
③ 전기, 시간, 흥미, 창의성
④ 능력, 태도, 지식, 인식력

해설 그로스 등의 자원 분류
- 인적 자원 : 지능·창의성·인식력, 일상적 계획 등을 첨가하였다.
  - 개인적 자원 : 개개인에게 속하는 지식, 태도, 능력, 인식력과 같이 타인의 상호작용과는 관계 없이 각 개인에게 속하는 자원이다.
  - 대인적 자원 : 협동, 사랑, 충성, 커뮤니케이션 등으로, 두 사람 이상의 궁극적 상호작용에 의해 생기는 인적 자원이다.
- 비인적 자원 : 공간, 동력 등을 첨가하였다.

13 다음 중 의사결정에 대한 이해 태도에 따라 분류한 것은?

① 사슬형 의사결정 — 계층적 의사결정
② 정형적 의사결정 — 비정형적 의사결정
③ 합리적 의사결정 — 비합리적 의사결정
④ 일치적 의사결정 — 조정적 의사결정

해설 의사결정에 대한 이해태도에 따른 분류
- 정형적 의사결정 : 의사결정의 내용 또는 방향이 이미 계획된 것
- 비정형적 의사결정 : 계획되어 있지 않은 경우

14 다음 중 의사결정의 과정이 순서대로 바르게 나열된 것은?

① 정보의 수집 및 행동과정의 설정 — 문제의 규명 — 행동과정의 선택 — 대안의 고려
② 정보의 수집 및 행동과정의 설정 — 문제의 규명 — 대안의 고려 — 행동과정의 선택
③ 문제의 규명 — 정보의 수집 및 행동과정의 설정 — 행동과정의 선택 — 대안의 고려
④ 문제의 규명 — 정보의 수집 및 행동과정의 설정 — 대안의 고려 — 행동과정의 선택

해설 의사결정 과정의 네 단계 : 문제의 규명 — 정보의 수집 및 행동과정의 설정 — 대안의 고려 — 행동과정의 선택

15 커뮤니케이션의 확대 구성 요소를 가장 잘 나타내주는 것은?

① 송신자, 기호화, 회로, 수신자, 장애
② 송신자, 회로, 메시지, 기호해석, 장애
③ 송신자, 회로, 메시지, 수신자, 피드백
④ 기호화, 회로, 기호해석, 수신자, 장애

해설 커뮤니케이션의 확대 구성 요소 : 송신자, 회로, 기호화, 메시지, 수신자, 피드백, 기호해석

16 피드백(feedback)에 대한 설명으로 잘못된 것은?
① 수신자의 반응을 의미한다.
② 수신자가 내용을 어떻게 받아들이고 있는가에 대한 정보이다.
③ 대중 커뮤니케이션에서는 피드백이 적어 일방적 전달이 되기 쉽다.
④ 가정관리에서는 그다지 필요하지 않은 개념이다.

해설 가정관리에서 피드백을 통해 가족의 만족도에 기여할 수 있다.

17 다음 중 계획적인 행동을 취하는 데 성공적인 가족의 특성에 해당하는 것은?
① 직업적 지위가 낮다.
② 역할 배분에 융통성이 없다.
③ 아내가 전업주부이다.
④ 부부의 교육수준이 높다.

해설 계획적인 행동을 취하는 데 성공적인 가족의 특성
- 부부의 높은 교육수준
- 높은 직업적 · 사회적 지위
- 아내가 취업하고 있음
- 역할 배분에 융통성이 있음
- 부부간 커뮤니케이션이 원활함
- 바람직하지 않은 역할 부과가 적음
- 가족생활주기상 확대기에 있음

18 다음 중 통제가 가능하기 위한 조건에 해당되지 않는 것은?
① 표준과 측정된 결과의 차이점이 조절되어야 한다.
② 수행이 측정되어야 한다.
③ 촉진조건이 완비되어야 한다.
④ 표준이 있어야 한다.

해설 통제가 가능하기 위한 조건
- 표준이 있어야 한다.
- 수행 또는 결과가 측정되어야 한다.
- 표준과 측정된 결과가 비교되고, 차이점이 밝혀졌을 때 이 차이점이 조절되어야 한다.

19 다음 중 관리활동과 그 결과 나타나는 자원의 변화가 바르게 짝지어진 것은?
① 이전 — 증가
② 교환 — 변화없음
③ 보호 — 증가
④ 생산 — 변화없음

정답 12.④ 13.② 14.④ 15.③ 16.④ 17.④ 18.③ 19.②

해설 관리활동에 따른 자원의 변화

관리활동	유용한 자원량의 변화	관리활동	유용한 자원량의 변화
생산	증가	보호	감소
저축-투자	증가	이전	감소
소비	감소	교환	변화 없음

20 다음 중 부정적 피드백에 대한 설명으로 옳은 것은?

① 체계가 바라던 상태를 유지하도록 고정하는 영향력
② 변화지향적 피드백
③ 기대한 산출보다 실제 산출이 더 좋을 때
④ 예상한 효과로부터 편차를 인정하는 것

해설 부정적 피드백 : 체계가 바라던 상태를 유지하도록 고정하는 영향력이다.

21 가족생활주기를 형성기, 중년기, 노년기로 나누어 볼 때, 형성기 가족의 목표로서 가장 중요한 것은?

① 여가시간의 활용
② 경제생활의 안정
③ 자녀의 교육
④ 만족스러운 부부관계의 성립

해설 형성기 가족의 목표 : 만족스러운 부부관계의 성립, 부모됨에의 적응, 자녀 출산과 양육, 두 배우자의 방위가족과의 원만한 관계 유지 등이다.

22 다음 중 형성기 가족에 대한 설명으로 옳지 않은 것은?

① 자녀의 출생은 항상 부모에게 만족감을 제공한다.
② 저소득층 취업모의 자녀양육 문제에 큰 어려움이 있다.
③ 부부적응도가 높은 부부일수록 어머니가 됨으로써 겪는 어려움은 낮다.
④ 부모 역할 전환 시에 어머니가 아버지보다 더 큰 어려움을 겪는 경향이 있다.

해설 자녀의 출생은 만족과 불만의 반대감정을 병존케 한다. 즉, 긍정적 영향을 주기도 하지만 부정적인 영향을 줄 수도 있는 존재이다.

23 다음 중 중년기 가족의 역할 변화와 이에 대한 대응으로 옳은 것은?

① 증가한 여가시간에 봉사활동을 함으로써 사회참여욕구를 충족시킨다.
② 중년 남성의 은퇴는 위기로 볼 수밖에 없으므로 무조건 일을 해야 한다.

③ 중년 여성의 취업은 역할갈등을 일으키므로 바람직하지 않다.
④ 자녀양육시간이 감소하므로 이때부터 가사에 전념하는 것이 좋다.

해설 중년 여성의 자원봉사활동은 사회 참여의 욕구를 충족시키고 지역사회 발전에 기여하며, 자녀에게는 모범을 보임으로써 긍정적인 사회화를 경험하게 하고, 자신의 노후와 미래의 삶을 준비하는 창조적인 사회활동이자 자기개발활동으로 긍정적으로 평가되고 있다.

24 다음의 〈보기〉와 같은 목표를 갖는 가족 유형은?

> **보기** 자녀의 교육과 사회화, 자녀의 자립조건의 마련, 남편 또는 부인의 직업상 경력의 축적, 경제생활의 안정, 주거안정, 경제적·심리적 위기의 극복 등이 중요한 목표이다.

① 형성기 가족　　② 중년기 가족　　③ 노인전기 가족　　④ 노인후기 가족

해설 중년기 가족의 목표 : 자녀의 교육과 사회화, 청소년으로 하여금 자립할 수 있는 조건을 마련해 주는 것, 두 배우자의 직업상 경력의 축적, 재정적인 안정, 주거의 안정 등

25 다음 중 노년기 가족의 부모자녀관계에 대한 설명으로 옳은 것은?

① 무배우 노인은 유배우 노인보다 기혼자녀와의 관계가 좋다.
② 경제력과 건강에 문제가 없을 때에는 자녀의 부양을 원한다.
③ 노인들은 자녀와 동거할 때 가사결정권을 갖지 못하는 점 때문에 별거를 원하는 경향이다.
④ 모든 노인은 자녀와 동거하기를 원한다.

해설 노인들이 자녀와의 별거를 원하는 이유 : 자녀와 동거할 때 가사결정권을 갖지 못하기 때문이다. 자녀와의 별거가 노인에게 집안의 가장으로서의 자존감과 권위를 지켜 줄 수 있는 거주 형태임을 알 수 있다.

26 다음 중 노년기 가족관계에 대한 설명으로 옳은 것은?

① 노년기에 재혼하는 가족은 자녀와는 일정한 정서적 거리를 유지할 때 만족도가 더 높다.
② 노인이 가정생활에서 결정권을 가지고 있을 때 만족도가 증가한다.
③ 대부분의 노부부는 자녀와 같이 살기를 원한다.
④ 유배우 노인보다는 무배우 노인의 생활만족도가 높다.

해설 노년기 가족관계
- 배우자가 있는 노인이 그렇지 않은 노인보다 사회심리적 적응을 잘하고 높은 생활만족도와 행복감을 가진다.

정답 20.❶　21.❹　22.❶　23.❶　24.❷　25.❸　26.❷

- 대부분의 노부부는 독립해서 살기를 원하고 있다.
- 노년기 재혼의 성공 비결은 가족 특히 자녀와의 관계가 좋고 자녀가 재혼을 승인하는 것이 중요한 요인이다.
- 노인이 가정생활에서 결정권을 가지고 있을 때 만족도가 증가한다.

27 다음 중 순수상대빈곤에 대한 설명으로 가장 옳은 것은?

① 빈민을 돕기 위한 정부 또는 사회단체의 정책이나 프로그램에 반영된 빈곤 개념이다.
② 소득순으로 하위에 있는 일정 비율의 국민을 빈곤층으로 정의한 것이다.
③ 한 사회의 기준이 되는 생활수준과의 비교에서 빈곤을 정의한 것이다.
④ 국가나 지역사회가 최저생활이 보장될 수 있도록 설정한 최소한의 소득수준으로서의 빈곤이다.

해설 상대적 빈곤 : 한 사회의 기준이 되는 생활 수준과의 비교에서 빈곤이 정의되는 개념이다.
- 순수상대빈곤 : 소득순으로 하위에 있는 일정 비율로 정의
- 유사상대빈곤 : 전체 평균 소득이나 소비의 일정 비율로 정의

28 저소득 가족의 일반적인 생활사항을 바르게 나타낸 것은?

① 현재가 괴롭기 때문에 미래 중심적인 사고를 한다.
② 구체적이고 물질적인 것을 강조한다.
③ 사회문화적 경험의 기회가 다양하다.
④ 욕구 수준이 낮기 때문에 만족 수준은 높다.

해설 저소득 가족의 일반적인 생활사항
- 미래보다는 현재 중심의 사고경향이 있다.
- 구체적이고 물질적인 것을 강조한다.
- 다양한 사회문화적 경험의 기회가 제한되어 있다.
- 욕구 수준에 비해 상대적으로 부족한 자신의 상태로 인하여 위축되고 고립되기 쉬운 경향이 있다.

29 부부의 역할 유형에 대한 디컨(Deacon)의 설명 중 다음의 〈보기〉가 나타내는 것은?

> **보기** 부부가 각각 자신의 전통적 역할을 계속 수행하면서, 부부 중 한 사람 또는 둘이 다른 역할을 추가적으로 겸해서 병행한다.

① 반전통적 유형   ② 과도기적 유형
③ 추가적 유형   ④ 전통적 유형

해설 가사노동과 직업노동의 상호관계에 따른 부부의 역할 유형 : 디컨(Deacon)
- 전통적 역할 유형 : 남편이 취업하고 가족부양에 대한 우선적 책임을 지며, 부인은 가계와 가사노동의 책임을 진다.

- 추가적 역할 유형 : 부부가 각각 자신의 전통적 역할을 계속 수행하면서, 부부 중 한 사람 또는 둘이 다른 일을 추가적으로 겸해서 병행한다.
- 과도기적 역할 유형 : 노동 역할 분담이 성별 역할보다는 기술과 능력 및 흥미에 의해 결정된다.
- 반전통적 역할 유형 : 부인이 취업하는 반면, 남편이 가족에 대한 책임을 수행한다.

30 다음 중 가족생활주기 단계별 기혼여성의 취업을 시간적 조절과 관련하여 유형화할 때 순차적 유형에 해당하는 것은?

① 다역할형　　　② 계속형　　　③ 취업 중단형　　　④ 동시형

해설 주부의 취업시간 유형
- 순차적 유형 : 주부가 어머니의 역할과 취업을 번갈아 행하는 유형이다.
  - 전통형 : 맏자녀 출산 직후 취업을 중단하고 어머니 역할만 수행하는 유형
  - 취업 중단형 : 취업-어머니 역할-취업의 순으로 진행하는 유형
  - 자녀 양육 후 취업형(중년기 취업형) : 어머니 역할만 하다가 막내자녀 3세 이후 취업하는 유형
  - 자녀 출산기 취업형 : 자녀 출산 전에 취업 경험 없이 자녀출산 기간 중에 취업하는 유형
- 동시적 유형 : 순차적 유형에 대조되며, 가족생활주기를 통해 어머니 역할과 취업을 동시에 수행하는, 즉 직업과 가정일을 양립하는 유형으로 취업 기간이 가장 길다.

31 우리나라에서 가정학 교육이 시작된 최초의 교육기관은?

① 이화학당　　　② 성균관　　　③ 숙명여전　　　④ 서울대학교

해설 1886년 이화학당이 설립되었고, 1896년 이화학당에 가사라는 교과목이 생겼다.

32 다음 〈보기〉의 설명에 해당하는 가족의 하위체계는?

보기 가족원의 가치관 및 성격의 발달과 자녀의 사회화, 정서와 욕구의 충족 기능을 담당한다.

① 도구적 하위체계　　　② 표현적(인적) 하위체계
③ 관리적 하위체계　　　④ 수단적 하위체계

해설 가족의 표현적 기능 : 가족원의 가치관 및 성격의 발달, 자녀의 사회화, 정서와 욕구의 충족 등을 의미한다.

33 다음 중 가정관리에 영향을 미치는 요소를 세 영역으로 나눌 때 환경 요소에 해당하는 것은?

① 직업　　　② 가족 형태　　　③ 주거지　　　④ 성격

정답 27.❷　28.❷　29.❸　30.❸　31.❶　32.❷　33.❸

해설 가정관리는 특히 주거지 및 주택의 영향을 크게 받는다.

34 다음 중 매슬로의 욕구단계설에 대한 설명으로 옳지 않은 것은?

① 생리적 욕구가 모든 욕구의 전제조건이 된다.
② 가장 높은 단계의 욕구는 존경의 욕구이다.
③ 인간의 욕구는 낮은 것부터 높은 것으로 계층을 이룬다.
④ 결핍욕구가 충족되어야 성장욕구가 생긴다.

해설 매슬로의 욕구단계설에서 가장 높은 단계의 욕구는 자아실현의 욕구이다.

35 가족자원을 학제적으로 분류할 때, 경제적 자원만으로 묶인 것은?

① 화폐소득, 탄력소득, 재산, 특별 급여
② 화폐소득, 경제조직, 재산, 사회공공시설
③ 화폐소득, 인지적 자원, 시간자원
④ 재산, 인지적 자원, 태도

해설 문제 23번 해설 참조

36 정형적 의사결정에 대한 설명으로 틀린 것은?

① 관습적 의사결정이다.
② 적극적 의사결정이다.
③ 의사결정의 내용 또는 방향이 이미 계획된 경우이다.
④ 의사결정자가 경험이 많으면 정형화가 용이하다.

해설 정형적 의사결정(programmed decision)
- 관습적 의사결정이다.
- 의사결정의 적극적인 기능은 없다.
- 의사결정의 내용 또는 방향이 이미 계획된 경우 사용된다.
- 의사결정자가 경험이 많으면 정형화가 용이하다.

37 커뮤니케이션 장애(interference) 요인이 아닌 것은?

① 내용에 대해 불명확한 인식
② 수신자가 집중하지 않음
③ 소음, 물리적 거리
④ 서로 간의 감정상의 두터운 애정

해설 좋은 감정은 커뮤니케이션을 효과적으로 만들고, 반면에 불신, 불쾌감 등은 장애 요인으로 작용한다.

38 다음 중 계획에 영향을 미치는 요소에 대한 설명으로 옳은 것은?

① 현재지향적인 사람이 미래지향적인 사람보다 계획을 잘 한다.
② 내적 통제를 갖는 사람이 외적 통제를 갖는 사람보다 계획을 잘 한다.
③ 친척과 접촉이 많은 주부일수록 계획을 많이 한다.
④ 도시 주부보다 농촌 주부가 계획을 더 잘 한다.

해설 계획에 영향을 미치는 요소
- 내적 통제를 갖는 사람이 외적 통제를 갖는 사람보다 계획을 잘 한다.
- 농촌 주부에 비하여 도시 주부가 계획을 더 많이 한다.
- 친척과 접촉이 많은 주부일수록 계획을 적게 한다.
- 시간지향에 있어서 미래지향적인 사람이 계획을 잘한다.

39 자녀를 양육하는 데 많은 경제적 자원과 인적 자원이 필요할 뿐만 아니라 부모역할에 적응해야 하는 심리적 부담도 크다. 다음 중 부모 역할에 적응하도록 도와주는 전략에 해당하는 것은?

① 역할 갈등은 피할 수 없다고 생각하고 갈등을 받아들일 것
② 부모로서의 역할 표준을 높게 정하고 그것을 달성하기 위하여 노력할 것
③ 부모됨의 상황에 대하여 긍정적인 태도를 가질 것
④ 항상 다양한 역할을 동시에 할 수 있도록 준비할 것

해설 부모 역할 적응을 도와주는 효과적인 전략
- 부모됨의 상황에 대해 긍정적 태도를 가질 것
- 역할 갈등 시에 결정을 수월하게 할 수 있도록 지배적인 역할을 분명히 할 것
- 역할을 구획화할 것
- 표준을 적절한 수준에서 조절할 것

40 다음 중 노년기 가족의 일반적 경향에 대한 설명으로 옳은 것은?

① 가정기기의 활용으로 가사노동이 경감되지는 않는다.
② 무배우 노인이 유배우 노인보다 생활만족도가 높다.
③ 경제력과 건강에 문제가 있을 때 자녀의 부양을 원한다.
④ 대부분의 노인은 자녀와 동거하기를 원한다.

해설 노인들은 전체적으로는 노인단독가구를 선호하지만, 경제력과 건강에 문제가 있을 때는 자녀의 부양을 원하고 있다.

정답 34.❷ 35.❶ 36.❷ 37.❹ 38.❷ 39.❸ 40.❸

MEMO